sauvage, fort satirique, en doit il n'en est resté que fort peu
d'exemplaires complets ayant été distribué par memoires separes
de tous ceux qui m'ont ou passé par les mains. le plus ample
contenoit XV memoires qui formoient ensemble 228 pages,
on voit cependant que les memoires ont esté publié en plus grand nombre
mais jusqu'à present nous n'en avons point vû de plus etendu,
Catalogue Debure No. 5314,   me coute 44 et ½ Bibl. en 1775

plusieurs Endroits de ces Memoires indiquent une main janseniste. celui fut la regale, celui fut les convulsions forcées et les
Dom gonnades, celui fut la communion donnée par ordre du Roy.
(Ces memoires jansenistes n'ont pas trouvé mauvais en 1752
qu'elle fut donnée par ordre du Parlement et que des Serturiens
commandés par des Recors de Justice ouvrissent de force les
tabernacles tandis que les Pretres prenoient les fuites.) on
accusoit hautement les amis d'un celebre Arnaud fugitif
comme lui en Hollande d'empoisonner des invectives contre lui.
le Benedictin Gerberon est un des plus soupçonnés en ce genre
et je ne serois pas eloigné de penser que les memes cas sont
de lui.
                                         (ou semble l'avoir été)
Vers ce meme temps fut composé la fameuse lettre a Louis
XIV qu'on veut attribuer a fenelon, et qui n'a esté pourtant
pas trouvée dans les papiers que sa famille avoit reunis
pour l'edition de ses oeuvres. elle n'en possedoit qu'une copie
avec des Notes dont d'Alembert les reconnoit fort auteurs.
M. de Rulhiere dans son second volume des Eclaircissemens
historiques sur la revocation de l'edit de Nantes assure que en
en trouve une copie ecrite et retouchée de la main de fenelon
je crains que M. de Rulhiere ne se soit trompé cette fois.
il faudroit qu'il eut vu cette copie. En famille de
fenelon ne las jamais connue

Quoiqu'il en soit, j'ai reconnu par la lecture de quelques autres
lettres authentiques de cet écrivain immortel qu'il jugeoit L. XIV
à peu près aussi sévèrement que l'auteur de celle qu'on lui
attribue: et je penche à croire qu'il témoignas quelqu'estime
pour ces mémoires cy, surtout quand j'observe qu'à peu
d'années après les Jansénistes voulurent defendre ses
<u>maximes des Saints</u>. Gerberon lui offrit des places et fit prendre
fénelon des fautes des Jansénistes par sa prompte soumission; puis
il seroit beaucoup contre-nay, et aujourd'hui sa mémoire est peu
revérée dans les parti. Mais alors..... il étoit vertueux car il ensuit
aussi la guerre de 1667 et celle contre la Hollande, et le faste de
Louis XIV et la dureté de <u>Protésilas</u> Louvois.

Sa lettre (si elle est d'elle) a des traits de ressemblance avec ces
mémoires, si frappants qu'on pourroit les appeller des Réminiscences.

Il faut maintenant dire un mot des causes qui aigrissoient les Jansénistes contre L. XIV. 1° l'exil d'Arnaud alors passant en Hollande; 2° la
destruction de Port Royal, celle de la Maison de l'Enfance à
Toulouse, l'affaire de la Régale en 8br; les rigueurs contre le P. Carré,
l'abbé Citon, Borgoat etc et plus anciennement la prison de
l'abbé de S.t Cyran.

C'étoit cette opposition de la Cour au parti, et la faveur domineuse
Jésuites qui entretenoit chez M.M. de Port Royal les plus frondeurs,
et l'habitude des plaintes. S'ils avoient été protégés, ils seroient devenus
flatteurs, mais toujours mécontents, toujours haletans sous la persécution ils conservèrent l'esprit qu'avoient apporté à Port Royal les amis
de S.t Cyran, de vieux Magistrats frondeurs, la Duchesse de Longueville etc
on sçait qu'ils projettèrent l'achat de l'Isle de Nord-Hollande pour
se soustraire à la cour. Qu'ils tentèrent de faire comprendre les Disciples
de S.t Augustin dans le Traité du pays général, qu'ils furent en un mot
quelquefois séditieux, mais toujours inquiets et inquiétants. L. XIV et à
son imitation L. XV regardèrent toujours ce parti comme ennemi de
l'autorité Royale.

Ils n'avoient pas grand tort, et tout ce que les idées de la liberté
jamais reproché de plus violent à nos Rois, est exprimé dans ces
quinze mémoires. leurs dattes court depuis 9br 1689 au 22 octobre 1690

LES SOUPIRS

DE LA

FRANCE

ESCLAVE,

QUI ASPIRE

APRÈS LA LIBERTÉ.

A AMSTERDAM,

M. DC. XC.

LE LIBRAIRE AU LECTEUR.

CE *Mémoire que je vous donne, m'a été envoyé de France, & comme on me fait espérer que j'en pourrai avoir autant toutes les quinzaines, ce sera avec plaisir que j'en ferai part au Public.*

LES SOUPIRS
DE LA
FRANCE ESCLAVE,
Qui aspire aprés la Liberté.

I. MEMOIRE.
Du premier Septembre 1689.

DE L'OPPRESSION DE L'EGLISE, des Parlemens, de la Noblesse, & des Villes.

ON a beau dire que l'on n'en est pas moins misérable pour avoir plusieurs compagnons de ses miséres ; il est pourtant vrai que le cœur pâtit beaucoup davantage, quand il souffre au milieu de tous les autres qui sont heureux. Car la comparaison que l'on fait de son malheur au bonheur des autres, est cause qu'on y est plus sensible. Entre tous les biens dont on a sujet de pleurer la perte, la liberté sans doute est des principaux. Il est malaisé d'être esclave au milieu de mille personnes libres sans etre touché de son esclavage. C'est pourquoi la *France* se doit réveiller & sentir le poids de l'éfroyable Tyrannie sous laquelle elle gémit, en considérant l'heureuse Liberté dont jouissent tous les Etats voisins sous leurs Princes légitimes, & dans la possession de leurs anciennes Loix. Et le bonheur que l'*Angleterre* vient d'obtenir en voyant rompre les fers qu'on lui mettoit sur les bras, doit faire renaître dans l'ame de tous les bons *François*, l'amour pour la Patrie, les desirs pour le retour de la liberté, & le dessein de sortir de dessous cet épouventable joug qui repose sur leurs épaules. Nous voyons tout autour de nous, les *Hollandois* qui jouissent d'une heureuse liberté ; les *Flamands* sous la Domination du Roi d'*Espagne*, conserver leurs anciens Priviléges ; les Etats de l'*Empire* vivre sous un

A 2

Chef

Chef qui n'eſt point en état de les opprimer; les *Villes Libres d'Allemagne* ſe conſerver la forme de Républiques; les Etats & les Provinces ſujettes aux *Electeurs* & aux autres Princes, goûter le repos de leur
fortune ſous un Gouvernement doux & modéré. La *France* ſeule, le
plus beau Païs de l'Europe, la plus noble Partie du Monde, ſe voit
aſſujettie à une Domination cruelle, tyrannique, & à une Puiſſance
qui ne ſe donne pas de bornes. Des Peuples libres & qui ont ont tiré
le nom de *Francs* ou de *François* de leur ancienne liberté, ſont aujour-
d'hui les plus aſſujettis de tous les Peuples, ſans excepter ceux qui gémiſſent ſous la tyrannie du Turc. Aujourd'hui toute liberté eſt perduë, juſqu'à celle de parler & de ſe plaindre. C'eſt pourquoi j'envoye
ma voix aux Païs étrangers, dans l'eſpérance qu'elle reviendra de là
par réflexion, & qu'elle réveillera mes Compatriotes qui dorment à mes
côtez ſous la peſanteur de leurs chaines. Je regarde avec compaſſion
la cruelle tempête dont ma Patrie eſt menacée, je pleure la deſolation
de ſes Villes, la mort de ſes enfans, & la perte de ce que la tyrannie
de ſon Gouvernement lui a laiſſé de reſte. Et je ne ſçaurois m'empêcher de lui ſouhaiter un retour de raiſon & de courage. *De raiſon* afin
qu'elle comprenne que les Priviléges des Peuples ne ſouffrent point de
preſcription, & ne périſſent point par l'uſurpation des Princes, & qu'ainſi un ſiécle ou deux de tyrannie ne lui ôtent pas le droit de ſe remettre en
liberté. *De courage*, afin qu'elle puiſſe profiter des circonſtances preſentes, les plus heureuſes qui furent jamais pour ramener le Gouvernement
du Royaume à ſon ancienne forme, & pour ſecouër le joug de cette
Puiſſance Deſpotique, ſelon laquelle les François ſont traitez avec une
dureté inconnuë à tous les Peuples qui vivent ſous des Princes Chrêtiens.
Avec l'interêt des Peuples, je ne ſçaurois m'empêcher de regarder l'intérêt du Prince, légitime Héritier de la Couronne, à qui l'on va laiſſer un
ſquelette de Royaume & une Couronne imaginaire. Ce Prince, dans la
Campagne de *Philisbourg*, s'eſt montré non ſeulement brave & prudent,
mais plein d'humanité; il gémit aujourd'hui des infernales barbaries qu'on
exerce dans les mêmes lieux où il s'eſt fait connoître ſi humain; & l'on eſt
aſſuré qu'il aimera beaucoup mieux régner en Pere ſous les anciennes Loix
du Royaume, que de commander en Tyran qui ſe met au deſſus des Loix.
J'ai donc deſſein de faire ces quatre choſes dans cet écrit. I. Voir l'oppreſſion & la tyrannie, ſous laquelle gémiſſent tous les Ordres de la
France, & la miſére à laquelle ils ſont réduits ſous une Puiſſance Deſpotique. 2. Conſidérer en ſecond lieu, par quels moyens la Cour de France affermit ſon joug, & ſoûtient aujourd'hui ſa Puiſſance abſoluë, &
l'abus qu'elle en fait. 3. En troiſiéme lieu nous verrons combien le preſent Gouvernement de la France eſt éloigné de celuy ſous lequel a été
fondée la Monarchie, & dans lequel elle a ſubſiſté tant de ſiécles. 4. Et
enfin nous examinerons par quels moyens on pourroit ſe ſervir des circonſtances favorables du temps preſent pour ramener la Monarchie à
ſon ancien Gouvernement.

POUR

POUR comprendre combien eſt grande l'Oppreſſion ſous laquelle la France gémit, nous n'avons qu'à conſidérer la ſituation où ſe trouvent toutes les parties qui compoſent l'Etat. L'Egliſe eſt aſſurément la premiére, la plus noble, & celle qui a toujours conſervé les plus grands priviléges & le plus de liberté. Mais aujourd'hui en France l'Egliſe eſt ſoûmiſe à la tyrannie du Gouvernement, tout de même que les autres. Les Rois de France ſe ſont faits *Papes*, *Muftis*, *grands Pontifes*, & Princes abſolus ſur les choſes ſacrées. Le nom du grand Pontiſe & ſon authorité n'y ſont plus que des fantômes. Les Prêtres de JESUS-CHRIST ſont des Eſclaves; les Maiſons ſaintes & conſacrées à Dieu ſont expoſées aux fureurs du Soldat; la Foi même & les myſtéres dépendent abſolument de la volonté du Souverain. Pour rendre cela ſenſible, je ne veux pas remonter bien haut, il ſuffit de remettre devant les yeux ce qui s'eſt paſſé de nos jours & de nôtre propre memoire. Souvenons-nous, par exemple, de quelle maniere s'eſt traitée l'affaire des cinq Propoſitions de *Janſenius*. La Cour de France a fait définir cette controverſe à Rome comme il lui a plû; aprés quoi il n'y a pas de violence qu'elle n'ait commiſe & exercée pour ſoûmettre les Diſciples de *ſaint Auguſtin* aux déciſions qu'elle avoit par ſurpriſe obtenuës de la Cour de Rome. On ſçait le bruit qu'a fait le Formulaire : Comment la Cour fit faire une forme de ſerment par lequel on reconnoiſſoit, non ſeulement que les *Cinq Propoſitions* étoient hérétiques, mais qu'elles étoient dans *Janſenius*. C'eſt-à-dire, qu'alors la Cour voulut que le Pape fuſt infaillible, non ſeulement dans les choſes de droit, mais dans les choſes de fait. Et tous ceux qui ne voulurent point paſſer par-là, furent dépoüillez de leurs benefices, chaſſez, exilez, plongez dans de noires priſons; plus de 60. Docteurs de *Sorbonne* furent chaſſez, exilez, & réléguez, les Maiſons des filles Religieuſes qui ne voulurent pas obéir, furent violentées & diſperſées. Il y a quarante ans que la Cour fait durer cette perſecution, & encore aujourd'hui un grand nombre de Saints Prêtres ſont dans l'exil, dans les priſons & dans la ſouffrance, pour ne vouloir pas renoncer à la Grace de JESUS-CHRIST efficace par elle-même. C'eſt bien-là une affaire dont la Cour ſe dûſt mêler ? Et n'eſt-ce pas étendre ſon Empire plus loin que celui de Dieu; qui dans les choſes leſquelles ne ſont pas de ſouveraine neceſſité, veut qu'on ſe tolére mutuellement ? Au moins c'étoit une affaire à laiſſer vuider à l'Egliſe. Elle eſt purement de ſon reſſort; il ne faloit donc employer là-dedans, ni priſons, ni exil, ni violence, ni authorité Royale.

Aprés l'affaire des *Cinq Propoſitions*, eſt venuë celle de la *Régale*. C'eſt un droit par lequel les Rois de France prétendent être en puiſſance de recevoir les fruits des Evêchez vacans, & de remplir durant la vacance tous les Bénéfices & Cures d'ames qui viennent à vaquer & qui ſont à la nomination de l'Evêque. L'affaire ſembloit avoir été réglée, dans le Concile général de *Lyon*; où il avoit été défendu d'étendre la Régale ſur les

 Evê-

Evêchez où ce droit ne s'étoit point auparavant exercé. Plusieurs Evêchez de France joüissoient de cette immunité. *Louys XIV.* s'est mis en
tête de les soûmettre tous à ce joug. Les Evêques d'*Alet* & de *Pamiers,*
deux des plus Saints Hommes de leur siécle, n'ont pas voulu céder aux
injustes Arrêts que le Roi faisoit rendre dans son Conseil. où il étoit Juge
& Partie, dans une affaire qui devoit dépendre du S. Siége ou d'un Concile. Et parce que ces Saints Evêques se sont adressez au S. Siége, afin
que le Pape employast son autorité pour maintenir les priviléges de l'E-
glise, on ne sçauroit dire les cruelles persécutions ausquelles ont été ex-
posées les deux Eglises d'*Alet* & de *Pamiers.* Les Evêques & les Chapitres ont eté privez de leur Temporel ; les biens Patrimoniaux des
Chanoines, & des Evêques, ont été saisis ; & ainsi on les a réduits à la
derniére pauvreté, & cela avec tant d'inhumanité qu'il n'étoit pas permis à leurs amis de leur donner l'aumône : on les a réleguez dans des dé-
serts, on les a emprisonnez, on les a menacez, on les a condamnez au dernier supplice. Jusques là que la Cour a fait rendre un Arrêt par le Parlement de *Thoulouse* qui condamne l'un des Grands Vicaires de *Pamiers* à
avoir la tête tranchée par la main du Bourreau. Ce qui a été exécuté sur son
Effigie, parce qu'on n'a pû se saisir de sa personne. Tous ceux qui ont eu
quelque liaison de parenté ou d'amitié avec ces deux Evêques, leurs
Grand Vicaires, leurs Chanoines, & leurs Officiers, ont été traitez de
même ; on les a réleguez aux extremitez du Royaume, ou bien jettez dans
des prisons, où ils souffrent encore les derniéres indignitez & des miseres
extrémes.

Le Roi pour avoir un Empire sans bornes sur l'Eglise, aprés avoir établi
son pouvoir sur les Evêques, l'a voulu étendre sur toutes les Maisons Religieuses. On sçait qu'il y en avoit beaucoup qui conservoient encore le privilége qui étoit autre-fois commun à toutes les Societez d'Hommes & de
Femmes, c'étoit celui de s'élire des Superieurs & des Superieures. Il faut à
present que tous les Superieurs & les Superieures des Maisons Religieuses
soient mises des mains de la Cour afin qu'ayant ses créatures par-tout, elle domine par tout. Et comme elle se donne le pouvoir de mettre des Superieurs
par-tout, elle les révoque & les change quand bon lui semble, afin que l'esclavage soit au souverain degré, & qu'il ne soit plus permis à personne de faire
son devoir envers Dieu qu'autant qu'il plaira au Roi. C'est en consequence de
cette résolution qu'on a persecuté les Filles de *Sainte Claire* appellées Urbanistes, la Maison de *Charonne,* & l'Ordre de *Clugni.* Dans toutes ces Maisons
on a introduit avec la derniere violence des Superieurs & des Superieures de
la nomination du Roi. On a brisé les portes, on a violé les aziles les plus
sacrez, on a enlevé par force les Religieuses, on les a réléguées ; on les a
emprisonnées, il n'est point de maux qu'on ne leur ait fait souffrir. L'Ab-
baye de *Clugni* qui est un relief d'Ordre, avoit toûjours conservé le Privilége de s'élire des Abbez ; mais on a jugé à propos de n'avoir aucun égard à
un privilége aussi ancien que l'Ordre même. On a cassé l'élection que les
Religieux avoient faite d'un Abbé Régulier & d'authorité ; On a donné l'Ab-
baye

baye au *Cardinal de Boüillon*, afin que la Cour eût là un esclave qui fût le tyran de l'Ordre, & qui en répondît à la Cour. Si les choses ont tourné autrement, & si le *Cardinal de Boüillon* ne s'est pas trouvé ami du Gouvernement present, la violence n'en est pas moins grande.

Parce que dans les Bénéfices il y a du Temporel, les Princes ont au moins quelque prétexte de vouloir être maîtres de la Collation ; mais le Roi, sans aucune ombre de prétexte, s'est rendu maître absolu de ce qu'il y a de plus spirituel dans l'Eglise. A present la Foi de l'Eglise dépend de l'autorité du Prince. Il faut faire sous ses yeux & dans sa Capitale des assemblées tumultueuses, composées de ses créatures & des Evêques de Cour ; là il fait déeider de pleine autorité, les matiéres les plus importantes & les plus délicates, il soûmet le Pape au Concile, il lui ôte le pouvoir d'excommunier les Rois, il déclare qu'il est sujet à erreur. Il appuye ces *Décisions* téméraires de ses *Déclarations Royales* ; & si quelqu'un ose dire qu'il ne soûmet pas son jugement à ces décisions ; il est l'objet de la plus cruelle persécution qu'on puisse imaginer ; il doit s'attendre à la prison, à l'exil, & même à la mort.

On a toûjours regardé l'autorité d'établir de nouveaux Ordres, & de ruiner ceux qui sont établis comme un droit attaché au saint Siége. Mais le Roi s'est mis en possession de ce droit. Tout le monde sçait comment les Filles de *l'Enfance* s'étoient établies à *Thoulouse* sous la direction de Madame *Mondouville*, & par la permission du Pape. Parce que les Directeurs de cette Maison étoient soupçonnez d'être ce qu'on veut appeller *Janfenistes*, on a ruiné les Maisons de cet Ordre ; on a enlevé l'Abbesse, & on l'a enfermée dans la Maison *des Hospitalieres* : prés de deux cens filles *de l'Enfance* ont été chassées de leurs Maisons, arrachées de leurs Sanctuaires, par les Soldats & par les Archers, & réduites aux derniéres extrémitez.

Si quelque chose est du ressort de l'Eglise, il est indubitable que ce sont les Versions de l'Ecriture Sainte. La parole de Dieu est le lait de cette Mere par lequel elle nourrit ses Enfans : c'est à elle à le dispenser selon sa sagesse & selon les nécessitez. Cependant la Cour de France s'est mise en possession de régler nos lectures & nos dévotions particuliéres. Parce que la Version de Mons vient de personnes qui ne sont pas amies de la Cour, quoi qu'elles soient trés Catholiques, il faut que cette version soit empoisonnée, que la Doctrine du Ciel soit devenuë dangereuse ; par autorité du Roi on en défend & la publication & la lecture sous les derniéres peines. Il en est ainsi de tous les autres livres de piété & de religion. Il suffit qu'ils ayent été composez pas des Docteurs que la Cour hait : ils deviennent méchans, on leur défend l'entrée du Royaume, les Intendants qui les laissent entrer sont disgraciez, & les Ecclesiastiques qui les reçoivent sont condamnez à des prisons perpétuelles, où la perte de la liberté est le moindre mal qu'on leur fait souffrir.

Quand il plaît au Roy de se broüiller avec le Pape & d'appeller de ses procédures les plus justes, il faut que l'Eglise Gallicane adhere à cette révolte. On y oblige tous les Evêques, les Chapitres, les Universitez: les Maisons

Re-

Religieuses tant d'Hommes que de Femmes : on leur envoye des ordres de se conformer aux volontez du Roy & de les signer. S'ils y manquent, on leur prépare tous les plus rudes châtimens. N'est-ce pas là la derniere violence ? & où est la liberté de l'Eglise, & des suffrages ?

Mais qu'est-ce que cela en comparaison de ce qu'on a obligé l'Eglise de faire dans la persecution qu'on a excitée contre les *Calvinistes* ? Je ne dis rien de cette persecution en elle même ; le Roy verra bien-tôt tout ce qu'il a gagné par cette conduite. Il en coûte déja la Couronne au Roy d'*Angleterre*. C'est cela qui a attiré sur la France la plus horrible tempête qui se soit jamais formée. L'Eglise est sans doute interessée dans ces troubles, non seulement comme membre de l'Etat, mais parce qu'en son particulier elle court risque de souffrir beaucoup. Laissant pourtant cela à part, quel sujet n'a-t-elle pas de se plaindre de la violence qu'on lui a faite ? On la contraint à recevoir ceux qu'elle doit regarder comme des Chiens & des Pourceaux dans la Bergerie du Seigneur ; on la force de profaner ses plus sacrez mysteres, en les exposant à la vüe des incrédules : on l'oblige, ce qui fait horreur à dire & à penser, à exposer le précieux Corps de son Sauveur au plus grands de tous les outrages. On contraint l'Eglise de donner la Communion à des gens qui font profession d'abominer nos mystéres. Qui est-ce qui fait cela ? c'est le Roy ; le Roy le veut, les ordres en sont donnez aux Evêques, & par-tout où ils ne s'executent pas, les Ecclésiastiques sont dans la disgrace de la Cóur. Les *Calvinistes* ont juste sujet de se plaindre de ces violences. Mais l'Eglise Gallicane en a encore bien davantage de sujet. Les *Calvinistes* communient malgré eux à des especes qu'ils ne considerent que comme du pain & du vin, & ainsi ils ne profanent que des Symboles. Mais l'Eglise est obligée de profaner la Chair & le Sang de son Sauveur, & de les faire manger par des profanes. C'est assurement la derniere violence & une souveraine impieté. Est-ce une affaire qui soit du ressort d'un Prince temporel ? Le Pape ne devoit-il pas être consulté sur la maniere de la conversion des *Calvinistes* ? ne devoit-on pas sçavoir de lui, si selon les Canons, il est permis de forcer des Heretiques à assister à la celebration de la Messe ? ne devoit-on pas sçavoir de luy pareillement s'il seroit à propos de forcer à la Communion des gens non persuadez ? Au lieu de cela, le Roy de son authorité decide les cas de conscience les plus délicats, sans consulter qu'un Confesseur & quelques Evêques de Cour, & contraint toute l'Eglise Gallicane à se soûmettre à ses decisions. Si ce n'est pas là opprimer l'Eglise, je n'y entens rien : & aprés cela on trouve mauvais que le Pape ne fasse pas retentir son Palais d'*Alleluya*, & qu'il regarde avec assez d'indifference des conversions faites sans son authorité & contre les loix de l'Eglise.

Enfin pour être persuadé de l'oppression que souffre l'Eglise Gallicane, il n'y a qu'à jetter les yeux dessus. On verra que les prisons sont pleines de Prêtres, que plusieurs d'entr'eux souffrent dans les prisons des miseres extremes, que plusieurs y sont morts de faim, de froid & de toutes

tes sortes de calamitez. Il faut regarder le triste état , & la situation abjecte , où sont tous les bas Ecclesiastiques. Le Roy léve des Taïlles sous le nom de Dons Gratuits sur le Clergé , qui l'asséchent & qui le rendent miserable. Il est vray que les Evêques , & tous ceux qui tiennent les grands Benefices , trouvent des moyens de se tirer de dessous ce fardeau , mais il n'en devient que plus pesant au Bas-Clergé. Les Curez portent le faix ; on augmente les Décimes. Et tel n'a pas le quart de ce qui lui conviendroit pour se soûtenir en état de faire honneur à l'Eglise , qui doit payer une grande partie de son petit Benefice pour le Roy. Ce qui fait que les Curez sont pauvres , & miserables , & méprisez. Autrefois tout étoit sacré dans l'Eglise , & biens & personnes : on n'osoit toucher à rien de ce qui lui appartenoit , sans encourir l'excommunication. Il y avoit sans doute beaucoup d'excés dans ces Immunités étenduës trop loin. Mais aujourd'hui on a poussé les affaires dans une autre extremité. Il n'y a plus de de caractere , ny d'asyle inviolable. La tyrannie subjugue tout.

LES Parlements sont la plus auguste partie de l'Etat , ce sont naturellement les Temples de la justice , les Asiles des l'innocence persecutée , & les protecteurs de la liberté publique. Nous verrons dans la suite quels étoient autrefois leurs privileges. Aujourd'hui ce sont des Compagnies sans authorité & quasi sans honneur , à cause des bassesses & des injustices qu'on les oblige de faire pour plaire à la Cour. Non seulement tous les jours le Roy casse les arrêts des Cours Souveraines ; mais ll violente leurs avis. Aujourd'hui il ne faut plus ni Code , ni Digeste , ni Coûtume , les Lettres de Cachet sont tout le Droit François : quelque injuste que soit une procédure , il suffit qu'elle plaise à la Cour pour être autorisée. Le Parlement de Paris étoit autrefois un rempart contre la tyrannie ; aujourd'hui il en est le premier instrument. Il faut qu'il verifie tous les Edits les plus cruels & les plus opposez au bien de l'Etat , à la liberté & au repos des Peuples. S'il osoit se servir du droit qu'il a de s'opposer aux Edits & Déclarations injustes , il seroit assuré d'être interdit le lendemain , & ses membres enfoncez dans des cachots. Les Tribunaux inferieurs sont tombez dans le même esclavage : les Intendans de Provinces leur ôtent toute leur Jurisdiction. Ils attirent devant eux toute la Justice. Et quand il faut condamner un Innocent , l'Intendant obtient une Commission de la Cour. Il ramasse de plusieurs Présidiaux les Gens les plus devoüez à la Cour , & prononce suivant les ordres qu'il a reçûs d'enhaut. Ainsi on se mocque prôprement de Dieu & de la Justice. On fait des informations , on fait opiner des Juges sur une affaire déja jugée , & des procés qui sont venus tout - faits de Versailles. On rend les Charges venales , on tire argent de tout : & par ce moyen la Justice elle-même se vend, le Peuple est consumé par des procédures sans fin , & c'est ainsi que tout perit.

 LA

LA NOBLESSE devroit être la force & l'ornement de l'Etat, il est certain qu'autrefois elle partageoit presque la Souveraineté avec les Rois, comme nous le verrons dans la suite. Ainsi étoit-elle alors la terreur de toute l'Europe, & formoit le plus illustre Corps qui fust au monde. Aujourd'hui elle est dans un abbatement qui la rend le mépris de toute la terre. Elle est réduite à un petit nombre ; ce qui reste est gueux & miserable. La folle dépendance que les Rois n'ont pas pris soin de régler comme ils devoient, peut être cause en partie de ce desordre. Mais l'oppression & la tyrannie du Gouvernement en sont bien davantage la cause. Cette Noblesse avoit autrefois de grands priviléges, aujourd'hui elle est réduite à l'extremité comme le reste de l'Etat, & les priviléges des Nobles ne sont plus que des ombres & des toiles d'arraignées qui ne les mettent à l'abri de rien. Leurs Fermiers & leurs terres payent au Roy des impôts si excessifs, que tout le revenu du fonds est consumé. Sous prétexte de remedier à quelques desordres qui méritoient sans doute qu'on y eût égard, on a envoyé des Intendans dans les Provinces qui exercent sur la Noblesse un Empire insupportable & qui la réduisent en esclave. Aujourd'hui il faut qu'un Gentilhomme ait droit & demi, pour gagner son procés contre un Paysan. Un Sergeant de Ville fait insulte à son Seigneur ; & est assuré d'être protegé dans toutes ses violences. Les terres & les Fermiers des Gentilshommes bien loin d'être protégez sont plus chargez que les autres. Un Gentilhomme ne sçauroit plus faire valoir qu'une terre entre ses mains : on peut dire que les autres sont pour le Roy. Mais helas ! il y a fort peu de Gentilshommes qui se trouvent dans cet embarras par la pluralité de terres. A peine en ont-ils une sur quoi demeurer. Toute l'ancienne Noblesse de France est réduite à la mendicité.

A la place des anciens Nobles, il vient de nouveaux Nobles, qui tirent leur origine de la faveur de la Cour & des Finances. Ces Gens achettent & possedent toutes les plus belles terres du Royaume , & exercent sur les anciens Gentilshommes une espece d'Empire Despotique. Quand ils viennent à la Campagne passer quelques mois , toute la Noblesse du Païs rampe devant eux : & tel qui est d'une maison où l'on n'auroit pas voulu autrefois avoir un Domestique d'aussi basse naissance que le nouveau Seigneur, se trouve tout heureux de pouvoir trouver place à sa table pour profiter de quelques repas. C'est ce qui a abâtardi la Noblesse de France, autrefois si celebre pour son courage & pour sa bravoure : la pauvreté l'abaisse. Les nouveaux Nobles n'ont point tiré de leurs Ancêtres le sang qui fait le courage, & les anciens Nobles l'ont perdu par l habitude d'esclavage, par la misere & par la bassesse, où leur état présent les engage. D'ailleurs elle est si diminuée, que dans des Cantons où l'on trouvoit cent Maisons de Gentilshommes qui faisoient figure, on n'y en trouveroit pas aujourd huy dix. Le reste est comme abîmé en terre. On acheve d'alterer les maisons qui subsistent encore par les moyens qui ont ruiné les autres. On ne laisse pas de trouver cette miserable Noblesse quand il faut aller à l'Arriereban

ban, qui eſt un des moyens dont on ſe ſert pour l'accabler. Il faut que les Gentilshommes trouvent ce qu'ils n'ont pas.

Il y a des Provinces où l'on ne trouveroit pas entre la Nobleſſe 100. Piſtoles. Il faut pourtant s'équiper d'armes, de Chevaux, & de Valets pour marcher à l'Arriereban. Vous pouvez juger comment une telle Troupe peut être équipée, & quels exploits on en doit attendre. Parce que la Nobleſſe Françoiſe dans la Minorité du Roy avoit fait paroître quelques bonnes intentions pour le bien public & pour la liberté, on ſe promit bien de l'abaiſſer. Il ne ſe faut point flatter, il n'y a que le changement de Gouvernement, qui puiſſe faire changer les Gentilshommes de condition, & faire remonter l'ancienne Nobleſſe à ce point de gloire où elle étoit autrefois.

IL n'y a point de Royaume où il y ait autant de grandes & belles Villes qu'en France : & c'eſt ce qui faiſoit ſa force. Les Villes autrefois ſe conſervoient un peu, à cauſe qu'elles étoient le réfuge & la retraite de ceux qui vouloient ſe ſouſtraire aux charges exceſſives des impôts. La plûpart de ces Villes avoient de beaux priviléges, & ſur tout elles joüiſſoient d'exemption de Tailles. C'eſt pourquoy auſſi-tôt qu'un bon Payſan ou un Habitant d'une petite Ville avoit acquis quelque bien par ſon induſtrie, il ſe refugioit dans une Ville franche pour y conſerver ce qu'il avoit acquis. Aujourd'hui il n'y a plus d'aſile contre la tyrannie. Les Franchiſes des Villes, auſſi-bien que les Priviléges des autres Corps de l'Etat, ne ſont que des ombres & des noms. Ce ſont toûjours des Villes franches, on n'y paye pas de Taille ; mais on a trouvé mille moyens de les accabler & de les ruiner. Les grandes Villes avoient des revenus, elles avoient en main le fond de pluſieurs Particuliers, dont elles ne manquoient pas de crédit ; & quand elles ont été obligées à des depenſes extraordinaires, elles n'ont eu aucune peine à trouver de l'argent, parce que les Maiſons de Ville payoient tres-bien leurs rentes, par le moyen des deniers d'Octroy dont elles joüiſſoyent, & par le pouvoir qu'elles avoient d'impoſer ſur leurs Bourgeois de médiocres taxes pour l'entretien du Public. Le Roy s'eſt ſaiſi de tous les deniers d'Octroi, il a pris tous les revenus des Maiſons de Villes : les Particuliers ne ſont point payez, on leur retranche tous les ans quelque choſe, & enfin le tout ſe réduit à rien. On ne ſçauroit conter combien de Particuliers ſont demeurez ruïnez & incommodez par ce moyen. Les Villes ont entierement perdu leur crédit. Elles periroient, qu'elles ne pourroient trouver à emprunter la plus petite ſomme ; parce qu'on regarderoit comme perdu tout ce qu'on leur prêteroit. Les Villes ne payent point de Taille, mais on leur demande des Subſiſtances, des Quartiers d'Hyver, des Dons gratuits ; on leve les Ayſez, on met des Impôts ſur les Vins, ſur les Bleds, ſur la marque de l'Argent, ſur celle de l'Eſtain, ſur le Tabac, ſur le Papier, ſur les Exploits, ſur le Sel, ſur les Bêtes ; & tout cela va bien plus loin que les Tailles. Le commerce eſt ce qui fait la richeſſe des Villes & d'un Etat. Le préſent Gouvernement

B 2

s'eſt

s'eſt fait une grande affaire & un grand honneur d'améliorer le Commerce de France. Feu M. Colbert avoit pris pour cela de gands ſoins. C'eſt dans cette vûë qu'il a fait établir une Compagnie des Indes Orientales ; qu'il a levé des manufactures de Draps, de Bouraquans, de Camelots, & d'autres eſtoffes étrangeres ; afin que l'on pût trouver en France tout ce dont on auroit beſoin, & que nôtre argent ne paſſât pas aux Etrangers. Mais la miſere n'eſt point diminuée pour cela, & le Commerce au lieu d'augmenter, eſt anéanti : parce que le Commerce ne ſubſiſte que par l'argent qui roûle, or le Roy par les droits épouvantables & exceſſifs qu'il a levé ſur toutes les marchandiſes, a attiré à luy tout l'argent, & le Commerce eſt demeuré à ſec. Il n'y a point de rigueurs & de cruautez qui n'ayent été exercées par les Fermiers des Doüannes ſur les Marchands ; mille friponneries pour trouver lieu de faire des confiſcations ; des marchandiſes injuſtement arrêtées ſe perdent & ſe conſument. Outre cela certains Marchands par la faveur de la Cour mettent le Commerce en monopole, & ſe font donner des priviléges pour en exclurre tous les autres, ce qui ruïne une infinité de gens. Et enfin bien loin que la défenſe des marchandiſes étrangeres ait bien tourné pour le Commerce, au contraire c'eſt ce qui le ruïne. On ne penſe pas que l'ame du Commerce c'eſt l'argent, & que la vie de l'argent eſt dans le mouvement. Le Commerce ne s'entretient que par le mouvement qui ſe fait de l'argent d'un Païs à l'autre. Nous envoyons aux Etrangers nos Bleds, nos Vins, nos Manufactures ; ils nous envoyent leurs poiſſons ſalez, leurs eſpiceries & leurs eſtoffes, & l'argent roûle par ce moyen. Nous avons appris aux Etrangers un ſecret dont ils ſe ſont ſervis pour nous ruïner. Nous avons voulu nous paſſer des eſtoffes de laine ; ils ont trouvé moyen d'établir des Manufactures de Soye, & d'imiter nos eſtoffes : ce qui eſt cauſe que ce Commerce eſt entierement ruïné, & que de ſept ou huit mille métiers qui travailloient à Tours, il n'en reſte pas aujourd'hui huit ou neuf cens. Et tout cela par le pouvoir Deſpotique & ſouverain, qui ſe pique de faire tout à ſa fantaiſie, de donner à tout un nouveau train, & de réformer toutes choſes par un pouvoir abſolu. La Perſécution des Hugnenots, autre effet de cette puiſſance tyrannique, a mis la derniere main à la ruïne du Commerce. Parce que ces gens étoient exclus des Charges, ils s'étoient entierement jettez dans le Commerce, de Bleds, de Vins, de Manufactures ; la perſecution qu'on a exercée contr'eux, les a obligez de ſe retirer : & comme ce qu'il y avoit d'argent étoit entre les mains des Marchands Huguenots, ils ont eu beaucoup plus de facilité à ſe retirer que les autres. Et en ſe retirant ils ont tiré du Royaume des ſommes immenſes qui ont tari la ſource du Commerce. Ceux qui ſont demeurez ont fermé leur bourſe, ils ne trafiquent plus, ils penſent à faire leurs affaires peu à peu pour préparer leur retraite. C'eſt ainſi que les Villes ſont tombées dans la miſére par la tyrannie du Gouvernement, comme le reſte du Royaume.

Fin du Premier Mémoire.

LES SOUPIRS

DE LA

FRANCE ESCLAVE,

Qui aspire aprés la Liberté.

II. MEMOIRE.

Du 15. Septembre 1689.

DE L'OPPRESSION DES PEUPLES, des Impôts exceſſifs, & du mauvais Emploi des Finances.

APrés l'oppreſſion de l'Eglise, de la Nobleſſe, des Parlemens, & des Villes, il faut voir l'oppreſſion du Peuple. Il eſt bon d'apprendre prémiérement que dans le Gouvernement preſent tout eſt Peuple. On ne ſçait plus ce que c'eſt que qualité, diſtinction, mérite, & naiſſance. L'Autorité Royale eſt montée ſi haut, que toutes les diſtinctions diſparoiſſent, toutes les lumiéres ſont abſorbées. Car dans l'élevation où s'eſt porté le Monarque, tous les Humains ne ſont que la pouſſiere de ſes pieds. Ainſi ſous le nom de Peuple on a répandu l'oppreſſion & la miſére juſques ſur les parties les plus nobles & les plus relevées de l'Etat. Cette oppreſſion de Peuples ſe fait prémiérement par le prodigieux nombre d'Impôts, & par les levées exceſſives de deniers, qui ſe font par toute la France. C'eſt une ſcience aujourd'hui en France que celle des Impôts & des Finances, & il y faut être habile pour en parler pertinemment. Mais il ſuffit que nous en diſions ce que nous en ſentons tous, & ce que le Peuple en ſçait. Il y a Taille Perſonnelle,

C

Taille

Taille *Réelle.*   Il y a Impoſt ſur le Sel , ſur les Vins , ſur les marchandiſes , ſur les fonds , ſur les rentes. Ce ſiecle malheureux a produit un volume de noms dont la plupart étoient inconnus à nos Ancêtres : ou ſi quelques uns de ces noms étoient connus , ils n'étoient pas odieux , à cauſe de la modération avec laquelle on impoſoit & on levoit les tributs. Aujourd'hui mille canaux ſont ouverts , par leſquels on tire le ſang du Peuple & des Sujets , pour le faire couler dans l'abîme de la cupidité inſatiable & de l'ambition demeſurée du Prince.   Cela s'appelle Taille , Gabelle , Aydes , Domaines , Doüane , Taillon , Subſiſtance , Quartier d'Hyver , Garniſons , Marques de l'Argent & de l'Eſtain , Papier timbré , Franc Séellé , Impoſt ſur le Tabac , Controole des Exploits , Greffe des Affirmations , Ayſez , Francfiefs , Recherches par les Cours de Juſtice , Droits ſur les Bois , Entretiens des Xurſies & Levées , Droits des Eaux & Fôrets , Ban & Arriereban , dont on ne ſe rachête qu'en payant , Parties Caſuelles ; Ventes de Charges de Juſtice , Police , & Finance , Création de nouvelles rentes , Création de nouveaux Offices , Polette , Finances pour la conſervation des Charges , Taxes ſur ceux qui ont manié les affaires du Roy , & une infinité d'autres qui ne nous viennent pas dans la memoire , ou que nous ne ſçavons peut-être pas , parce que cela n'eſt gueres connu que par ceux qui y ſont intereſſez. Et il n'eſt d'aucun uſage pour mon but de vous faire connoître le détail de ces Impôts pour vous en faire ſentir l'injuſtice & le poids.   Il ſuffira pour la fin que nous nous propoſons de vous faire connoître l'horrible oppreſſion de ces Impôts. 1. Par les ſommes immenſes que l'on tire. 2. Par les violences & les excés qui ſe commettent pour les lever. 3. Par le mauvais uſage que l'on en fait. 4. Et enfin par la miſere où ſont réduits les Peuples.

Premierement, Chers & malheureux Compatriotes , vous devez ſçavoir que les Impôts qui ſe tirent ſur vous , font une ſomme peut-être plus grande que ce que tous les Princes de l'Europe enſemble tirent de leurs Etats. Une choſe eſt conſtante , c'eſt que la France paye deux cent millions d'Impôts , dont à peu prés les trois quarts vont dans les coffres du Roy , & le reſte va pour les frais de la Recepte , pour les Fermiers , pour les Officiers , pour les Gardes , pour les Receveurs , pour les gains des Financiers , & pour bâtir de nouvelles fortunes qui ſe font preſqu'en un jour.   Pour la levée du ſeul Impôt du Sel il y a une grande Armée d'Officiers & d'Archers.   Or je poſe en fait , & je voudrois prouver ſur le peril de ma vie , que tous les Rois d'Eſpagne , d'Angleterre , de Suede , de Dannemarck , l'Empereur , tous les Princes d'Allemagne & d'Italie , les Républiques de Veniſe & de Hollande , hors les temps de guerre , ne tirent pas de leurs Etats deux cent millions de tributs ordinaires.   La choſe eſt notoire ; & je ne crois pas que perſonne la révoque en doute. Je vous prie faites attention à ceci , & voyez s'il y eût jamais prodige de tyrannie qui ſoit allé juſques-là.   Il ne faut point dire , c'eſt que la France eſt auſſi grande que le reſte de l'Europe ; car elle n'en fait pas la

dixié-

dixiéme partie. Il ne faut pas dire non plus que c'eſt une marque de ſa richeſſe. Car la France a ſes Landes & ſes Deſerts tout comme les autres Pays. Elle a de tres-bons Cantons & tres-fertiles, mais les autres Pays en ont auſſi. Elle n'a rien qui approche de la fertilité de la Flandres & de la Hollande, ou de la Hongrie. Si elle a moins de terres incultes que l'Eſpagne, elle en a tout autant que l'Allemagne & l'Italie. Ainſi il n'y a point d'autre cauſe de ces immenſes revenus de la Couronne, que la violence & la tyrannie du Gouvernement. C'en eſt là une preuve ſenſible & à laquelle il n'y a rien à répondre. La Cour tire tous les ans du Royaume peut-être quatre ou cinq fois plus qu'il n'y a d'argent dans le Commerce. Et ſi le Threſor avoit tout à la fois tout ce qui ſe tire de l'Etat, il n'y auroit pas un ſeul ſol dans le reſte du Royaume. Ainſi il faut que tout ce qu'il y a d'argent dans la France paſſe quatre ou cinq fois, tout au moins, par les mains des Officiers du Roy.

Si la Tyrannie eſt évidente & claire dans les ſommes immenſes qui ſe levent ſur la France, elle ne l'eſt pas moins dans la maniere de les lever. Les Peuples ont établi des Rois pour conſerver les perſonnes, la vie, la liberté, & les biens des particuliers. Mais le Gouvernement de France eſt monté à cet excés de tyrannie, qu'aujourd'hui le Prince regarde tout comme luy appartenant en propre. Il impoſe des tributs & tels qu'il lui plaiſt ſans conſulter ni Peuples, ni Grands, ni Etats, ni Parlements. Je m'en vais vous dire une choſe qui eſt certaine, que mille gens ſçavent, quoi que la plûpart de nos François l'ignorent. Sous le miniſtére de M. Colbert, il fut mis en déliberation, ſi le Roi ne ſe mettroit pas en poſſeſſion aſtuelle de tous les fonds & de toutes les terres de France, & ſi on ne les réduiroit point tout en Domaine Royal, pour en joüir & les affermer à qui la Cour jugeroit à propos; ſans avoir égard ni à l'ancienne poſſeſſion, ni à l'heredité, ni aux autres droits. Preciſément comme les Princes Mahometans de Turquie, de Perſe & du Mogol ſe ſont rendus maiſtres en propre de tous les fonds, dont ils donnent la joüiſſance à qui bon leur ſemble, mais ſeulement à vie. Monſieur Colbert envoya querir un fameux Voyageur * qui avoit paſſé pluſieurs années dans les Cours de l'Orient, & le queſtionna long-tems ſur la maniére dont ces biens s'adminiſtroient. Et c'eſt ce qui obligea le Voyageur à donner au Public une lettre adreſſée à ce Miniſtre, dans laquelle il prit à tâche de faire voir que cette malheureuſe tyrannie eſt cauſe que les plus beaux Païs de l'Orient ſont devenus des Deſerts; perſonne ne poſſede plus aucnn fonds en propre, c'eſt pourquoi perſonne ne penſe à entretenir les fonds. On en tire autant qu'on peut, & on les épuiſe, parce qu'on ſçait qu'on ne les poſſéde qu'à vie. Cela même eſt cauſe que les hommes ſe marient peu, n'ont que des Concubines, & ſe répandent en mille ſales voluptez ſtériles; parce qu'ils n'ont point à cœur d'élever des familles, aux quelles ils n'ont rien à laiſſer. Voyez je vous prie où vous en étes, & quel eſt le Gouvernement ſous lequel vous vivez.

* *Bernier.*

Quand

Quand il viendra un Administrateur des Finances qui sera un degré plus hardi que n'étoit Colbert, on vous arrachera en un jour tous vos heritages ; vous deviendrez Fermiers, & vous payerez au Prince la rente de tous vos Propres. Le plus fort est déja fait : déja le Prince s'est persuadé qu'il est en droit de faire cela : les considérations de conscience sont anéanties. Il n'a été retenu que par des raisons d'Etat ; soyez assurez que les raisons d'Etat ne sont pas des veritez éternelles, & qu'elles changeront quand l'occasion s'en présentera.

Combien d'excés & de violences s'exercent dans la levée des Impôts ? Le plus petit Maltôtier est une personne sacrée, qui a un pouvoir absolu sur les Gentilshommes, sur les Membres de la Justice & sur tout le Peuple. Un coup donné est capable de perdre le plus puissant des Sujets. On enleve des maisons, Meubles, Bêtail, Argent, Bleds, Vins, & tout ce qui se trouve. Les Prisons sont pleines de misérables qui sont obligez de répondre des sommes qu'ils ont imposées sur d'autres miserables qui ne sçauroient payer ce que l'on exige d'eux. Est-il rien de plus dur & de plus cruel que l'Impôt du Sel ? On fait achêter dix ou douze sols la livre une chose que la Nature, le Soleil, & la Mer, nous donnent pour rien, & qu'on pourroit avoir pour deux liards. Sous pretexte d'exercer les droits du Sel, le Royaume est couvert d'une grande Armée de Scelerats, qu'on appelle *Archers de la Gabelle*, qui vont dans les maisons ; percent avec autorité dans les lieux les plus secrets, & ne manquent pas de trouver du faux Sel, où ils croyent qu'on peut trouver de l'argent. On condamne des miserables à des sommes immenses, on les fait pourrir en prison, on ruine des familles. On impose le Sel en la plûpart des lieux, & on en donne à châque famille, plus trois fois qu'elle n'en peut consumer. Dans les Païs du voisinage de la Mer, on ne veut pas que le pauvre Païsan emporte de l'eau de la Mer, on casse les Cruches, on bat les Gens, on les emprisonne : en un mot, il n'y a pas de violences qui ne se commettent par là, aussi bien que par la levée des autres Impôts, qui se fait avec des frais horribles, des saisies de fruits, des emprisonnemens, des plaidoyers devant les Elus & la Cour des Aydes : frais qui vont au delà du principal. On met dans la main des canailles un moyen de se vanger de leurs ennemis & de mortifier les honnêtes gens. Un Collecteur impose un homme à la taille deux ou trois fois au délà de son revenu. Comment se pourvoir ? Il faut payer par provision les trois ou quatre cens écus à quoi est taxé un homme qui n'en possede pas la moitié de revenu : après on peut se pourvoir, c'est à dire, monter de Barreau en Barreau jusqu'à une Cour Souveraine, plaider trois ou quatre ans, consumer en frais de Justice trois fois autant que ne vaut le principal, & au bout de tout cela ne rien retirer : car ceux qui manient les affaires du Roi & qui exercent ses droits ont toûjours raison. La France est un des Païs du Monde le plus abondant en Vins, & c'est ce qui faisoit autrefois sa richesse. Mais c'est ce qui fait aujourd'hui sa pauvreté. Les Impôts sur les Vins, (tant les Vins qui se

transpor-

tranſportent que ceux qui demeurent ſont ſi grands, qu'ils abſorbent preſ-que tout, & le Proprietaire n'a rien.

Voilà comment toute la France eſt réduite à la derniere pauvreté. Dans les Régnes precédens, c'eſt à dire, depuis le Miniſtere du Cardinal de Richelieu, & ſous celui du Cardinal Mazarin, la France étoit déja chargée de grands Impôts. Mais la maniere dont on les levoit, quoi qu'elle ne fut pas trop juſte, épuiſoit cependant beaucoup moins le Royaume, que la maniere dont on les leve aujourd'hui. En ce tems-là, *Crédit & Prote-*
ction avoient lieu. Le Gentilhomme qui avoit du crédit, protégeoit ſa Paroiſſe, & ſur tout ſes Fermiers, & faiſoit diminuër leurs tailles. Le Grand Seigneur garantiſſoit ſes Vaſſaux de l'oppreſſion ; le Juge & le Ma-giſtrat avoit ſes Gens qu'il maintenoit. Il y avoit peu de perſonnes riches qui ne ſe fiſſent des amis pour ſe garantir de l'oppreſſion. Ainſi tout le fardeau tomboit ſur les Gens ſans protection & ſans amis, qui à la verité étoient tout-à-fait miſerables. Mais au moins il reſtoit dans le Royaume un grand nombre de Gens qui étoient à leur aiſe, & qui faiſoient hon-neur à l'Etat. Le Gouvernement d'aujourd'hui a ſuccedé à celui-là. M. Colbert a fait un projet de réformation de Finances, & l'a fait exécuter à toute rigueur. Mais en quoi conſiſte cette reformation ? Ce n'eſt pas à diminuer les Impôts pour le ſoulagement du Peuple. C'eſt à les augmen-ter de beaucoup, en les répandant ſur tous ceux qui s'en mettoient autrefois à couvert par leur crédit & par celui de leurs amis. Le Gentilhomme n'a plus le crédit pour obtenir la diminution de taille à ſa Paroiſſe, ſes Fermiers payent comme les autres & plus. Les Officiers de Juſtice, les Seigneurs, & autres Gens de caractere, n'ont plus aujourd'hui de crédit au préjudice des deniers du Roi. Tout paye. Voilà un grand air de Juſti-ce. Mais qu'eſt-ce que cette belle Juſtice a produit ? Elle a ruiné tout le monde. Les miſerables que les Impôts avoient jetté par terre dans les années précédentes ont été déchargez, mais cette décharge ne peut rien contribuer à les relever. Ils n'ont plus rien, de rien on ne fait rien. Et de plus, les charges qu'on leur a laiſſées, quoi qu'un peu moindres, ſont plus que ſuffiſantes pour les empêcher de ſe relever. Cependant ceux qui avoient de la protection, n'en ayant plus, ils portent le fardeau à leur tour. Et par cette voye tout eſt ruiné ſans exception. Voilà à quoi re-vient cette grande habileté dans les Finances qu'on a tant vanté dans feu M. Colbert. Il a augmenté les Revenus du Roy de plus de la moitié. Premierement il a augmenté les Impôts. Secondement il en a aſſigné la levée ſur tout ce qu'il y a de Gens aiſez dans le Royaume, & enfin il a retranché les grands gains des Financiers. Il a pouſſé les Fermes du Roy à toute extremité. On ne laiſſe plus rien à gagner à ceux qui exercent les droits du Roi, on tire tout. C'eſt à peu prés la même methode par la-quelle il a fait rendre aux Gens d'affaires tout ce qu'ils avoient pris dans le Miniſtére précédent : on a érigé des Cours de Juſtice, dans leſquelles on a fait venir à compte le Surintendant Foucquet, tous les Intendans des Fi-nances, Tréſoriers de l'Epargne, Traitans, Fermiers, Receveurs, juſqu'à

D

de

de petits Commis. On leur a fait rendre tout ce qu'ils avoient pris, & tout ce qu'ils n'avoient pas pris avec des violences & des injustices inouïes. La seule Justice qu'il y a eu dans cette poursuite, c'est que ces Messieurs qui a-voient fait de grandes injustices aux particuliers, ont passé par les mêmes injustices sous l'autorité du Roi & du Gouvernement. C'est ainsi qu'on exige & qu'on léve les Impôts, si cela n'est la derniére tyrannie, j'avoué que je n'y entens rien.

Aprés cela, si nous considerons l'usage que l'on fait de ces sommes immenses qu'on léve avec tant d'excés & tant d'exactions, on y verra aussi tous les caractéres de l'oppression & de la tyrannie. Il arrive quelquefois que les Princes & Souverains font des levées qui paroissent excessives & qui en effet incommodent extremement les particuliers. Mais c'est quand ils y sont forcez parce qu'on appelle les Besoins & les Necessitez de l'Etat : en France ce n'est rien de semblable. Il n'y a ni *Besoin* ni *Etat* : point d'*Etat*. Autrefois l'Etat entroit par tout ; on ne parloit que des Interêts de l'*Etat*; que des besoins de l'*Etat*, que de la conservation de l'*Etat*, que du ser-vice de l'*Etat*. Aujourd'hui parler ainsi, seroit au pied de la lettre un crime de Léze-Majesté. Le Roi a pris la place de l'Etat. C'est le service du *Roi*, c'est l'interêt du *Roi*. C'est la conservation des Provinces & des biens du *Roi*. Enfin le Roi est tout, & l'Etat n'est plus rien. Et ce ne sont pas seulement des paroles & des termes, ce sont de réalitez. On ne connoit plus à la Cour de France d'autre interêt que l'interêt personel du Roi, c'est à dire, sa gran-deur & sa gloire. C'est l'Idole à laquelle on sacrifie les Princes, les Grands, les Petits, les Maisons, les Provinces, les Villes, les Finances & généra-lement Tout. Ce n'est donc pas pour le bien de l'Etat que se font ces horri-bles exactions; car d'*Etat* il n'y en a plus. Ce n'est pas non plus les *Besoins*. Car jamais la France n'en a eu moins, excepté depuis quelques mois. Depuis trente ans, elle n'a eu d'ennemis, que ceux qu'elle s'est faits de gayeté de cœur. Elle pouvoit vivre dans une parfaite tranquilité. Toutes les Puissan-ces de l'Europe qui lui pouvoient faire de l'ombrage, étoient abbaissées. Les Trônes étoient possedez, ou par des Princes enfans, ou par des Souverains d'une capacité médiocre, & d'un humeur tranquille, exempte d'ambition. Les Traitez de Munster & des Pyrenées avoient étendu ses Frontieres, & mis à couvert ses anciennes Provinces, par les nouveaux Païs qu'on lui avoit cédez. Jamais la France ne vid un tems si favorable, & si propre à vivre heureuse, & à devenir riche & puissante. Et au contraire jamais sa mi/ére & son esclavage ne sont montez à un si haut point. Ce n'est dont point à la défendre, & à repousser les invasions de l'ennemi, que son argent a été employé.

Cet argent est uniquement employé à nourrir & à servir le plus grand Amour propre & le plus vaste Orgueil qui fut jamais. C'est un abîme si vaste, qu'il auroit englouti non seulement le bien de tout le Royaume, mais celui de tous les autres Etats, s'il avoit pû s'en saisir, comme il a essayé de faire. Le Roi s'est fait donner plus de faux encens que tous les Demi-Dieux des Payens n'en ont eu de véritable. Jamais on ne poussa la flaterie à ce point. Jamais homme n'a aimé les loüanges & la vaine gloire au point que ce Prince l'a recherchée. Il nourrit dans sa Cour & autour de lui une foule de flatteurs, qui enchériffent les uns fur les autres. Non feulement il permet qu'on lui érige des * Statuës, fur le pied defquelles on grave des blafphémes à fon honneur, & au bas defquelles on attache toutes les Nations du Monde enchaînées. Mais lui-méme fe fait mettre en or, en argent, en bronze, en cuivre, en marbre, en toile, en tableaux, en peintures, en arcs de triomphes, en infcriptions. Il remplit tout Paris, tous fes Palais, & tout le Royaume de fon nom & de fes faits ; comme s'il avoit laiffé mille lieuës derriere lui, les Alexandres, les Cefars, & tous les Heros de l'Antiquité. Et le tout, pour avoir enlevé à un Prince mineur & foible trois ou quatre Provinces ; pour avoir fçû profiter des divifions de l'Empire, & du peu d'union & d'intelligence qui eft entre fes membres ; pour avoir dépoüillé un pauvre Duc ; pour avoir achêté plufieurs Places importantes ; pour avoir defolé la moitié de fon propre Royaume par la perfécution du Calvinifme. Voilà à quoi fe réduit la Grandeur de Loüis le Grand ; c'eft à un Amour propre d'une grandeur immenfe. Et c'eft cette paffion énorme qui devore tant de richeffes, à laquelle on fait tant de Sacrifices.

On employe donc les revenus immenfes de la Couronne, premiérement à des bâtimens fomptueux pour la gloire du Roi. On ne fçaura jamais ce qu'à coûté Verfailles. Quand on le fçauroit, & qu'on le diroit, la Pofterité n'en croiroit rien. Il ne coûte rien de bâtir & d'élever des maffes fuperbes avec des fraix prodigieux, puis les jetter par terre, pour les relever fur un nouveau plan forti du caprice d'un Architecte venu de je ne fçai où. Ses Ancêtres n'étoient pas affez bien logez. Le Louvre, Fontaine-Bleau, St. Germain étoient trop petits pour loger un tel Prince. Il faut quelque chofe plus grand & plus magnifique que tout cela. Afin que la Grandeur du Roi paruft davantage, il a falu bâtir ce magnifique Palais dans un lieu disgracié de la nature, & y amener tous les ornemens dont il étoit privé, avec des dépenfes prodigieufes. C'eft un lieu fec & fans eau ; & pour y amener des eaux, il faut changer la face de la nature, faire des vallées où il y avoit des montagnes, élever les eaux jufqu'aux nuës, détourner le cours des Riviéres, faire des Etangs & des Lacs dans des lieux où il n'y avoit que des Landes. Qui pourroit conter les millions d'or qui ont été confumez, & les milliers d'hommes qui font peris, au feul travail de la Riviére d'Eure ? N'eft-ce pas un grand plaifir pour un Etat qui fent tirer de fes veines jufqu'à la derniére goutte de fon fang, & arracher fes entrailles de fon fein, de les voir employer à ériger des monumens éternels à la vanité du Prince ? Ne fera-ce pas un folide avantage pour le Royaume, quand on dira quelque jour, c'eft un Ouvrage de Louis le Grand ? Il y a confumé deux ou trois cens millions ; il a forcé la nature, il a enterré plus de plomb dans les entrailles de la terre, qu'on n'en tire des Mines en plufieurs années. Il n'a rien épargné

D 2

pour

---

* *La Statuë de la Place des Victoires, avec cette infcription,* Viro Immortali.

pour l'enrichir de marbres, de dorures, de peintures, de riches meubles, de précieux joiaux qu'on a acheté & fait venir de toutes les parties du Monde ? Aprés cela, qui est-ce qui pourroit avoir regret à son argent, à ses meubles, à ses fonds, qu'on s'est vû arracher par les exactions ?

Un si grand Prince, si superbement logé, ne peut pas faire une mediocre dépense dans une si grande Maison. C'est pourquoi il faut consumer là-dedans en Tables, en Officiers, en Maîtresses, en Trains qu'on leur entretient, en Fortunes que l'on fait à leurs parents, en Fêtes, en Operas, en Comedies, en Ballets, en ce qu'on appelle des Appartements, en Présents à des Femmes & à des Favorits, en Gardes & en Pensions ; il faut, dis-je, dépenser une fois ou deux plus qu'on ne dépensoit autrefois à l'entretien des Armées & des Places Frontiéres de l'Etat. N'est-ce pas là bien placer l'argent du Royaume ? Peut-on doûter que le Roi ne soit Tout, & que son amour propre ne soit la Divinité à laquelle on sacrifie tout ? Le Roi fait quelques dépenses qui semblent être pour le Public : il a fait faire un Canal pour la jonction des deux Mers. C'est pour la commodité du Commerce. Je ne sçai si ce Prince est lui-même la duppe de son cœur. Mais personne ne doûte que cette prodigieuse entreprise, qui ne sçauroit jamais reüssir, n'ait été formée par un principe de vaine gloire ainsi que le reste. C'est pour laisser à la Posterité un monument de sa grandeur par les prodigieuses dépenses qu'on aura faites à un tel ouvrage. Il est vrai qu'il ne subsistera pas, & que les ravines le ruïneront la premiére année qu'on le négligera ; & qu'enfin on l'abandonnera, parce que la dépense de l'entretien surpassera de beaucoup le profit. Mais n'importe ; ce seront de grandes ruïnes qui marqueront la grandeur de l'ame de celui qui en a formé le projét, & sur lesquelles on écrira,

> *Quem si non tenuit, magnis tamen excidit ausis.*

Voulez vous sçavoir un autre article de dépense qui consume des sommes prodigieuses ? Ce sont les liberalitez immenses qui se font aux favorits, c'est à faire des Creatures & de nouveaux Princes dans le Monde. Une Maison de Tellier posséde peut-être quatre vint ou cent millions de fonds ; la Maison de Colbert en a à peu prés autant, & les autres à proportion. Il y a tel Sujet en France beaucoup plus riche que ne sont plusieurs Souverains de l'Europe, qui y font pourtant une tres-belle figure. Si l'on avoit égard à l'Etat, & à ses interêts, on ne pourroit pas plus mal placer des dépenses. Car les nouveaux Grands qui sortent de la poussiere, & qui montent jusques prés du Trône, ne servent qu'à abbattre les Maisons anciennes, & à les anéantir. Ce sont les Tyrans de l'Etat & ses Sangsües. Il seroit beaucoup plus utile que le bien fût répandu dans le Public, que d'être ramassé dans un particulier. On peut dire que c'est un bien perdu pour le Royaume ; car de ces grands réservoirs, où le Roi fait couler toute la substance de ses Sujéts, il n'en sort plus rien pour le bien de l'Etat ; puis que ces grandes Maisons sont exemptes de tous les frais. Enfin il y a de l'injustice à réduire

tant

tant de Familles à la mendicité, pour faire vivre des Gens d'une baſſe ou d'une mediocre naiſſance dans une abondance Royale, & au milieu de mille ſuperfluitez. Mais n'importe; cela fait, & cela prouve la grandeur du Prince. Ce ſont des Coloſſes qui montrent la vaſte imagination & la grande capacité de l'Ouvrier. On montrera quelque jour ces ſuperbes Maiſons de nouvelle érection, & on dira, voilà les ouvrages de Louis le Grand; jugez combien étoit Grand celuy qui les a faits. Si ce n'eſt qu'une maligne Etoille ne ſe leve avec le Succeſſeur, qui verſe ſur ces teſtes nouvellement élevées des influences toutes ſemblables à celles qui ont déſolé les Fouquets & ſes pareils, ce que chaque particulier eſpére pour ſa conſolation & pour ſa vengeance.

Venons enfin aux dépenſes qui paroiſſent les mieux placées. Le Roi dépenſe infiniment en Penſions. A peine y a-t'il un Prince dans l'Europe, auquel il ne ſe ſoit rendu Tributaire. Où il ne peut gagner le Prince lui-même par argent, il gagne des Favorits, des Miniſtres, & ſouvent la Princeſſe qui dort dans le ſein du Souverain; on leur paye de groſſes Penſions, on leur fait de riches préſents, & par ce moyen on régne par tout. Le Roi dépenſe infiniment en Armées & en Troupes. Il entretient au milieu de la Paix plus de Troupes que les plus belliqueux de ſes Ancêtres n'en ont entretenu dans les plus cruelles guerres. Il fait des guerres à ſes Voiſins qui lui reviennent toûjours à profit. Dans les guerres il traîne aprés lui des Armées prodigieuſes, mais auſſi il a augmenté le Royaume de cinq grandes Provinces, l'Alſace, la Franche-Comté, la Lorraine, le Luxembourg, & la Flandres, qui font un Royaume & rendent la France la terreur de toute l'Europe. Peut-on faire des dépenſes mieux employées, & doit-on avoir regrét à ce qu'on a perdu, puiſque le Public y gagne tant? En effét, c'eſt une dépenſe bien faite en ſuppoſant le principe ſur lequel on bâtit aujourd'hui à la Cour, *Que le Prince eſt tout, que le Peuple n'eſt rien, & que tout doit tendre uniquement à la grandeur du Roi*; car certainement tout cela ſert à compoſer le ſurnom de *Grand* qu'on ajoûte au nom de *Louis*. Mais ſi au lieu de ce faux principe nous ſuppoſions le véritable principe, qui eſt, que le bien de l'Etat & du Public doit être la ſouveraine Loi, il ſe trouveroit que ce qu'on appelle la Gloire de la France, eſt le plus grand de tous ſes maux. Parce que ces Conquêtes (dont on ſe fait tant d'honneur) ſon injuſtes, odieuſes & onéreuſes à l'Etat. *Elles ſont injuſtes*: Nôtre argent & nos forces ont ſervi à enlever trois Provinces à un Roi pupille, ſous je ne ſçai quel tître, & en vertu de certain droit des Enfans des premiers Mariages, qui n'a vigueur qu'en quelques lieux du Brabant, qui ne regarde que les particuliers, & auquel même on avoit renoncé en épouſant la fille d'Eſpagne, par un Acte auſſi exprés & auſſi ſolemnel qu'on en ait jamais fait. On employe nôtre argent à gagner des Miniſtres dans les Cours étrangéres, afin qu'ils perſuadent leurs Maîtres de nous vendre des Places. C'eſt ainſi qu'on acquit Dunquerque des Anglois, & Caſal du Duc de Mantouë, qui ont couté tant de millions. On employe nos Finances à payer des Traîtres qui nous vendent des villes, ou

qui

qui nous en facilitent la conquête. C'est ainsi qu'on a acquis Strasbourg & la plûpart des Païs conquis. Enfin on employe l'argent à entretenir des Armées nombreuses, & pour soûtenir des guerres injustes, qui rendent le nom François odieux à toute l'Europe, qui persüadent que la France tend à la Monarchie Universelle, & qu'elle y veut arriver par les infidélitez, les trahisons, les violences, la violation des Traitez les plus saints, des Paix, des Capitulations; par des barbaries inoüies, par des incendies, & des désolations effroyables. Quand les Conquêtes nous vaudroient quelque chose, les faudroit-il acheter à ce prix?

Mais de plus, qui ne voit que les Conquêtes, au lieu de faire la grandeur de l'Etat, font sa ruine & lui sont onéreuses? Nous sommes fous, & c'est nôtre folie qui soûtient nôtre Esclavage. Quand le Roi gagne une Bataille, prend une Ville, subjuge une Province, nous faisons des feux de joye, & il n'y a pas un petit Particulier qui ne s'imagine étre monté d'un pied, & qui n'attache la grandeur du Roi à sa propre idée. Cela le récompense de toutes ses pertes, & le console de toutes ses miséres. Et il ne considére pas qu'il perd à mesure que le Roi gagne. Premiérement la grandeur d'un Prince fait toujours la misére de ses Sujets. Car plus un Prince est puissant, plus il s'abandonne à ses passions, parce qu'il les satisfait avec plus de facilité. Or l'ambition, l'avarice, le luxe, la dépense, sont toûjours les passions des Grands, plus ils ont de facilité à opprimer plus ils oppriment. Aussi voit-on que les Sujets des Princes puissants en Domaines, en argent, en Provinces, en armes, sont toûjours les plus misérables & les plus oppressez. Qu'on voye dans l'Orient comment les Gens vivent sous ces puissants Empereurs de Turquie, de Perse, & du Grand Mogol. Il est donc de l'interest des Peuples de tenir leurs Rois dans une mediocrité de puissance, afin qu'ils ne puissent opprimer leur liberté. Secondement, je voudrois bien que nos François, qui se font tant d'honneur de cinq ou six Provinces & de plus de deux cens Places que le Roi a conquises ou bâties depuis Dunkerque jusqu'à Bâle, je voudrois, dis-je, qu'ils me dissent aux dépens de qui ces Provinces sont conservées, gardées, & maintenuës? Les nouveaux Sujets sont des Lions & des Loups qu'on tient par les oreilles, ils grincent les dents, & sont toûjours prêts à dévorer aussi-tôt qu'ils y verront du jour. Ils ont en horreur la Domination Françoise, & ne cherchent que des jours à sécoüer son joug. Il faut donc toûjours les garder. Aussi ne s'est-on pas contenté des vieilles Citadelles qu'on a trouvées dans les Provinces conquises; on en a bâti de nouvelles, par tout dans la Flandres, sur la Sare, sur le Rhin, & jusqu'aux portes de Bâle. Combien de Garnisons, combien de Gouverneurs faut il entretenir? Je pose en fait, que le Roi ne tire pas de ces Païs conquis le demi quart de ce qu'il faut pour les conserver. Qui est-ce qui fournit le reste? N'est-ce pas l'ancien Domaine de la Couronne? Ne sont-ce pas les anciennes Provinces? Voilà donc ce que gagnent les Provinces de Normandie, de Bretagne, de Champagne, de Guienne, de Languedoc, &c. Il faut qu'elles trouvent 30 ou 40 Millions, pour payer la grandeur du Roi, & pour conserver ses Conquêtes. Enfin pour étre pleinement convaincu

vaincu combien ces nouvelles Conquêtes font onéreufes à l'Etat. voyez la jaloufie des Voifins. Quand ces nouveaux Sujets feroient bien domtez & accoûtumez à obeïr au Roi ; fes Voifins s'accoûtumeroient-ils à lui voir poffeder leur bien & leur ancien Patrimoine ; Ne craindra-t-on pas en lui laif-fant ce qu'il a déja pris, de lui donner le moyen de prendre ce qu'il n'a pas encore ? A aller auffi rapidement qu'a été le Roi ; dans vingt ans, la France feroit Maîtreffe de l'Europe. On comprend bien cela, & c'eft ce qui portera toûjours nos Voifins à faire des Ligues, & à conjurer nôtre perte, Vous voyez l'effet de la Prophetie. D'où vient cette épouvantable Ligue de tous les Princes Chrétiens, qui confpirent unanimement à nôtre perte, que de la jaloufie que leur donne la grandeur du Roi ? Il faudra donc que la France entretienne perpétuellement de grandes Armées. Et qui les payera ? Ce ne fera pas le Païs nouvellement conquis : au contraire on le ménagera, afin qu'il ne fe joigne pas à nos Ennemis, & de plus on le regardera comme affez faché, parce qu'il fera le Theâtre de la Guerre. Ainfi c'eft l'ancien Royaume de France qui portera tous les fardeaux, & qui déja fe trouve accablé du poids de ces nouvelles conquêtes. Voilà quel ufage on fait de ces Finances, & des fommes immenfes qu'on tire de vous.

Il reftoit, pour le deffein que j'ai de vous faire fentir l'oppreffion où font les Peuples par les Impôts, de vous dépeindre les miféres où la France a été réduite par là, Mais c'eft un objet fur lequel il eft bon de tirer le rideau. Il n'en faut rien dire, parce qu'on n'en fçauroit affez dire. Il faut y être com-me nous y fommes pour en bien parler. Le Royaume eft fi diminué à parler generalement, que l'on y trouveroit un quart ou un tiers moins d'habitans qu'il n'y en avoit il y a cinquante ans. A l'exception de Paris, où tout le monde accourt, comme à un Afile ; & qui à caufe de cela augmente tous les jours ; les Villes font diminuées de moitié en richeffes & en habitans. Quel-ques unes s'étoient enrichies par le Commerce. Mais la chûte du Commerce les entraine. Les autres Villes, fur-tout les petites, font demi-defertes. Telle qui payoit au Roi trente ou quarante mille livres, ne fçauroit en trou-ver dix. La Campagne eft defolée, les Bourgs & les Villages font pleins de mazures, plufieurs terres font incultes faute de Gens pour les cultiver ; le Païfan vit de la maniére du monde la plus miferable, auffi font-ils noirs & bazanez comme les Efclaves de l'Afrique, & tout ce qui eft en eux parle de leur mifere. L'argent ne fe trouve plus dans les Provinces, la Nobleffe eft gueufe, le Bourgeois eft à l'étroit. Ceux qui ont quelque argent le cachent, comme s'ils recéloient chez eux un Criminel d'Etat. On ne voit plus d'ar-gent que celui qui roûle pour aller dans les Coffres du Roi.

Fin du Second Memoire.

LES SOUPIRS

DE LA

FRANCE ESCLAVE,

Qui aspire aprés la Liberté.

III. MEMOIRE.

*Les tristes effets de la Puissance Arbitraire & Despo-
tique de la Cour de France : Que cette Puissance est
tout aussi Despotique que celle du GRAND
SEIGNEUR.*

NOUS vous avons fait voir jusqu'icy l'état d'Oppression où sont l'E-
glise, les Parlements, la Noblesse, les Villes & les Peuples de France ; les effroyables Impôts par lesquels on épuise le Royaume, le malheureux usage que l'on fait des Finances, & de tant de sang qui sort des veines des Sujets. Il faut considérer presentement la Source de ces malheurs, &
de plusieurs autres que nous n'avons point encore touchez. C'est la Puissance
Despotique, & le Pouvoir *Arbitraire*, absolu, & sans limites, que les
Rois de France s'attribuent ; & que Louis XIV. a exercé, & exerce d'une
maniére, à faire trembler tous les Païs qui ont des Rois. Le Roi de France
ne se croit lié par aucunes Loix ; Sa Volonté est la régle du bon & du droit ; Il
croit n'être obligé à rendre conte de sa conduite qu'à Dieu seul ; Il se persuade qu'il est le Maître absolu de la vie, de la liberté, des personnes, des biens,
de la Religion & de la Conscience de ses Sujets. Maxime qui fait frémir &
qui saisit d'horreur, quand on en considére les conséquences, & que sous ses
yeux on en voit les suites présentes ! Qui ne frémiroit, en pensant que la vie
& la mort, la bonne & la mauvaise fortune de tant de millions d'hommes,
dépendent du caprice d'un seul ? Et qui ne verseroit des larmes, en regardant

E

tout

tout un grand Royaume réduit dans une si grande oppreffion , & tant de millions d'hommes réduits à une si profonde miſére pour ſatisfaire les paſſions d'un ſeul homme ? Dans la ſuite nous vous ferons voir que ce Pouvoir Deſpotique eſt ſi oppoſé à la Raiſon, qu'on le peut appeller *inſenſé*, ſi oppoſé à l'Humanité, qu'on le peut appeller *brutal*, & *inhumain* ; ſi oppoſé même à l'Eſprit du Chriſtianiſme, qu'on le peut appeller *Anti-Chrêtien*. Pour le préſent, il nous ſuffira de vous faire voir les triſtes Effets qu'il produit en France, & comment on l'y exerce aux yeux de toute la Terre.

C'eſt le Pouvoir Deſpotique qui a fait deſcendre l'Egliſe Gallicane dans l'oppreſſion où elle eſt. Tous les Princes Chrêtiens ſe ſont toûjours fait un plaiſir & un honneur de ſe dire Enfans de l'Egliſe, & en cette qualité de lui rendre obéiſſance. S'ils en ont été les Peres, c'eſt pour la protéger & pour la défendre, & non pour la gouverner, encore moins pour la tyranniſer. L'Egliſe ſe gouverne par ſes Paſteurs, & ſelon les Canons. Mais la Cour de France s'eſt élevée au-deſſus de tous les Paſteurs. Tous ſont les Eſclaves de la Cour, & s'ils ne lui ſont ſoûmis avec baſſeſſe, elle les traite comme ſes ennemis. Elle n'a point encore trouvé le tour de dépoſer un Evéque par ſa propre authorité ; mais elle a trouvé le moyen de rendre ſon Sacerdoce inutile, & de l'arracher à ſon Troupeau. On commence par la privation du Temporel : quand un Evêque n'a plus moyen de vivre dans ſon Egliſe, il eſt naturel qu'il l'abandonne ; car les Miniſtres de l'Autel doivent vivre de l'Autel. Si cela ne réüſſit pas, & qu'un Evêque ſoit aſſez honnête homme pour demander l'aumône en ſe tenant attaché à ſon Egliſe ; une Lettre de Cachet vient, qui l'envoye au bout du Monde, & le relégue dans une des extrémitez du Royaume : où il languit bien moins par la profonde miſére à laquelle on le réduit, que par la douleur de ſçavoir qu'en ſon abſence on a livré ſon Troupeau à des Mercenaires, ou plûtôt à des Loups, qui le dévorent & le détruiſent, au lieu de le paître. Si ce n'eſt pas aſſez, on change l'exil de l'Evêque en une priſon ; c'eſt l'homme qu'on fait diſparoître aux yeux du monde, & qu'on ne revoit jamais. Les menaces, les priéres, & toute l'autorité du Saint Pere, n'y font rien. Quand on ſe relâche, & qu'on veut obſerver des formes de Juſtice, la Cour fait nommer quelques Evéques de ſes Eſclaves pour faire le procés à ces ſaints Evêques dont on veut ſe défaire. On les fait trouver coupables, rebelles, deſobéïſſans aux ordres de la Cour. On les fait ſortir du Sacerdoce, & on les abandonne au Bras Séculier.

L'Egliſe a ſes Loix & ſes Canons, ſelon leſquels elle doit être gouvernée. Le Roi, qui eſt Prince Temporel, ne prend pas connoiſſance des Canons de l'Egliſe, & ne s'y croit pas ſoûmis. Il foule aux pieds ces Canons. Quand on lui oppoſe le Concile Général de Lion contre l'Extenſion de la Régale ; il ſe met au-deſſus de ce Concile & de tous les autres. Pendant qu'il fait tenir des Aſſemblées pour ſoûmettre le Pape aux Conciles & aux Canons ; pour lui il ſe place au-deſſus de tout, & de Pape, & de Saint Siége, de Conciles, & de Canons. Les Canons ne veulent pas qu'un homme nommé à un Evêché faſſe aucun office d'Evêque, ni aucune fonction Epiſcopale, qu'il n'ait été conſacré ; & il ne peut être conſacré qu'il n'ait les Bulles & le conſentement

sentement du Saint Siége. Mais le Roi, au préjudice de toutes ces Loix si saintes & si justes, envoye un Eccléfiastique dans un Evêché, & là il lui donne toute la jurisdiction, & lui fait exercer toute la puissance qu'il pourroit avoir s'il avoit été consacré & confirmé par le Saint Siége. Les Canons défendent expressément les translations d'un Siege à l'autre, à moins qu'il n'y ait de grandes & considérables raisons : raisons dont l'Eglise doit toûjours être Juge. Le Roi, de son plein pouvoir, autorité & puissance absoluë, transporte un Evêque d'un petit Eveché à un plus grand, selon qu'il le juge à propos pour son interest, sans consulter ni l'Eglise, ni le Pape, & sans aucune forme. Les Canons veulent que les Maisons Religieuses soient sujettes, ou au Pape duquel elles rélévent immédiatement, ou du moins aux Ordinaires, selon la réformation du Concile de Trente. Mais le Roi se rend Souverain immédiat de ces Maisons pour le Spirituel & pour le Temporel ; & nous avons vû comme il entreprend de donner des Supérieurs & des Supérieures à l'Ordre de Clugni, aux Filles de Sainte Claire appellées Urbanistes : comme il a ruiné la Maison de Charonne : & comment il a aboli les Filles de l'Enfance. C'est le Pouvoir Despotique & la Puissance Arbitraire qui fait tout cela. Le Roi le veut ; il n'en faut pas d'autre raison. Par les Canons l'Eglise est maîtresse de ses Sacremens pour les donner à ceux qu'elle en juge dignes, & les refuser à ceux qu'elle en croit indignes. Ce n'est plus cela à présent ; le Roi par sa puissance absoluë est devenu Maître des Sacremens, pour les faire donner aux Incrédules & aux Hérétiques. Il faut que l'on fasse communier les Calvinistes mécréans malgré qu'ils en ayent, sous peine des Galéres, ou d'être traînez sur la Claye, parce que le Roi le veut.

C'est par le même Pouvoir Despotique & Arbitraire qu'ont été cassez, révoquez & annullez, ou rendus inutiles, tous les Priviléges de la Noblesse, des Parlemens, des Villes & des Peuples : ce qui est cause qu'aujourd'hui ils sont dans l'oppression qui vous a été ci-dessus représentée. Il n'y a point de Royaume, de Souveraineté, ni d'Etat entre les Chrêtiens, où les Priviléges ne soient estimez irrévocables, quand ils ont été solemnellement accordez : à moins que les raisons qui ont fait accorder les Priviléges n'ayent notoirement cessé, ou que ceux qui les possédoient ne s'en soient notoirement rendus indignes. C'est une Loi qui s'observe dans tous les Etats bien policez, *Que nul ne peut être privé de ses avantages, charges, dignitez, biens & priviléges, que pour crime.* Et cette Loi est si juste, que sans elle rien n'est assuré : la fortune des Particuliers sera toûjours en l'air. On aura beau être juste & honnête, si on ne fait son devoir : c'est à dire, si on ne devient esclave de la Cour & de tous ses sentimens, on ne possédera rien aujourd'hui dont on ne puisse être privé demain. C'est précisément ce que fait la Cour de France : elle ne connoît ni Droit de Possession immémoriale, ni Concessions Royales, ni Consentement des Peuples, ni Justice, ni Equité. Elle foule les Peuples, les Grands, les Petits, les Nobles, par de nouvelles charges. Elle prétend être toûjours en droit de priver ses Sujets de tout ce qui leur a été ci devant accordé, quoi que la concession soit dans toutes les formes qui peuvent rendre les graces irrévocables. Et même ce qu'elle a accordé sans réserve, &

sans

fans condition, au bout de quelques années elle le révoque & l'annulle.

C'est ce qui a fait la vexation & la recherche des nouveaux Nobles, qui a réduit tant de familles à l'extrémité, & ruiné tant de Maisons. Ce n'est pas que dans cette Noblesse de nouvelle érection il n'y eût de grands desordres à corriger. Aussi est-ce l'ordinaire de la Cour de France de couvrir ses vexations de beaux prétextes. On a raison d'empêcher que le Corps de la Noblesse, qui doit jouir du Privilége des Exemptions, ne se multiplie à la charge du Peuple. Il est vrai aussi que durant les troubles & la licence des Régnes precédens, il pouvoit s'être glissé plusieurs faux Nobles dans le Corps de la véritable Noblesse.

Mais quelles persécutions n'a-t-on pas exercées sous ces beaux prétextes ? puis qu'on n'en vouloit qu'aux faux Nobles, pourquoi a-t-il fallu tourmenter les Maisons anciennes, & dont l'Antiquité & la Noblesse étoient notoires à toute la Province ? Pourquoi chicaner de bonnes & d'anciennes Maisons, sur quelques défauts dans les Titres, qui ne venoient évidemment que de la négligence & de la securité où vivoient des Maisons, à qui il n'étoit pas monté dans l'esprit qu'on pust les inquiéter sur leur Noblesse ? Pourquoi révoquer des Priviléges de Noblesse, parce qu'ils étoient nouveaux ? Où sont les Titres qui ne sont pas nouveaux ? Un homme mange son bien au service du Roi ; souvent pour toute recompense on le renvoye chez lui, chargé d'années & de playes, avec un titre de Noblesse. Est-il juste que ce Titre, qu'il a acquis par ses sueurs & par son sang, lui soit ôté, ou à ses Enfans de la première génération, sans qu'il ait commis aucun crime qui mérite la dégradation ? Où est la bonne foi ? Certaines Villes ont des Priviléges, selon lesquels ceux qui y ont été Maires ou Echevins jouïssent des exemptions des Nobles. Ces Priviléges sont si anciens qu'on a peine à en trouver l'origine ; les Villes se les sont acquis, ou se les sont reservez, quand elles se sont soûmises : Quoi qu'il en soit, c'est leur bien. Un Prince n'étant pas maître du bien de ses Sujets, il n'est pas en droit de le leur enlever quand il le trouve bon. Des gens ont acheté des Charges, ausquelles étoit attachée de tout temps l'Exemtion des Impôts. Leur bien est allé là : on leur ôte ces Exemptions, c'est leur ravir leur bien & les tromper ; tout cela est un effet de la Puissance Despotique & Arbitraire, qui est une pure tyrannie. Après tout, quel étoit le but de cette belle recherche de la Noblesse ? Vouloit-on diminuer le nombre des Nobles ? Point du tout : on vouloit de l'argent, & l'on a fait plus de faux Nobles qu'il n'y en avoit. Car tous ceux qui ont pû donner de grandes sommes se sont trouvez avoir de fort bonnes Titres. Ainsi c'étoit une nouvelle maltote, qu'on a mise en parti comme toutes les autres ; par laquelle on a ruïné bien des Maisons en l'exerçant cruellement, & selon le caprice & l'avarice des Intendans & des Traitans.

Par ce même Pouvoir Despotique & Arbitraire, on a révoqué les Edits & les Déclarations qui avoient été accordez aux Calvinistes pour le bien & la paix du Royaume ; & par cette révocation on a attiré sur le Royaume les plus effroyables calamitez qui se soient peut-être jamais vûës. Ces miserables se sont tuez de dire & d'écrire que leurs Edits étoient & devoient être

irré-

irrévocables. Ils ont raifon : car dans tout Royaume Chrétien nôtre régle eft reçuë, *qu'on ne fçauroit ôter d'un Sujet fes biens, fes priviléges, & fes*
avantages, qu'il ne s'en foit rendu indigne. Le Prince n'eft point & ne doit
point être maître de cela. Mais c'eft parler à des Sourds : la Cour eft
Turque & non Chrêtienne dans fes maximes. Elle donne quand elle ne
peut s'en empêcher. Elle fait du bien précifement quand elle craint. Elle
promet, elle jure, elle employe les fermens ; tout ce qu'il y a de faint entre dans fes engagemens. Mais ce font des cordes de laine. On croit la
tenir & on ne tient rien : ce qui laiffe tout dans la derniere incertitude, ce
qui eft la derniére de toutes les miferes. Car l'état d'incertitude eft le plus
incommode de tous les états. Aprés cela, quelles font les fuites de ces maniéres Defpotiques & Arbitraires ? Les voici. Le Peuple ne demeure pas
perfuadé qu'on ait droit de lui ôter ce qui lui a été donné. Il conferve dans
le cœur les deffeins de fe vanger & de fecoüer le joug ; & cela devient la fe-
mence des revoltes. C'eft ce qui fe voit aujourd'hui dans ceux qu'on appelle nouveaux Convertis. On a défolé le Royaume par ces miférables Con-
verfions. On a perdu deux cens mille Sujets ; on a ruiné le commerce
on a épuifé le Royaume d'argent, on a fait perir une infinité de perfonnes,
dans des prifons, on les a maffacrées, on leur a fait fouffrir des maux qui ne
fe peuvent imaginer, on les a envoyées aux Galéres, on les a réléguées dans
l'Amerique, où les trois quarts & demi font morts de famine & de miféré.
Pour faire goûter ces violences on prêche l'authorité des Rois. Mais on
a beau prêcher, on a beau dire à un Peuple que les Souverains peuvent tout,
qu'il leur faut obeïr comme à Dieu, qu'il n'y a pas d'autres voyes de fe pourvoir contre leurs violences que la priére & le recours à Dieu ; perfonne
dans le fonds n'en croit rien. On fait femblant d'être perfuadé tout auffi long-
temps qu'on ne fe peut relever. Mais quand il fe préfente quelque jour pour
retourner à la liberté, on y donne tête baiffée. Les Calviniftes perfécutez, ont
émû toutes les Puiffances de l'Europe de leur Religion. Ces Puiffances
Proteftantes ont fait joüer des machines pour remuer le refte de l'Europe.
Le Roi d'Angleterre en eft déja tombé par terre ; la France en eft émuë ; on
renferme de toutes parts les nouveaux Convertis, on ne fe tient pas affez
affuré de les avoir défarmez, on les emprifonne. Et je ne fçay enfin fi on
ne les maffacrera pas, dans la crainte qu'ils ne nous préviennent pour fe mettre en feureté. Nous voilà donc par cette Puiffance Defpotique, environez
par dehors des armes de toute l'Europe, & pleins par dedans de Mécontens.
S'ils étoient d'humeur à nous rendre ce qu'ils ont reçû de nous, que devien-
drions nous ? Si les ennemis entrent dans le Royaume, & qu'ils fe joignent
à ces mécontens, que deviendra l'Eglife & la Couronne ? L'une & l'autre
ne font pas menacez de moins que de ruïne. Au lieu de fe fervir, dans l'extirpation de l'Héréfie, de cette Puiffance Defpotique & Arbitraire, que le Roi
exerce injuftement ; il faloit affembler les Etats du Royaume ; avifer aux
moyens de ruiner le Calvinifme ; examiner d'abord fi l'on étoit en droit d'ô-
ter à des Sujets les Priviléges qu'on leur a donnez ; voir enfuite s'il étoit ex-
pédient de faire tant de mécontens tout à la fois. Et peut-être on auroit

E 3

trou-

trouvé dans les avis des bonnes têtes , qu'il y a de l'imprudence de se faire des ennemis de ses propres enfans , & de s'attirer des affaires de gayeté de cœur. Si c'avoit été l'interest du Roi personnellement & de sa Cour , il auroit pû en disposer comme il a fait sans consulter personne. Mais quelle injustice est cela , d'engager tout un Royaume dans de si étranges malheurs sans le consulter ? On ne sçauroit nier que d'établir ou de ruïner une Religion dans un Etat , ne soit la plus inportante affaire qui se puisse rencontrer. Quand il falut donner aux Calvinistes des Edits de tolérance & de pacification , combien d'Assemblées , combien de Consultations , combien d'Etats tenus ? Aujourd'hui Louis XIV. entreprend à toute risque de casser & révoquer tout ce que les trois Etats du Royaume avoient fait. La posterité ne croira pas cela. Au moins si le Roi avoit eu le consentement des Etats; la chose venant à mal reüssir , il n'en auroit pas porté toute la haine. Aujourd'hui il est juste que la Cour toute seule soit chargée de nôtre ressentiment. Mais nous demeurons chargez de tous les màux , par l'usage qu'on a fait contre les Calavinistes de cette Puissance Arbitraire , inique , injuste , & usurpée. Le ressentiment , il est vrai , c'est-à-dire , le chagrin , tombera sur la Cour ; mais elle ne partagera pas les miséres avec nous. Cela seroit-il juste ? Au contraire c'est à elle qu'il faut faire porter la peine de ses folies & de ses entreprises tyranniques; ce sont les Peuples qu'il faut décharger de la misére , puis qu'ils n'ont pas de part à la faute. Il faut donc ranger la Cour à son devoir , & c'est ce dont nous chercherons les moyens dans nôtre derniére Partie.

C'est par l'usage de cette Puissance Despotique , iniquement usurpée , qu'il n'y a plus rien de fixe dans les Charges & dans les Emplois. Les Etats bien policez ont certaines charges fixées , certains emplois ausquels sont assignez l'exercice de la Justice , de la Police , des Finances , & de la Guerre , avec certains émolumens , & avec les limites de pouvoir qui leur sont marquées. Mais dans le Païs où nous sommes tout est roulant & incertain : l'état des charges & des emplois dépend du caprice des Ministres , ou plûtôt de leur ambition & de leur avarice. Car ce sont les deux grands refforts de toutes leurs actions. Quand ils ont besoin d'argent , ils multiplient les charges anciennes ; le Roi crée de nouveaux Offices , lesquels il vend bien cher aux particuliers. Il fait des Officiers dans les Eaux & Forêts , des Tresoriers , des Maîtres des Comptes , des Secrétaires du Roi. Il érige des Bailliages , des Elections & des Elûs , de nouveaux Tribunaux , & même des Parlemens , dont il vend les Offices fort cher. Et il assigne à toutes les charges de gros gages qui se doivent prendre sur l'Epargne pour servir de leurre & de piége. Les affaires viennent-elles à changer , on supprime toutes ces nouvelles charges , on abolit mêmes les anciennes. C'est proprement enlever le bien d'autrui , & c'est une injustice toute semblable à celle d'un Marchand, qui expose des marchandises précieuses en vente , qui les debite , qui les vend fort chérement , qui en reçoit l'argent & le payement contant ; & qui après cela s'en va les armes à la main chez tous les particuliers ausquels il a distribué ses marchandises , & les reprend avec violence. C'est exercer un vrai

bri-

brigandage. Si les Rois veulent être Marchands , au moins qu'ils foient
Marchands de bonne foi.   Mais tirer d'un homme tout fon fonds, & fouvent l'argent de fes amis auffi bien que le fien , en lui donnant un emploi qui
le peut tirer & de la mifére & de la baffeffe ; & caffer cette charge quelques
années aprés : c'eft une exaction tyrannique & frauduleufe en même temps.
Quelquefois ces fuppreffions de charges ne font qu'un moyen pour faire
acheter deux fois une même chofe.   Auffi-tôt que la déclaration de fuppreffion eft donnée , on voit de toutes parts aborder des malheureux à la Cour.
Ils fe plaignent du tort qu'on leur fait , ils reprefentent leur mifére , ils demandent juftice , ils implorent la compaffion du Roi.   Enfin , on fe laiffe
toucher ; on leur dit , le Roi a égard à vos raifons , il veut travailler à vôtre
confolation , il veut bien vous rétablir dans vos charges , mais comme il a
befoin d'argent il faut financer. C'eft à dire qu'il faut payer une feconde fois.
Ce n'eft pas à la vérité toute la valeur du fonds , mais c'en eft un quart ou un
tiers, & quelquefois bien davantage. Et ce petit jeu fe réïtere fouvent. C'eft
ainfi qu'on a fait payer aux Juges des Elections , & aux Procureurs des Parlemens, trois ou quatre fois leurs charges.   Quelquefois ce n'eft pas feinte,
c'eft tout de bon , réellement & de fait, qu'on fupprime les charges ; Et
alors on joint ordinairement de belles promeffes de rembourfer aux intéref-
fez ce qu'ils ont financé.   Mais à quoi reviennent ces rembourfemens ? à
rien : il faut voir combien d'années vous avez joui , dit-on , il faut précom-
pter le revenant bon : le Roi ne s'eft point obligé de vous faire valoir vôtre
argent au denier dix ou au denier cinq.   Pour une charge de dix mille livres
vous en avez tiré deux mille de rente : cinq ou fix ans de joüiffance vous ont
rembourfé & de la rente & du capital.   Si ce n'eft ce tour-là , c'en eft un autre.   Car on peut être affuré que la Cour ne fait jamais de changement dans
les charges que pour y gagner , & non pour debourfer.   Quoi qu'il en foit,
les charges demeurent fupprimées & les particuliers font ruinez.   Mais ces
fuppreffions ne font pas pour long-temps , à la premiére guerre , ou à la premiére dépenfe folle qui aura épuifé le trefor , on reffufcite toutes les charges qu'on avoit enfevelies.   Et fouvent comme un grain fort de terre avec
multiplication , les charges fupprimées renaiffent plus nombreufes qu'elles
n'étoient auparavant.   On ne manque pas de fpécieux prétextes pour orner
le front des Déclarations : il eft vrai qu'on y en mêle auffi de ridicules : mais
n'importe , tout eft bon , pourvû qu'il en revienne de l'argent. Cela eft ex-
pofé en vente au plus offrant.   Et ce qui eft furprenant, c'eft que tout le
monde y court. Prodige qui ne fe conçoit pas ! qu'on ait tant de fois été at-
trapé dans ce piege , & qu'on y donne toûjours. Ceux qui font affez fots pour
acheter ces nouvelles charges que le Roi a créées ou recréées depuis peu , ne
profitent pas des exemples qu'ils ont vûs de leurs propres yeux. Ne fentent-
ils pas que la neceffité préfente oblige la Cour à ces nouvelles créations d'offices , & que tout auffi-tôt que cette neceffité préfente fera paffée on remet-
tra les chofes dans leur premier état ? Cette folie de nos François n'eft pas
une marque qu'ils ont beaucoup d'argent , & qu'ils ne fçavent qu'en faire.
C'eft feulement une preuve de leur vanité. Ils veulent être diftinguez , ils
veu-

veulent paroître, ils veulent faire de la dépense. Voici une charge qui leur donnera de la diftinction, & qui leur donnera de gros revenus, avec lefquels ils auront de grands équipages & de grandes Maifons. C'eft une tentation à laquelle ils fuccombent toûjours. Il eft vrai que cette diftinction & les grands revenus feront fort incertains, & pourront bien périr par le même caprice du Souverain qui les a fait naître : mais n'importe, faire quelques mois le grand Seigneur, ne laiffe pas de tirer de la poudre & donner de la diftinction. Si la Cour n'étoit pas en poffeffion d'une Puiffance arbitraire, les Charges feroient fixes comme dans tous les autres Etats ; ceux qui les poffédent, en fe gouvernant bien & fidélement, feroient affurez d'en joüir toute leur vie. Il ne feroit point permis de faire payer trois ou quatre fois une même chofe. Et ainfi on arracheroit au Gouvernement un des moyens tyranniques par lefquels il ruïne l'Etat & épuife les particuliers.

J'ai à peu prés les mêmes réflexions à faire fur les Rentes des Maifons de Ville, & fur les Domaines. Les Domaines doivent être inaliénables. C'eft un fonds qui n'appartient pas au Roi, mais au Royaume & à la Couronne. Cependant on les aliéne, on les engage : quelquefois la néceffité qui ne fouffre point de loi le veut ainfi ; on a affaire d'argent pour des néceffitez preffantes ; on engage les Domaines avec liberté de les tirer. Je ne trouve rien à redire à cela. Mais dans ces occafions il faut avoir de la bonne foi. Il faut qu'il foit permis de plaider & de difcuter fes droits contre le Roi, comme contre un particulier. Un Engagifte a donné fon argent fous promeffe d'une fidelle reftitution. Au lieu de cela, on retire des Domaines par le droit de la Puiffance abfoluë, fans faire aucune raifon à ceux qui les tenoient par engagement ; & parce moyen on ruïne des maifons qui par leurs prêts ont autrefois foûtenu les Rois & leur Couronne. Il y a toûjours quelque bonne raifon ; ou les Domaines qu'on retire ont efté dégradez, & ne font pas en auffi bon état que quand ils ont été engagez ; ou les revenus en vont bien au de là de la rente, qui pouvoit fe titer de la fomme qui avoit été prêtée ; par conféquent partie des joüiffances doivent être rabatuës fur le princîpal ; ou bien c'eft quelqu'autre chofe de femblable. Mais pour conclufion une maifon fe trouve dépoüillée d'un bien dont elle joüiffoit de bonne foi, quelquefois depuis plus d'un fiécle ; & un Seigneur ou un Gentilhomme, qui tenoit par-là un rang confidérable dans l'Etat, tombe entiérement par terre. Si le Pouvoir Defpotique n'avoit pas de lieu, ces maux n'arriveroient pas. Les Domaines étant à l'Etat & non au Roi, ce feroit aux Etats, & non à la Cour à les engager, quand les preffantes néceffitez des affaires le demanderoient ; & les Etats qui auroient engagé ces Domaines, les dégageroient auffi avec honneur & fans ruïner les Engagiftes.

Pareillement le Roi, dé fa pleine puiffance & autorité Defpotique, fait des emprunts fur les Sujets du Royaume ; il crée de nouvelles rentes fur les Maifons de Ville : il augmente les gages des Officiers moyennant finance ; comme il vient de favorifer les Offices de fix cens mille livres d'augmentation de gages, & de créer pour un million cinq cens mille livres de rentes fur la Maifon de Ville de Paris au denier dix-huit. Ces rentes fe payent quelques années :

nées : puis on les retranche piece à piece , quartier par quartier : premiérement un quartier , puis une demie année, & enfin le tout. Par ce moyen des familles opulentes, qui avoient tout leur bien sur les Maisons de Ville, se sont trouvées ruïnées. Si les Etats faisoient ces emprunts, & que tout l'Etat en fût répondant, on n'auroit pas son bien en l'air , & l'on ne se verroit pas tous les jours à la veille d'être ruïné. Si les Etats n'ont de l'honneur & de la bonne foi aussi bien que les particuliers , ils perdent leur crédit & deviennent Tyrans. C'est dommage que la Hollande n'en use ainsi : que deviendroient les particuliers qui ont presque tout leur bien en obligations sur l'Etat ?

Avec toute l'infidélité dont la Cour accompagne la tyrannie de son Pouvoir Despotique , le Prince ne laisse pas de réüssir , & les Peuples incorrigibles se laissent toûjours tromper. Qui pourroit s'empêcher de rire en voyant les clauses & conditions que le Roi propose dans ses Déclarations pour les emprunts ? *Les Contracts seront passez par devant tel Notaire que voudra l'Acquereur.* On en sera bien plus seur de la fermeté de la parole Royale. *Lesdites rentes ne pourront être retranchées ni réduites pour quelque cause que ce soit, ni les Acquereurs dépossedez , sinon en les rembourfant en un seul & actuel payement :* qui sera garand de l'exécution de ces clauses ? Le Roi demeurant maître absolu, n'en usera-t-il pas sur les nouvelles rentes comme il a fait sur les autres ? Devant qui se pourvoira-t-on pour lui faire tenir sa parole ? Sans doute la fidélité du passé sera le garand pour l'avenir. En verité ces Déclarations en disent trop , pour qu'on les croye. Elles promettent même aux Etrangers , & aux Peuples ennemis du Roi, de recevoir leur argent , & de leur payer les rentes exactement, & de les laisser passer à leurs héritiers en Païs étranger , nonobstant toute opposition , & en renonçant au droit d'*Aubaine* & à tout autre. On n'a qu'à s'y fier , & à porter son argent en France. Cette clause ne sert qu'à découvrir qu'on veut tromper icy comme par tout ailleurs.

Par toutes ces voyes que la Puissance Despotique de la Cour de France employe pour épuiser les particuliers, il est clair qu'elle s'est arrogée un souverain pouvoir & un plein droit sur tous les biens. Tellement qu'il n'y a pas un homme ayant du bien, qui se puisse assurer d'en avoir le lendemain , de quelque condition qu'il soit. Il y a des lieux où l'élevation est un rempart qui met à l'abri de la tyrannie. Il y en a d'autres où la bassesse & l'obscurité de la condition servent d'asyle. En France il n'y a plus rien de semblable. Les plus riches & les plus puissans comme les plus en vûë sont aussi les plus exposez ; & quand il plaît au Gouvernement Despotique on les envoye à la Bastille , on les met entre les mains d'une Chambre de Justice. On leur fait accroire qu'ils ont volé le Roi. Pour les gens de basse condition , quelques cachez qu'ils soyent , on les découvre fort bien , & l'on a toûjours des Imposteurs de Tailles qui les ruïnent par les Impôts. Ainsi la France se doit résoudre à être éternellement misérable , si elle ne brise ce pesant joug de la Puissance Arbitraire.

Encore si ce Pouvoir absolu & sans bornes n'alloit qu'à la privation des

F

biens;

biens ; peut-être qu'on s'en consoleroit. Mais les vies ne sont pas plus en seureté que les biens. En tout Païs, excepté en France & sous les Princes Mahometans, l'innocence est un rempart derriére lequel on vit en toute sorte de seureté. Les Loix sont les protectrices des honnêtes gens: personne ne peut souffrir s'il n'est coupable. Aujourd'hui en France, il n'y a plus de Loix que la Souveraine Volonté du Prince. Il ne faut pas être criminel pour devenir malheureux ; l'innocence & la protection des Loix ne servent plus de rien. Qu'un pauvre homme vive dans le fonds de sa Province paisiblement sans remuer, sans agir, sans écrire, & même sans parler ; on le vient enlever de sa maison, on le mene de lieu en lieu, de prison en prison, jusqu'à-ce qu'il soit arrivé à la plus affreuse. Il demande ce qu'il a fait & quel est son crime, il prie qu'on le juge, & il demande la mort pour grace, on ne lui fait pas seulement la grace de lui répondre, son impatience ne fait qu'agraver son joug, il craint dans son affreux sejour, il y languit, il y meurt. La cause de sa disgrace c'est un soupçon, un rapport, une rélation de parenté ou d'amitié qu'il a avec une personne desagréable à la Cour ; ce sera quelque parole un peu libre contre le Gouvernement, quelque legere répugnance à obeïr aux volontez des Ministres & des Officiers du Roy. Enfin c'est un rien ; & un rien qui fait autant que si c'étoit tout. Souvent un pauvre misérable est réduit à cette extrémité, non pour le mal ou le bien qu'il a fait, mais pour celui qu'il pourroit faire. Il ne faut plus de procés, plus de témoins, plus de formalité, plus de Loix. Combien y a-t-il de bons Ecclésiastiques, ou reléguez dans des lieux deserts, ou ensevelis dans de tristes & sombres prisons, pour des crimes imaginaires, ou pour de trésbonnes œuvres ? Pour avoir dit la verité où il la faloit dire, pour avoir soûtenu les droits de l'Eglise contre ses oppresseurs, pour n'avoir pas eu assez de soûmission pour les Evêques de Cour ? Les Citadelles, les Conciergeries, & les Prisons, sont aujourd'hui remplies de pauvres Calvinistes, qu'on a enlevez à leurs femmes & à leurs enfans, sans leur dire aucune raison, & sans leur en pouvoit dire. Les uns ont de la qualité, les autres ont du bien, d'autres ont de la créance & du crédit dans leur Canton, tous ont sujet d'être mécontens, c'est-là leur crime ; sans qu'il soit besoin qu'on ait découvert en eux de mauvaises intentions. Quelle espéce de Gouvernement est cela, bon Dieu ? On est à la discretion d'un Scelerat, d'un P**** d'un C**** d'un J**** ou d'un Ministre furieux, qui se joüe de l'esprit & de l'authorité du Prince, pour en faire ce qu'il veut, contre toutes les Loix de la Nature, de Dieu, des Hommes, & du Droit des Gens.

Y a-t-il moins de Tyrannie à poser des Loix injustes & violentes, & faire aprés cela des crimes capitaux aux plus honêtes gens de n'y avoir pas obéi. Il plaît au Roi que je croye que cinq certaines Propositions, que je n'entends pas, sont dans le livre de Jansenius, que je n'ay jamais lû. Il faut que je souscrive à cela, & si je ne le veux pas faire, je perds mon Bénéfice, & je suis envoyé en exil ou en prison. Quand donc il plaira au Prince de faire une Loi pour m'empêcher de croire que la Terre tourne, le système de Copernique deviendra un crime d'Etat : c'en est déja un d'être Cartésien, parce

ce que les J**** n'aiment pas la Philofophie de Defcartes, ou plûtôt parce qu'ils haïffent les Theologiens de Port Royal qui font Cartéfiens. Dans tous les Etats libres & bien gouvernez, rien ne peut devenir un crime ne l'étant pas de fa nature, que le Peuple ne fe le foit à foi même défendu, & qu'il n'ait confenti que le Souverain en face une Loi avec peine capitale. Car la vie & la liberté des hommes ne peuvent être juftement foûmifes à des peines capitales pour des chofes en elle-même indifferentes, que quand les membres de la Societé le veulent bien. Ainfi c'eft une tyrannie de rendre criminelle une action indifferente par un pouvoir & une décifion purement arbitraire. Il n'y a plus deformais de limites entre le bien & le mal que la volonté du Prince. Hier le Calvinifte pouvoit fervir Dieu à fa maniére avec toute liberté, aujourd'hui c'eft un crime digne de mort. Si ce n'eft-là un Pouvoir arbitraire, tyrannique & tyranniquement exercé, je n'y entends plus rien. Quand le Prince voudra fe défaire de ceux qui lui déplaifent, il n'a qu'à leur faire des Loix injuftes ou impoffibles dans leur exécution, & aufquelles par confequent il fçait bien qu'ils n'obéïront pas, & les faire mourir aprés cela pour caufe de défobéïffance. Par ce moyen il a puiffance de vie & de mort fur tous fes Sujets, comme fur des Efclaves : c'eft précifement où nous en fommes.

Pour noircir la mémoire de Louïs XI. on a remarqué qu'il avoit fait mourir quatre mille de fes Sujets, & à caufe de cela on le fait paffer avec juftice pour un Prince cruël. Aujourd'hui on louë la clemence de Louïs XIV. & cependant on peut prouver qu'il a fait pendre, brûler, roüer, maffacrer, périr dans les prifons & dans les exils, plus de trente ou quarante mille perfonnes. C'eft dix fois plus que Louïs XI. Il eft vrai que Louis XIV. n'a pas fait mourir des Connétables & des Ducs de Nemours. Mais c'eft qu'il n'a trouvé aucune réfiftance à fes volontez entre les Grands. De la hauteur dont il prend tout, des Princes qu'il auroit pris armez contre lui, n'en auroient pas été quittes à meilleur marché que fous Louys XI. car il s'eft arrogé un pouvoir fans bornes fur nos vies.

Enfin fi vous voulez voir ce Pouvoir Arbitraire étendu jufque fur la vie de tous les François, fans qu'il intervienne ni crime ni défobéïffance; voyez la maniére dont les Rois de France engagent l'Etat dans des Guerres fanglantes & cruelles, & qui coûtent la vie à une infinité de gens. Je fçai bien que le droit des Armes appartient proprement aux Rois. Ils peuvent lever des Armées & défendre l'Etat. C'eft pour cela qu'ils ont été faits. Mais ils ne doivent pas entreprendre des guerres injuftes, & fur tout des guerres qui aillent à la ruïne de leurs Sujets. Un Roy fage ne doit point avoir de querelles particuliéres, n'y d'interêt particulier. Car il ne lui eft point permis de répandre le fang de fes Sujets, uniquement pour fatisfaire, & fon ambition, & fa vangeance. Chez tous ceux qui ont défini la Tyrannie, c'en eft-là un caractére, *de faire tout pour fon interêft, & non pour celui du Peuple.* En effet les bons Rois ne font la guerre que pour défendre leurs Sujets, & pour repouffer les injures de leurs Ennemis, ou pour rabattre l'orgueil d'un Voifin infolent qui entreprend fur l'Etat, ou pour diminuer les forces d'un Ennemi

à

à craindre, qui n'attend que l'occasion d'insulter, & de faire une invasion; ou enfin pour les intérêts d'un Allié, à qui on s'est engagé pour travailler à la commune conservation. Et même les plus justes Guerres ne s'entreprennent pas sans consulter les Grands & les Sages du Royaume, sans avoir fondé les inclinations des Peuples, sans examiner si les États du Royaume peuvent on veulent fournir aux frais de la guerre. On ne sçauroit dire combien la Guerre entraîne aprés soi de malheurs, & sur tout de crimes; des violences, des pilleries, des incendies, des viols, & des meurtres. Un Roi est bien téméraire, qui veut bien se charger tout seul de tant de pechez, dont il faudra qu'il rende seul conte à Dieu. Si l'effusion du sang d'un seul homme forme une voix terrible, qui crie contre le meurtrier, qui demande vangeance, & qui le précipite dans les Enfers; que deviendra un Prince, qui paroîtra devant le Trône de Dieu baigné dans une Mer de sang qu'il aura fait verser? Lors qu'il sera dépoüillé de ces vaines grandeurs, qui le déguisent lui-même à lui-même; comment pourra-t-il soûtenir la vûë de tant de violences, de rapts, de brûlemens, de viols, dont il sera reputé l'auteur devant celui qui impute aux Chefs tous les pechez des Membres, commis par l'inspiration de la Tête?

Il n'y a donc rien en quoi les Rois doivent faire moins usage de la Puissance Despotique, que dans les déclarations de Guerre, & où ils doivent moins agir pour eux-mêmes & pour leurs intérêts particuliers. Mais il n'y a rien en quoi le Roi ait agi & agisse plus Despotiquement. Depuis sa Majorité il n'a pas entrepris une seule guerre pour l'interêt de l'Etat. Aprés la mort du Roi d'Espagne il fit chercher des prétextes pour envahir les Païs-Bas. On luy en trouva un dans la coütume de Brabant, qui pour honorer les premieres Noces, donne aux Enfans du premier lict de grands avantages sur les biens du Pere, quoy que ce soyent des Filles. La Reine Fille d'Espagne, que le Roy avoit épousée, étoit Fille unique du premier lict. Le Roy d'Espagne n'étoit que d'un second lict. Ce fut un prétexte pour envahir les Païs-Bas, & pour faire perir un grand nombre d'honnêtes gens. Quand il y auroit eû quelque justice dans ce prétexte, qu'avions nous affaire de cela? C'étoit un interest particulier du Roy. Il nous importoit beaucoup que le Roy fust Duc de Brabant. Les Rois ont les armes en main uniquement pour l'interest & pour la conservation des Peuples: Et nous ne sommes pas obligez de verser nôtre sang pour les interêts particuliers d'un Prince. Cette Guerre en produisit une autre qui n'étoit ni plus necessaire ni plus juste. Parce que les Hollandois firent faire la paix, & donnérent des bornes à cette vaste ambition, qui commençoit à engloütir le Monde par ses désirs & par ses vûës, on se promit bien de les en châtier, Ce fut pourquoy on entreprit la Guerre contre la Hollande l'an 1672. avec tant de frais & tant d'appareil; uniquement *pour se vanger d'une mauvaise satisfaction.* Cette Guerre a duré 6. ans, & a coûté la vie à plus de cent mille personnes. Que de crimes accumulez sur une seule tête! Nous étions bien obligez de vanger le Roi, pour la mauvaise satisfaction qu'il avoit reçuë des Hollandois, dans une affaire qui le regardoit personnellement, ou pour mieux dire

qui

qui ne le regardoit point du tout ! Car les Hollandois n'avoient fait que leur devoir, en éloignant un tel ennemy de leurs frontieres, & en arrêtant les progrés d'une Guerre auffi injufte qu'étoit celle de 1672. Comment ces Guerres ont-elles été entreprifes? Sans confulter ni les Grands ni les petits, ni les Princes ni le Peuple, fans avoir aucun égard au bien public, mais uniquement pour fatisfaire les paffions du Prince, avec une puiffance purement Defpotique. Ainfi quand il plaît au Roy, & qu'il n'a pas de moyen plus commode de nous faire mourir; il nous envoye fans nous confulter perir aux pieds d'un Rempart, fur le bord d'un Foffé, dans une Tranchée, ou dans un champ de Bataille. Affurément c'eft avoir puiffance de vie & de mort fur les gens, comme on avoit fur les Efclaves.

Toutes ces preuves font voir que la Puiffance Defpotique & Arbitraire du Gouvernement de France s'étend fans referve & fur nos biens & fur nos vies. Je ne vois donc plus rien qui foit à couvert. Dirons-nous qu'au moins la Confcience & la Religion font à Dieu & à nous? Point du tout : les exemples que nous avons rapportez font voir le contraire. Il ne m'eft point permis aujourd'hui d'être Janfenifte, & de croire que les cinq Propofitions condamnées par Innocent X. & Alexandre VII. ne font pas de Janfenius. Il ne m'eft point permis de croire que le Pape eft Infaillible, & qu'il eft au deffus du Concile. Il n'y a feureté ni pour ma vie ni pour mes biens, fi je fais profeffion de croire ce que le Roy a défendu qu'on crût fur ces matieres. Sur quelle maxime peut être fondée la Perfecution qu'on a faite aux prétendus Réformez qu'on a contraints avec le fer & le feu à aller à la Meffe? Il faut néceffairement que ce foit fur cette maxime. *Le Roy eft maitre non feulement de la vie & des biens, mais auffi de l'exterieur de la Religion : tellement qu'il n'eft permis à perfonne de faire profeffion d'aucune Religion que de celle qu'il plait au Roy.* Je dis qu'il faut néceffairement que la Perfecution des Huguenots foit fondée fur cette maxime. Car on n'en peut pas imaginer d'autre, & fans elle la conduite du Gouvernement eft violente & tyrannique. Auffi y a-t-il plus de dix ans qu'on la prêche à ces miferables; *Le Roi ne veut qu'une Religion dans fon Royaume, il en eft le maitre, il faut obeir,* leur dit-on. Ainfi quand il plaira au Roi, il faut que nous renyons JESUS CHRIST, & que nous nous faffions Turcs. Car je ne voy pas qu'il ait plus de droit fur la Religion des Huguenots que fur la Religion Chrêtienne en general. Voilà donc la Puiffance Arbitraire, qui s'étend à tout, aux biens, à la vie, à la Religion.

Les noms de *Puiffance Arbitraire* & de *Pouvoir Defpotique* font demeurez odieux parmi tous les hommes. Les Tyrans même s'en défendent. *S'elever au deffus des Loix, n'avoir pour regle que fa volonté même, faire tout pour fon intereft, tenir en fa main la vie des hommes, & la leur ôter fans forme de Juftice; ravir leurs biens, & s'en rendre maître; exercer fur des perfonnes libres un empire fans bornes, & les réduire en efclavage.* Tout le Monde frémit de cette idée, les Rois Chrêtiens ne la peuvent fouffrir. Et pour trouver des exemples de cette Puiffance, on croit qu'il faut fortir des frontieres du Chriftianifme, & paffer chez les Turcs, les Perfes, les Tartares, les Mo-

 gols.

gols. Mais je vous prie, sans passion, & sans rien outrer, considerez ce que nous venons de prouver de la Puissance des Rois de France & de la maniere dont ils en usent ; & voyez s'il y a aucune difference essentielle, entre la Domination Françoise, & la Domination du Turc. Le Grand Seigneur, il est vray, pour lever des tributs & des impôts n'a aucun égard à la volonté des Peuples : il dispose du bien de ses Sujets comme du sien propre. Mais la Cour de France en use-t-elle autrement ? Ne lève-t-elle pas des impôts excessifs sans consulter personne, & sans en demander permission aux Etats du Royaume, selon l'ancienne coûtume ? Le Grand Seigneur s'est saisi de tous les fonds des Païs qu'il a conquis. Pensez vous que le Roy de France ne croye pas avoir le droit de faire la même chose ? N'avons nous pas prouvé qu'on a mis en déliberation dans le Conseil, si le Roy n'annexeroit pas tous les fonds du Royaume à ses Domaines ? Croit-on que ce soit par délicatesse de conscience, que pour avoir de l'argent, on prend le tour des impôts sur le Sel, sur les Vins, sur le Papier, sur les Exploits, & sur cent autres choses ; au lieu d'aller chercher tout droit dans la bourse des particuliers, conter avec eux, voir précisément ce qu'ils ont & leur prendre ce qu'on juge à propos ? Nullement ; ce n'est pas que le Roy ne croye avoir un plein droit sur ce que chacun possede ; c'est seulement pour éviter l'embarras, & pour employer des voyes d'exaction moins criantes. Le Grand Seigneur s'arroge un Pouvoir absolu sur les vies de ses Sujets. Il leur fait couper la tête sans forme de Justice. On envoye un *Chiaoux* demander à un homme sa tête ; on ne luy donne ni moien de se justifier, ni le temps d'alléguer ses raisons. On ne lui produit aucuns témoins ; il n'y a ni information, ni déposition, ni confrontation, ni recollement. Cela ne se fait pas en France ; dit-on, où personne ne passe par les mains du Bourreau sans avoir été oüi, convaincu par ses témoins, & condamné juridiquement. Et voilà une grande difference entre le Gouvernement de France & celuy du Grand Seigneur. Premierement il n'est pas vray que le Grand Seigneur use d'une puissance si absoluë sur la vie des hommes. Encore faut-il que ses arrêts de mort soyent consentis & souscrits par le *Mufti* qui est le Chéf de la Religion. De plus je ne voi pas que les formes soyent nécessaires en France pour faire périr un homme. Supposez qu'on ne fasse passer personne par la main du Bourreau sans forme de Justice ; qu'elle forme observe-t-on pour saisir un homme, & pour le mettre dans un cachot, où il perit de misere, & meurt de mille morts plus cruelles qu'un gibet ou que la roüe ? Je ne voy pas, dis-je, qu'on use d'aucune forme de Justice. Car sans témoins, sans recollement, sans confrontation, sans arrest des Juges, on enferme un miserable dans un lieu affreux pour toute sa vie, uniquement parce que le Roi le veut & le commande. On ne consulte ni Pape, ni Mufti, ni Evêque. Le Grand Seigneur dispose de la fortune de tous ses Sujets ; il les traîne & les envoye au bout du Monde, il les fait massacrer dans des guerres injustes & violentes. Je ne voy pas que le Gouvernement de France en use autrement, & l'on me fera bien du plaisir de me montrer la difference. Pour moy j'y en trouveray en faveur du Grand Seigneur. Il ne

s'est

s'eft point encore arrogé le droit d'être maître de l'exterieur de la Religion. Il n'a jamais dit, je veux qu'il n'y ait qu'une Religion dans mon Empire, je veux que tous mes Sujets foyent de ma Religion. Je ne fçai s'il croit avoir le droit de parler ainfi, mais au moins ne l'a-t il point fait encore.

Enfin pour donner à tout le monde une jufte idée du Gouvernement de France, je fouhaite qu'on obferve, que la Cour étend le Pouvoir Defpotique & Arbitraire généralement fur tous les Païs qui lui font annexez, ou par alliance, ou par conceffion, ou par achat, ou par des Traitez de Paix. C'eft la pratique de tous les Princes Chrêtiens, que quand il leur échet quelque nouveau Païs, ils reçoivent ce nouveau Païs fous leur domination, précifément aux mêmes titres, & aux mêmes conditions, fous lefquelles le poffédoient les précédens Seigneurs. De là vient que les différens Etats, fur lefquels s'étend la Domination d'Efpagne, joüiffent de priviléges tout différens, & fe gouvernent tout différemment. Quand les Maifons de Brandebourg & de Neubourg partagérent la fucceffion du dernier Duc de Juliers & de Cléves, ils reçûrent les habitans de ces Etats avec les Loix & Priviléges dont ils avoient joüi de tout temps. C'eft ce qui fait que des Etats demi-libres vivent fous la Domination de Princes qui ailleurs ont une puiffance prefque abfoluë. Le Roi de France ne connoît point cette efpéce de Droit. Tout ce qui lui revient par Traitez, Alliances, Ceffions, Réünions, & tout ce qu'il vous plaira, lui revient en titre de pur efclavage comme le refte de fes Sujets. Les Villes de Mets, Toul, & Verdun, autrefois Villes Impériales & libres, ont eté cédées à la France par le Traité de Munfter, pour en joüir avec les mêmes priviléges qu'elles avoient, quand elles étoient Membres de l'Empire. Aujourd'hui elles font efclaves comme toutes les autres. Par la Tréve de 1684. on a cédé au Roi l'Alface, Strasbourg, & tant de Païs réünis, pour en joüir pendant vingt ans, en confervant ces Païs, Villes & Etats, dans les mêmes libertez qu'elles avoient auparavant. La Cour de France s'eft moquée de cela, & elle y exerce fon Pouvoir Defpotique comme par tout ailleurs. On a enlevé au Roi d'Efpagne les Provinces de Flandres & de Luxembourg. Ces Provinces joüiffoient de beaux Priviléges de tout temps, & c'eft pour ne les avoir pas toûjours exactement obfervez dans le fiécle paffé qu'on y vit de fi grands mouvemens. Quand le Roi a été maître de ces Provinces, il y eft devenu maître abfolu comme ailleurs. Ainfi en a-t il ufé dans la Lorraine, ainfi a-t-il fait par tout. Il eft vrai qu'il a reçû les Villes & les Provinces fous certains Traitez & Capitulations. Les Etats du Duc de Boüillon fous le Miniftére du Cardinal de Richelieu furent obligez de fe livrer à la France fous certaines conditions qu'on a obfervées quelque temps. Mais le Roi s'eft moqué des promeffes Louïs XIII. comme il fe moque des fiennes. Tout ce qui eft foûmis à la France, fe trouve être du reffort de Paris, on n'y connoît plus d'autre Droit que celui de la Puiffance Arbitraire. Aprés cela doit-on s'étonner que les Païs nouvellement conquis, & ceux qui craignent

de

de l'être, conservent une si horrible aversion pour la Domination de France. On les ménage peut-être un peu aujourd'hui. Mais ils sçavent sous quelles Loix ils vivent, & voyent bien ce qu'on leur prépare. C'est pourquoi & Flamends, & Allemands, & Lorrains, & Bourguignons, gémissent sous le joug qu'on leur a imposé, & ne cherchent que les occasions de le rompre. Quand ils pourront le faire, assurément ils feront fort bien.

Fin du Troisiéme Memoire.

LES SOUPIRS
DE LA
FRANCE ESCLAVE,
Qui aspire aprés la Liberté.

IV. MEMOIRE.

PAR QUELS MOYENS LA COUR de France soûtient, & exerce sa Puissance Despotique : Trois de ces Moyens.

DANS les Chapitres precédens nous avons vû l'épouvantable joug de la Puissance Arbitraire qui repose sur nos épaules ; & le triste état où nous a reduit cette Puissance. Quand on connoit les François, il n'est pas possible de concevoir d'où vient leur patience à porter le joug. C'est la Nation du Monde la plus remuante, la plus impatiente, cherchant davantage le changement, aimant la liberté jusqu'au libertinage. Il faut que la Politique de la Cour ait trouvé des moyens merveilleux pour prévenir tous les mouvemens, pour étouffer toute amour pour la liberté, & pour tenir en bride tant de cœurs qui gémissent & qui soûpirent sous la pesanteur de leurs fers. Il est necessaire que nous examinions ces moyens, car ce sont les sources du mal, & comme nôtre but est de remédier au mal, il en faut connoître les causes. Puis que nous voulons réveiller les François & les obliger à secoüer ce pesant joug pour remettre la Monarchie sur l'ancien pied, il est né-

G

cessaire

deffaire que nous leur facions remarquer les voyes par lesquelles on affermit leur servitude; car ce font ces voyes qu'il faut fermer, ce font ces moyens d'esclavage qu'il faut anéantir.

Nous avons ci-devant comparé la Puiffance Defpotique de la Cour de France à celle du Grand Seigneur & des Princes Mahometans; nous les avons trouvées par tout femblables. Voici encore un endroit par où elles fe reffemblent parfaitement. C'eft dans le premier moyen dont on fe fert en France pour retenir les efprits des Peuples dans l'efclavage. Les Princes Mahometans ont eu l'adreffe de faire un point capital de la Religion de leurs Peuples, de la profonde foumiffion & de la parfaite obeiffance, qu'ils doivent rendre à leurs Souverains. Les Turcs font perfuadés, que porter fa téte aux pieds du Grand Seigneur, quand il le veut, & la luy envoyer fans murmure & fans réfiftance, quand il la demande, eft l'action du plus grand merite qu'on fçauroit faire. Ils font perfuadés que par là on gagne la Couronne du Martyre, & qu'on monte dans l'autre vie au plus haut degré de la gloire. Le Grand Seigneur s'eft mis precifément dans la place de Dieu, l'obeiffance qu'on luy rend fait partie de la Religion. Et l'on ne fçauroit dire combien ce malheureux entêtement a fervi à maintenir cet Empire qui devoit perir en peu de temps à caufe de fa violence. Comme le charme de cette fauffe perfuafion n'eft pas naturel, il fe rompt fouvent, & cela n'empêche pas qu'on ne voye des revoltes affés frequentes dans l'Empire Turc. Elles ont été auffi loin que dans les Pais où la puiffance des Rois à le plus de bornes. On fait une grande honte aux Anglois, d'avoir coupé la tête à un de leurs Rois par condamnation de Juftice. Les Turcs n'en ont pas moins fait à *Ibrahim* Pere du Grand Seigneur aujourd'huy regnant. On luy coupa la tête par ordre du Divan approuvé & confenti par le Mufti; c'eft à dire par un arrêt de Juftice dans toutes les formes. Mais ces exemples extraordinaires n'empêchent pas que ce ne foit là le cours ordinaire, & que les Turcs ne fe faffent une Religion d'une obeiffance aveugle à leurs Empereurs.

C'eft auffi la voye dont on fe fert en France pour affermir la tyrannie, On y fait enfeigner une Jurifprudence folle, & une plus folle Theologie fur la puiffance des Rois. On y entretient, & on y paye des Jurifconfultes dans les Barreaux, des Profeffeurs dans les Ecoles, des Theologiens dans les Academies, des Predicateurs dans les Chaires, des Hiftoriens à la Cour, & des flatteurs par tout qui prêchent continuellement: Que les Princes Souverains font les vives images de Dieu fur la Terre, & des copies toutes femblables à l'original; Qu'on ne doit pas moins d'obeiffance pour le Temporel aux Rois qu'on en doit à Dieu pour le Spirituel & pour les chofes eternelles; Qu'on doit obeir fans murmurer, & fans examiner fi les ordres du Souverain Seigneur s'accordent à nos interêts ou ne s'y accordent pas ; Que les Rois ne font obligés à rien par rapport à leurs Peuples, qu'il n'y a point de pact mutuel entre le Roy & les Sujets ; Que la puiffance des Rois eft fans condition, que les devoirs du Roy & du Sujet ne font pas refpectifs, comme ceux du maître & du ferviteur, du Mari & de la Femme, du Pere & de l'Enfant, parce que le Roy de fa part n'eft obligé à rien : Qu'à la verité il doit travailler à la confervation du Peuple, mais que s'il ne le fait pas, le Peuple n'a aucun droit de luy en demander raifon & de fe fouftraire de fon obeïffance : Que le Roy eft élevé au deffus des loix ; qu'il n'eft pas obligé d'y obeïr, qu'il les peut caffer & changer quand bon luy femble : Que les Peuples font faits pour les Rois, & que les Rois font maîtres des Peuples, tout autrement qu'un Pere n'eft maître de fes Enfans. Que les Royaumes font & appartiennent en propre comme les Biens-Fonds & Mobiliers appartiennent aux particuliers. Les particuliers peuvent vendre leurs Fonds & leurs Meubles, les engager, les aliener, & les vendre fans qu'on foit en droit de leur en demander raifon. Que les Rois ont le même pouvoir fur leurs Sujets & fur toutes les parties de l'Etat, qu'ils peuvent les aliener & en difpofer comme bon leur femble. Que les Couronnes fucceffives font dans des familles comme les autres heritages ; que le vivant entre naturellement en poffeffion du bien laiffé par le mort, fans être obligé à aucun ferment ni à aucun traité avec le Peuple ; & fans qu'il foit neceffaire que le Prince Succeffeur ait certaines qualités qui le rendent propre à fucceder ; que les mauvaifes qualités du corps & de l'efprit, les criminelles difpofitions du cœur, l'ambition, l'avarice, la cruauté, l'incapacité de regner, la fauffe Religion, l'impieté, rien en un mot ne peut faire obftacle aux droits d'un Prince legitime Heritier d'une Couronne : Que la Puiffance des Rois vient immediatement de Dieu, & qu'ils ne la tiennent point des Peuples ; c'eft pourquoy ils ne font obligés d'en répondre qu'à Dieu : Qu'ils ne doivent pas abufer de leur pouvoir, mais que quand ils en abufent, il en faut laiffer le jugement à Dieu. Qu'ils peuvent ravir les Biens de leurs Sujets pour les employer à tel ufage que bon leur femble : Qu'ils peuvent enlever des Femmes à leurs Maris, attenter à la pudicité des Femmes impunement ; qu'ils peuvent tuer & maffacrer leurs Sujets, en un mot qu'ils peuvent exercer une licence fans bornes, fans qu'il foit permis de fe pourvoir autrement que par des prieres & des remonftrances. Que les mauvais Princes font donnés du Ciel comme les bons, que ceux-ci doivent être regardés comme des prefents du Ciel, mais que les autres doivent être confiderés comme les verges de Dieu, auxquelles il fe faut foûmettre & ne pas entreprendre de les jetter au feu. Que c'eft là le droit de Dieu & qu'il luy en faut abandonner l'exercice : Que les Sujets opprimés par un mauvais Prince peuvent fe

tour-

tourner du côté de Dieu par des prieres & par des larmes , mais qu'ils ne doivent jamais employer d'autres armes ; Qu'il n'y a point de cas où il soit permis à des Sujets de se soulever contre un Roy : Que quand ce qu'il ordonne est injuste , si c'est du mal à souffrir , il faut le porter patiemment , que si c'est du mal à faire , à la verité on ne peut-être obligé de le faire , parce qu'il vaut mieux obeir à Dieu qu'aux hommes ; mais en ce cas il faut mourir , & non resister , parce que toute résistance contre la volonté d'un mauvais Prince est un grand crime devant Dieu : Que même sous pretexte de Religion jamais il n'est permis de se soulever contre un Roi qui devient Tyran, qui desole l'Eglise , qui ruine ses Sanctuaires , qui proscrit les Ministres de ses Autels , qui ravage ses Domaines , qui profane ses Mysteres, qui abolit son culte , & qui établit l'Héresie & l'Idolatrie. Que l'Eglise doit gémir & se plaindre devant Dieu , mais que les Peuples n'ont aucun droit d'arrêter ces horribles excés par des voyes de fait.

Toutes ces belles maximes ne se debitent pas seulement comme des positions de jurisprudence , mais comme des points de Religion , des preceptes de la Morale Chrêtienne , & des articles de Foy. Parce que l'Ecriture appelle les Rois *les Oints de Dieu*, qu'elle dit, *obeissez à vos Conducteurs , celuy qui resiste à la puissance resiste à la volonté de Dieu : & qu'il s'y faut soûmettre , non seulement pour la crainte du châtiment , mais aussi pour la Conscience ;* parce enfin que les devoirs des Sujets à l'égard de leur Roy, font partie de la Loy de Dieu , & de la Morale du Chrêtien. Et de peur que toutes ces maximes demeurant dans l'Idée generale sans application , ne fissent pas assez d'impression sur les esprits, la Cour fit assembler son Clergé & ses Evêques l'an 1682. & y fit définir , que le Roy est au dessus de toutes les Loix de l'Eglise, qu'il ne peut être excommunié par le Papé ni par l'Eglise , que jamais les Sujets ne sçauroient être liberez du serment de fidelité pour aucune cause , non pas même pour celle de Religion. Ainsi par ordre de Messieurs nos Saints Evêques , si Dieu nous envoye en sa colere un Roy qui ruine la Religion Catholique , qui souille tous ses Autels , qui nous veüille faire tous Turcs & qui employe les Dragons pour nous faire Mahometans , il sera permis de mourir & de souffrir le Martyre. Mais il ne sera pas permis d'opposer aucune digue à ce torrent , il faudra souffrir la ruine du Christianisme, & voir patiemment planter le Mahometisme & arborer le Croissant sur les débris de la Croix de JESUS-CHRIST. S'il arrive à quelqu'un de faire sentir qu'il n'aprouve pas ses maximes outrées , on prend un grand soin de l'enterrer dans un cachot, afin qu'il ne puisse parler & ne puisse être entendu. Et pour ceux dont on ne sçauroit fermer la bouche , & qui disent que les peuples se sont établis des Rois pour être leurs peres & non leurs tyrans. Que le droit des peuples ne se prescrit pas, qu'on est obligé en confcience de travailler à fa propre confervation contre les oppreſſions de quelque ordre qu'ils ſoient : que les Rois ne ſçauroient avoir plus de pouvoir ſur les ſujets que les peres en ont ſur les enfans, puis qu'ils ſont établis pour être les peres du peuple : que les Rois ont leurs bornes, non ſeulement dans les regles de la Juſtice & de l'Equité, mais auſſi dans les privileges que les peuples ſe ſont confervez. Que les peres ſont des têtes ſacrées pour leurs enfans auſſi-bien que les Rois ſont les Oints du Seigneur, & que neanmoins la puiſſance des peres a ſes bornes, au delà deſquelles toutes les Loix divines & humaines, Payenne & Chrêtienne permettent de refifter à la violence des peres : que le Prince a pouvoir de lever des tributs pour la confervation de l'Etat, & non pour ſa ruine : que le ſang du peuple ne doit pas être employé aux delices du Prince à lui bâtir de ſuperbes maiſons & à luy procurer un nombre infini de ſuperfluitez, & de ſales voluptez, que les Rois ont leur domaine, & que c'eſt beaucoup ſouffrir que de permettre que le Prince faſſe de ſes domaines ce que bon lui ſemble pour l'aſſouviſſement de ſes plaiſirs. Mais qu'il eſt inoüy qu'on ait donné de l'argent par impôt extraordinaire & qu'on ſe ſoit épuiſé pour ſatisfaire aux paſſions dereglées d'un Roy. Ceux dis-je, qui debitent ces maximes ſont traittez en France de gens execrables, d'ennemis des Rois, de peſtes des ſocietez, d'ennemis du genre humain, de gens qui veulent rejetter tout dans la confuſion & dans le deſordre.

Ces clameurs & ce grand bruit étourdiſſent les François, ils n'entendent qu'une partie, & par conſequent n'entendent rien. Ils ſentent bien que leur ſens commun & leur cœur refiſtent à ces maximes de tyrannie: mais à force de les entendre debiter avec hardieſſe d'un haut ton, & d'un air d'aſſûrance, ils ne ſçavent qu'en croire. Ils voient le torrent qui va de ce côté-là, les Eccleſiaſtiques & les Evêques qui donnent là dedans; le Barreau qui ne s'y oppoſe pas; les Avocats & Procureurs du Roi dans les Tribunaux qui appuyent ces maximes, les Juges qui les approuvent par la pratique & par un honteux ſilence, confûs de refiſter ſeuls ils ſe rendent, & ployent ſous le joug, refervant à un meilleur temps de s'inſtruire de la verité. S'ils ne ſont perſuadez, au moins ils jugent à propos de parler & d'agir comme s'ils l'étoient. Un pauvre Janſeniſte à qui on dechire la Soutane en le tirant à la ſignature du Formulaire, ou un pauvre Huguenot à qui on met le poignard à la gorge pour lui faire abjurer ſa religion, croient faire un grand effort de liberté en diſant; *mes biens & ma vie ſont au Roy, mais ma conſcience n'eſt qu'à Dieu.* Pauvre miſerable, & que veux tu dire, quand tu dis, que ton bien & ta vie ſont au Roy? Si cela ſignifie que le Roy s'eſt rendu maître de tes biens & de ta vie pour en faire ce qu'il veut, tu as raiſon. Mais par là ta conſcience eſt au Roy auſſi-bien que ta vie & tes biens. Car comme il paroît il s'eſt rendu maître de la conſcience de tous ſes ſujets pour leur faire croire, ou au moins pour

 leur

leur faire dire tout ce qu'il luy plait en matiere de Religion. Si tu entens que de droit le Roy a une pleine puissance sur ton bien & sur ta vie pour en faire ce qu'il jugera à propos sans être obligé d'en répondre qu'à Dieu, où as tu pris ces maximes, est-ce Dieu, est-ce l'Eglise, est-ce le sens commun qui te les a enseignées ? Ce n'est point icy le lieu de les refuter & d'en faire voir l'absurdité & le ridicule. Cela se fera quand nous parlerons des moyens d'abbâtre le Pouvoir Despotique, & de rétablir les anciennes Loix du Royaume. Pour le present c'est assés d'avoir rapporté historiquement cette bizare Jurisprudence & cette folle Theologie, qui est le premier moyen dont la Cour de France se sert pour soûtenir sa Puissance Arbitraire, voyons les autres.

Si ce 1. moyen êtoit seul, il n'auroit pas grand succés, mais la tyrannie s'est affermie par plusieurs autres moyens. Le 2. moyen, c'est que le Roi s'est rendu maître de l'Eglise, qui tient la premiere partie, & la principale d'un tout, a bien-tôt tout le reste. Et les Rois de France se font rendus maîtres de l'Eglise en se rendant maîtres des benefices & de tous les biens d'Eglise. Les Usurpateurs ne se font pas fait en un jour. Il y a longtemps que les Princes Seculiers travaillent à opprimer la liberté de l'Eglise & à remplir avec autorité les Chaires de leurs creatures. Il est clair à tous ceux qui font usage de leur sens commun, que le Peuple & le Clergé doivent élire leurs Evêques & leurs Conducteurs. Cela s'est ainsi fait dés le temps des Apôtres. Cela a toûjours été pratiqué dans tous les siécles où l'Eglise a pû joüir de ses veritables droits. Il est certain aussi que l'Eglise Gallicane a été fondée & a été gouvernée longtemps sur ce pied-là. Mais il est vray aussi que depuis longtemps les Rois ont travaillé à se rendre maîtres des Elections. Les Rois de la premiere race donnoient les Evêchés quand ils pouvoient, & l'Eglise s'y opposoit toûjours, quand cela se pouvoit avec seureté. Le troisiéme Concile de Paris tenu l'an 557. sous le regne de *Childebert*, fit là-dessus une severe ordonnance, *qu'on n'ordonne point d'E-vêque*, dit-il, *contre le gré des Citoiens, mais celui-là seulement qui aura été élû volontairement, & d'un plein consentement par le Peuple & par le Clergé, non par le commandement du Prince.* Depuis ce temps là, l'Eglise Gallicane a toûjours été aux mains avec les Papes, & avec ses Rois, pour la liberté des Elections. *Charles VII.* fit faire à *Bourges* la Pragmatique Sanction, qui rétablissoit les Elections Canoniques en les delivrant de l'autorité des Rois, & de celle des Souverains Pontifes : *Loüis XI.* pour faire sa Cour au Pape lui livra la Pragmatique Sanction, & en envoya l'original à Rome. Ce qui y causa plus de joye, que n'auroit fait la conquête d'un Royaume à JESUS CHRIST. Les Successeurs de *Loüis XI.* rétablirent & anéantirent cette Pragmatique, selon qu'ils étoient bien ou mal avec la Cour de Rome. Enfin *Leon X.* & *François I.* parta-gerent entre eux le morceau & donnerent le dernier coup aux libertés de

l'Eglise

l'Eglife Gallicane, en aboliffant pour jamais les Elections Canoniques. Le Pape eût les Annates fur les benefices & la provifion des Bulles, & le Roy fe referva la nomination à tous les grands benefices. La memoire du Chancelier *du Prat* qui fit ce beau coup, en eft demeurée chargée de toute l'execration de l'Eglife. Depuis *François I.* tous les Rois de France ont exercé ce droit. Mais *Loüis XIV.* l'a fait valoir & l'a étendu plus loin que les autres : comme il paroit par le grand demêlé de la Regale, & par l'entreprife qu'il a faite de nommer des Superieurs & des Superieures aux Maifons Religieufes qui n'avoient jamais été foûmifes à ce joug.

Or il eft clair comme le jour, que ce privilege que les Rois de France fe font acquis par une pure ufurpation, eft un des grands moyens par lefquels ils foûtiennent leur Pouvoir Defpotique & leur Puiffance Arbitraire. On fçait combien les peuples fe laiffent facilement perfuader par les Directeurs de leurs confciences. Un Evêque prêche & fait prêcher telle doctrine qu'il veut. Il envoie & donne des Confeffeurs dans tout fon Diocefe. Il n'admet aux Cures & ne met dans les Paroiffes que des gens qui font dans fes principes. La Cour nomme aux Evêchés des gens qui font à fa devotion, & ces Evêques demeurent parfaitement foûmis à la Cour qui a fait leur fortune & de qui leur fortune dépend. Car la même autorité qui les a faits les peut défaire. La Cour nomme auffi aux grandes Abbayes. Et les Abbés Commendataires, ne manquent pas d'infpirer à leurs Moines l'efprit d'obeiffance & de foumiffion aveugle pour le Roy qui les a faits. Les Moines font prefque toûjours en different avec les Abbés pour le temporel & pour la cuifine. Mais cela même les oblige à vivre dans une grande foûmiffion pour la Cour afin d'y partager la faveur. Ils entrent en partage de la baffe complaifance de leurs Abbés pour les Puiffances, afin de les contrequarrer plus facilement & avec appuy dans leurs entreprifes. Outre tout cela il faut confiderer que par ce privilege de difpofer de tous les grands benefices, la Cour fe rend maîtreffe de toutes les grandes Maifons du Royaume. Elles ne fubfiftent toutes que par les Biens d'Eglife. Un Aîné emporte tout le Bien, les Cadets ne font riches que par les Evêchés, les Abbayes & autres Biens d'Eglife que le Roy leur donne. Et ces Biens deviennent comme Hereditaires dans les Maifons. Les Oncles les refignent à leurs Neveux de generation en generation : quand un Frere a longtemps poffedé ces Biens d'Eglife, s'il luy prend envie de fe marier, il les refigne à l'un de fes Cadets en fe refervant une groffe penfion fur le benefice.

Il eft aifé de comprendre que toutes les grandes Maifons du Royaume qui ne font riches que de ces Biens, doivent être dans une grande dépendance, puis qu'elles ne poffedent ces grands revenus que par le benefice du Roy & dépendamment de fa volonté. Enfin quand le Roy veut recompenfer quelqu'un qui ne peut pas recevoir un caractere Ecclefiafti-

que,

que , il luy assigne de grandes pensions sur des benefices qui sont possedés par d'autres.   Ainsi les Biens Ecclesiastiques sont absolument secularisés , & ne servent qu'à fournir au Prince le moyen de rendre tout le Royaume esclave , de recompenser ceux qui sont les Ministres de sa Puissance Arbitraire , & se gagner des voix qui la soûtiennent. Il n'y a personne qui ne trouve bon un Gouvernement où l'on gagne, quoique tous les autres y perdent. C'est pourquoy toute la Noblesse de France & particulierement la grande Noblesse, ne sçauroit avoir du chagrin contre la Puissance Arbitraire , qui les incommode à la verité quelquefois ; mais qui seule leur assure la possession des revenus immenses de l'Eglise Gallicane. Car si le Pouvoir Despotique du Gouvernement sur les Biens d'Eglise êtoit aneanti ; les Elections Canoniques êtant établies , ce ne seroit plus la naissance , la faveur , la complaisance pour la Cour , & l'attachement à ses maximes qui emporteroient les grands benefices ; Ce seroit la vertu, la pieté , le sçavoir & le merite sans avoir égard à la Naissance.

La Cour se sert encore d'un autre moyen tres efficace pour s'attacher les Evêques & pour rendre par eux toute la Nation esclave. C'est qu'elle autorise la tyrannie de ces Evêques sur leurs Prêtres , & sur tout le bas Clergé. Les Prêtres sont les esclaves de leurs Evêques. Il n'est rien si miserable , si abject & si foulé que ce bas Clergé. Pendant qu'un Evêque est grand Seigneur & fait une dépense scandaleuse en Chiens en Chevaux , en Meubles , en Domestiques , en Tables , en Equipage , les Prêtres du Diocese n'ont pas dequoi s'achêter une Soutane ; les fardeaux des Decimes tombent sur ces miserables & passent auprés de Messieurs les Prelats sans les toucher. Les Evêques traitent leurs Prêtres non comme d'honnétes Valets , mais comme des Valets d'écurie. Ils ne se couvrent jamais devant leurs Evêques , ils n'ont pas l'honneur de manger à leur table, il faut qu'ils marchent à leur mandement , & qu'ils obeissent aveuglement aux ordres de leur Prelat, comme s'ils êtoient ses Sujets, & qu'il fût leur Souverain. Dans un Etat libre & sous une Monarchie bien reglée cette conduite n'auroit point de lieu , on apprendroit aux Evêques qu'ils ne sont que les Chefs de leurs Prêtres & non leurs Rois , & qu'ils ne les doivent gouverner que selon les Canons. C'est pourquoy les Evêques & les Prelats sont engagés à maintenir la Puissance Despotique qui les maintient. Les Tyrans se prêtent la main les uns aux autres , & les Tyrans les plus élevés permettent aux Tyrans inferieurs , d'exercer tyrannie sur ceux qui sont plus bas qu'eux , afin de les engager par là à conserver un Gouvernement , sous lequel ils ont un Empire qu'ils ne pourroient conserver , si les affaires prenoient un autre train.

Loüis

LOUIS XIV. le plus impérieux & le plus autorifé de tous les Rois, a bien pénétré cette politique, quoi qu'il ait efficacement travaillé à réünir dans fa perfonne toute l'autorité qui étoit répanduë en divers Sujets, il a permis aux Evêques d'aggraver le joug des Prêtres; & même depuis quelques années il a fait rendre un arrêt dans fon Confeil, par lequel les Curez font deftituables par leurs Evêques *ad nutum*. C'eft à dire qu'un Evêque tranfporte, chaffe, bannit un Curé quand il lui plait, fans autre raifon que fon caprice & fa volonté. Il ne faloit plus que cela pour abbatre le bas Clergé, & le rendre le mépris des Peuples, & l'efclave des Prélats. Jugez fi des Evêques qui régnent fi Defpotiquement ne doivent pas tenir pour la Puiffance Defpotique?

LE CLERGE' fait un grand Corps dans l'Etat, mais les Financiers, gens d'affaires, Traitans, Tréforiers, Receveurs n'en font pas un moins grand: à tout comprendre depuis le premier Adminiftrateur des Finances, tel qu'eft un Surintendant ou tel qu'étoit M. *Colbert*, jufqu'au plus petit Commis, & jufqu'aux Archers de la Gabelle. Comme ç'a été un grand myftére de politique d'intereffer tout le Corps du Clergé à maintenir la Puiffance Defpotique, ce n'eft pas un coup moins important d'engager tout le Corps des Financiers & gens d'affaires dans le maintien de la Puiffance Arbitraire: & c'eft ce qu'on a fçû faire dans ce dernier fiécle. Toute l'Europe a vû avec étonnement & même avec effroi les prodigieufes & immenfes fortunes qui fe font faites en fi peu de tems. Des gens fe font trouvez en état de faire quelques prêts aux Miniftres dans leurs preffantes néceffitez. Cela leur a été une porte pour entrer dans l'Adminiftration des Finances. Et ils y ont fait des maifons puiffantes & riches en moins de rien. Ils fe font rembourfez au centuple de leurs avances. D'autres, de petits Commis ont trouvé moyen de fe pouffer jufqu'aux premiers emplois des Finances: d'autres s'y font fourrez par d'autres portes. Mais quoi qu'il en foit, quand ils y ont été introduits ils y ont fait des ravages horribles. Le Peuple a été fuccé par toutes fes veines, il n'y a point de violences & de vilainies qui n'ayent été commifes pour l'épuifer. Les donneurs d'avis font venus à la traverfe comme des Troupes Auxiliaires des gens d'affaires. Une infinité de gens ont eû part au gâteau. Tout le Bourgeois de Paris a trouvé moyen de faire valoir fon argent par là, & de s'intereffer pour tirer vingt, trente, quarante & cinquante pour cent d'un argent qui felon les Ordonnances ne luy en devoit valoir que cinq. Le regne des Financiers êtoit monté à tel point dans le Royaume, qu'il faifoit un autre Etat dans l'Etat, & paroiffoit avec tant d'éclat, que tout ce qu'il y avoit de grand & de brillant dans le Royaume en a été effacé. On voyoit ces Meffieurs acheter les plus anciens Hôtels des Princes & des Ducs du fiecle paffé, jetter par terre ces beàux & ces grands Hôtels, bâtir fur les ruines des Pa-

H

lais

lais à la moderne plus magnifiques que les Maisons des Rois.   Ils aché-
toient les premieres terres du Royaume dans les Provinces & profitoient du débris des grandes Maisons ruinées.   Ils avoient des Équipages de Souverain , des Tables magnifiques & delicieuses , enfin
il n'y eut jamais un si prodigieux abus & une profusion de richesses
si demesurées.   Toute la France a vû à quoi les Finances étoient
employées du temps du Surintendant *Fouquet* : les sommes immenses qu'il dépensoit en sales voluptés , en Bâtimens superbes , en
Fêtes d'une magnificence inconcevable , en terres sur lesquelles il
faisoit assembler toutes les raretés de la nature. Tous les autres gens
d'affaires sous luy à son exemple poussoient ces excés à toute extremité , & ne se donnoient pas de bornes.   Et qui fournissoit à tout
cela ?   La substance du Peuple & la Puissance Despotique : la volonté du Prince de laquelle seule dépendoient les Impôts.   On haus-
soit les tailles selon que les Traitans le jugeoient à propos : on faisoit monter les Fermes aussi haut qu'il étoit necessaire pour fournir aux besoins de l'Etat , pour assouvir l'insatiable cupidité des Ministres ,
& pour combler la vaste convoitise de plusieurs millions de gens affa-
més qui devoroient tout.   Un Donneur d'avis étoit écouté comme
un Oracle ; on le produisoit à la Cour avec éloges , on le récom-
pensoit magnifiquement : les récompenses animoient les autres , tout
le monde donnoit dans une profession si bien payée.   Toute la
France étoit couverte d'exacteurs , & personne ne leur pouvoit rien
dire.   Si les Impôts avoient été réglés & gouvernés comme autrefois par les Etats du Royaume , les choses n'auroient pas pû aller
ainsi.   Cette foule de petits Tirans qui profitoient de la Tyrannie
n'auroit pû regner.   Ces grandes Fortunes ne s'élevoient qu'à la faveur & à l'ombre de cette Puissance Despotique qui dit sans reserve , *il nous plait, nous voulons, & tel est nostre plaisir.* Car on n'avoit
qu'à interesser les Ministres ou à tromper le Conseil pour obtenir
une Déclaration ou un Arrêt par lequel comme avec une faux tran-
chante on moissonnoit où l'on n'avoit pas semé.

Voilà donc encore une prodigieuse quantité de gens interessés à
soûtenir la Puissance Arbitraire , car leur régne dépendoit uniquement de là.   Et outre que ces gens étoient en grand nombre , ils
trouvoient moyen d'engager tout ce qu'il y avoit de Grands dans
le Royaume.   Il n'y avoit pas de Financier qui n'eût à ses gages ,
les Gouverneurs des Provinces , Lieutenants de Roy , Commandants des Places , & même des grands Seigneurs de la Province. A
l'un ils donnoient cinquante mille livres de pension , à l'autre plus ou
moins , afin qu'ils prêtassent main-forte pour l'établissement & pour
la levée des Impôts. Car le peuple n'est point si esclave d'habitude qu'il
ne

ne fe fouvienne toûjours de fon ancienne liberté ; il fe foûlevoit quand il pouvoit pour fecoüer le joug pefant qu'on luy mettoit fur les é-paules. Mais les Commandants pour le Roy , les premiers Magi-ftrats des Villes, & les principaux Seigneurs du Pais payez par les gens d'affaires tenoient la main pour contenir le peuple dans fon de-voir , c'eft-à-dire pour l'empêcher de faire fon devoir, & de faire valoir fes droits. Voyés combien voilà de gens engagés à mainte-nir la tyrannie. Nous l'avons déja dit, quand on gagne à un Gou-vernement, on ne fe met pas en peine que les autres y perdent. Au-jourd'huy ces Meffieurs qui du depuis ont fenti le poids de la Puif-fance Defpotique, & qui en ont été opprimés, fentent auffi bien que nous la pefanteur & l'injuftice du fardeau. Mais alors environ-nés de biens, nageant dans les richefles, ils beniffoient les canaux qui les leur apportoient , & n'avoient garde de tendre à une liber-té qui leur eût été fatale.

Il eft vray que les chofes ont changé depuis ce temps-là : le regne des Financiers eft fort diminué, le Roy a attiré à luy tout le profit. On voit peu de ces fortunes de gens d'affaires, comme on en vo-yoit autrefois. On n'a plus befoin de donner des penfions aux Gou-verneurs des Provinces, pour les obliger à tenir la main pour faire obeir le peuple. Le Roy s'eft tellement autorifé, & a porté fon pou-voir fi loin, qu'à prefent un ordre de la Cour porté par un va-let de pied & produit par un Intendant, fait trembler toute une Province. Tout baiffe la tête & grands & petits, & gens du Roy, & Magiftrats & Peuples. Mais outre que cela ne revient pas à la décharge du Peuple, il faudra néceffairement que la Puiffance Defpo-tique & les Impôts continuant, les gens d'affaires remontent fur leurs trônes. Les moyens que le Roy employe pour tenir le Peuple dans la captivité fans dépendre des gens d'afaires, eft plus onéreux à l'Etat que n'é-toit le régne des Financiers. Car c'eft cette horrible multitude de Troupes dont il couvre le Royaume, & dont nous avons à parler dans la fuite. Le Roy n'a pas autant gagné à reformer les Officiers des Finances, qu'il con-fume dans l'entretien de ces grandes Armées. La facilité que le Roy trou-ve dans les exactions vient de ce qu'on appelle la force du Gouvernement. On paye parce qu'on n'oferoit refufer : & l'on n'oferoit refufer parce qu'on a fur la tête une autorité qui paroît comme une Montagne toûjours prête à tomber & à écrafer. Mais les Etats ne fçauroient long tems fub-fifter dans cette fituation violente : des Guerres étrangeres qui réüffiffent mal , des Guerres Civiles caufées par les Mécontens ; une Minorité fous la-quelle l'autorité Royale demeure comme éclipfée, font auffi éclipfer fa terreur, les forces de Mer & de Terre diminuént, on n'a pas de Troupes pour étre par tout ; les Commandans de ces Troupes ne font plus fi foû-

H 2

mis.

mis. Le Peuple alors commence à sentir sa force. Ce tems reviendra indubitablement. Et alors il faudra que le régne des gens d'affaires retourne & qu'il fasse régner la Cour précisement par les mêmes voyes par lesquelles ils l'ont fait régner durant le Ministére du Cardinal *de Richelieu* & celuy du Cardinal *Mazarin.* Et par consequent, à moins qu'on n'y mette ordre, ce Ministére des Financiers, & la licence qu'ils ont de tout prendre sous l'Autorité Despotique du nom de Roy, sera toûjours l'un des plus puissans moyens pour soûtenir la Puissance Arbitraire. Tout abaissez que sont aujourd'hui les gens d'affaires par les cours de Justices, par les taxes prodigieuses qu'on leur a fait payer, par la diminution de leurs gains immenses, ils ne sont point encore revenus du charme de cette Puissance Arbitraire; & ils ne voudroient pas travailler à la détruire. Ils se souviennent des heureux tems qu'ils ont passez à la faveur de cette Puissance Arbitraire, de leur pompe, de leur régne, & de leurs plaisirs. *Moncrot* disoit qu'il y avoit trois choses que le Roy ne luy pouvoit ôter, sa Noblesse, car il étoit de basse naissance; son Patrimoine, car il étoit né gueux, & les bons repas qu'il avoit faits; la mémoire du passé les soûtient donc dans leurs maximes. Le present quoi que fâcheux ne laisse pas de les y engager; car ces gens qu'on a vexez, taxez, ruinez, ont conservé de bonnes piéces de leur naufrage. A l'un le Roy a emporté quatre ou cinq millions, à l'autre deux, à l'autre quinze cens mille livres. Mais aprés cela ils ne laissent pas de vivre encore magnifiquement & dans l'abondance. Ils laissent bien plus à leurs Enfans que leurs Peres ne leur ont laissé. Ainsi ils n'ont sujet que d'être contens d'une Puissance Arbitraire de laquelle ils ont abusé long-tems, & qui dans la suite ne les a pas si bien jettez par terre, qu'ils ne se trouvent encore sur leurs pieds. Enfin l'espérance de l'avenir les retient dans les principes de la Puissance Arbitraire par la raison que je viens de dire; c'est qu'ils prévoient bien que l'état present des affaires est trop violent & trop guindé pour subsister long-tems. Il faut qu'il tombe, & alors les gens d'affaires reviendront à étre les appuis de la Monarchie & les Ministres de la Puissance Despotique. On aura affaire d'eux & de leur Argent quelque jour, & alors ils feront bien payer, comme ils ont fait autrefois, le secours qu'ils auront prêté à la Couronne & aux Ministres. Voilà déja trois moyens puissans & efficaces dont se sert le Gouvernement Arbitraire de la Cour pour se soûtenir : nous verrons les autres.

Fin du Quatriéme Memoire.

LES SOUPIRS

DE LA

FRANCE ESCLAVE,

Qui aspire aprés la Liberté.

V. MEMOIRE.

OU SONT EXPLIQUEZ LE RESTE des Moyens dont la Cour de France se sert pour maintenir sa Tyrannie, & exercer sa Puissance Arbitraire.

NOUS avons commencé d'exposer les moyens par lesquels la Tyrannie de la Cour de France se conserve & se maintient, & nous en avons déjà trouvé trois : Le premier c'est la Theologie & la Jurisprudence esclave sur le Droit des Rois. Le second ce sont les Biens d'Eglise ; qui font le quart ou le tiers des Biens du Royaume, de la distribution desquels la Cour s'est renduë maîtresse : Le troisiéme c'est d'avoir mis les Impôts en Parti, & d'avoir établi le Regne des Gens d'affaire.

Le quatriéme moyen, dont on s'est servi pour retenir les Peuples dans l'Esclavage, c'est de les ruiner & de les abbaisser. Rien n'ôte le courage comme la bassesse & la pauvreté. Les Tyrans ont tous reconnu, qu'ils ne pouvoient régner tyranniquement sur un Peuple riche. C'est pour

I

quoy

quoy ils ont toûjours travaillé à se rendre Maîtres de toutes les richesses des Etats qu'ils ont voulu opprimer. C'est par cette voye que les Arabes, les Turcs & les Tartares ont établi leur Domination depuis le Détroit de Gibraltar jusqu'aux Frontieres de Siam & de la Chine. Ils ont pris tout le Bien des Peuples qu'ils ont conquis, & ont fait de tous leurs Sujets de pauvres Esclaves. Les Ministres de la Cour de France n'ont pas encore osé imiter entierement cet exemple, quoi qu'ils y ayent pensé, comme nous l'avons prouvé ci-devant. Mais ils ont succé & tiré tout le sang de leurs Peuples par d'horribles Impôts, & ont réduit la Noblesse & le Peuple à une telle pauvreté, que si l'on vouloit remüer dans le Royaume, on ne sçauroit comment s'y prendre. Car il n'y a ni Forteresses, ni Armes, ni Artillerie, ni Arsenaux, ni Munitions dont on se peut rendre maître, parce qu'il n'y a pas d'argent hors des Coffres du Roy. Le Cardinal *de Richelieu* a commencé ; le Cardinal *Mazarin* a poursuivi. Celuy ci avoit accoûtumé de dire que la France étoit un bon Asne, que plus on la chargeoit, mieux elle marchoit. Enfin le Ministere present a achevé d'executer ce moyen de tyrannie. Un Peuple demi ruiné est justement en état de se revolter. Il a assez de mal pour le sentir & pour desirer le changement. Il a encore assez de bien pour se soulever, & faire des affaires aux Tyrans. C'est précisement l'état où se trouva le Royaume aprés la mort de *Loüis XIII.* Roy Titulaire sans pouvoir, & du Cardinal *de Richelieu* Roy Despotique sans titre. Durant la Minorité du Roy, la France étoit à demi ruinée par les Exactions que le Cardinal *de Richelieu* avoit exercées. Mais elle ne l'étoit pas assez pour avoir perdu toutes ses forces. Elle s'en voulut servir pour recouvrer sa Liberté. De là vinrent les mouvemens de la France, & les Guerres de Paris. Le Royaume fut abandonné à la furieuse avarice *d'Emery* Surintendant des Finances, & de tous les Partisans qui commandoient sous luy. Le Ministere d'alors crût que le Cardinal *de Richelieu*, qui avoit regné Despotiquement, avoit suffisamment établi la Tyrannie, & que desormais on pouvoit tout entreprendre. L'expérience les desabusa. *Paris* secoüa le joug, il fut suivi des Provinces de *Normandie*, de *Guienne*, de *Bourgogne*. de *Languedoc*, & de plusieurs autres. Le Parlement de *Paris* prenant le nom de *Pere du Peuple*, entreprit de le protéger & de reformer les abus. Et la Monarchie se vit à la veille d'être rétablie dans son ancienne Liberté; & de rentrer sous son ancien Gouvernement. Mais l'ambition des Grands & les intérêts particuliers qui les faisoient aller les uns d'un côté & les autres de l'autre, fit évanoüir toutes ces belles esperances. Le Parlement devoit alors prendre les resnes de l'Etat, assembler les Etats du Royaume, abolir la Tyrannie & chasser les Tyrans, se rendre Maîtres de la Personne du Roy, & le faire élever dans les maximes d'un veritable Prince. Si cela se fût fait comme on le devoit,

la

la France seroit aujourd'uy le Royaume du Monde le plus heureux. La Cour tremble encore aujourd'huy du peril qu'elle courut alors de se voir arracher des mains la Puissance Despotique. Elle a vû d'où venoit le danger, elle a couru à la source pour le prévenir. Elle a conçû que c'est tout perdre que de ruiner & d'abbaisser un peuple à demi : luy laisser une partie de ses forces, c'est luy donner le moyen de se vanger des outrages qu'on luy a fait, en luy arrachant l'autre. C'est pourquoy le Roy s'est fait une necessité d'abaisser tous ceux qui avoient pensé luy ravir sa Puissance Arbitraire. Les Princes du Sang avoient paru à la tête du Parti : on les a éloignez du Gouvernement & des Conseils, & même on les a tenus dans un éloignement de la Cour qui ressemble mieux à l'exil qu'à une retraite. Les Parlements avoient paru dans cette affaire, comme les premiers moteurs, on n'a pas manqué de les abbaisser, & de les jetter sur la poussiere. La Ville de Paris avoit fait grand bruit ; outre mille moyens dont on s'est servi pour l'appauvrir, le Roy luy fait connoître qu'il est irréconciliable, & qu'il ne pardonne jamais. C'est pourquoy il a renoncé à la demeure de cette Ville, & s'est bâti une Cour à Versailles. Quand il en sort, c'est pour aller en quelque autre de ses Maisons. Il est par tout ailleurs qu'en sa Ville Royale, à qui la présence des Rois a toûjours apporté de grandes richesses & de grandes commoditez. Enfin parce que les Peuples avoient suivi le mouvement, que le Parlement, la Ville de Paris & les Princes leur avoient donné, on les a abaissez, ruinez & appauvris, & mis dans le plus bas degré. Le Cardinal *Mazarin* avoit sçû d'où venoit le mal ; comme il étoit le premier instrument de la Tyrannie, il avoit été aussi le principal object du ressentiment & de la fureur des Peuples. Il leur étoit échapé par un vray miracle. Pour se vanger, il a laissé des mémoires qu'on a exactement suivis. Et c'est en suivant ces leçons qu'on a mis le Royaume sous le joug sous lequel il gémit, & qu'on a achevé d'abbâtre les Peuples. Il est vray que cette maxime semble être justifiée par l'experience : elle a trés-bien réüssi aux Ministres jusqu'ici. Mais un bon Roy dévroit avoir honte de conserver son Autorité par de si honteux moyens. C'est une chose étrange que les Rois de France depuis le bon *Louys XII.* ayent renoncé au glorieux titre de *Pere du Peuple*, & qu'ils ayent mieux aimé regner par la crainte que par l'amour. La veritable gloire d'un Prince, c'est de regner sur un Peuple qui le charge de Bénedictions, en vivant paisiblement chacun chez soy dans l'abondance & dans la paix. Cette voye de violence, qui réüssit pour quelque temps, peut manquer enfin, & manquera sans doute. Il est vray que naturellement les mouvemens sont plus difficiles au milieu du Peuple entierement ruiné. Mais sous la Domination des Romains on a vû des Guerres d'Esclaves, & l'abus que les Maîtres faisoient de leur pouvoir, a quelquefois fait trouver à ces miserables les

I 2

moyens

moyens de s'assembler & de former des Armées formidables à la République. Il est impossible que la même chose n'arrive en France. Les Gens qui n'ont plus rien à perdre risquent tout , parce qu'ils n'ont plus rien à risquer qu'une vie qu'on leur a renduë pesante par les fardeaux insupportables dont on l'a chargée. Il y a une fin à tout : les François souffrent , mais il est très-certain qu'ils sont las de souffrir . & que leur patience est épuisée.

Le cinquiéme moyen dont on se sert pour conserver au Prince la Puissance Arbitraire , & aux Sujets l'esprit de soumission & d'obeïssance aveugle , c'est de se rendre Maître du Bien des Particuliers , qu'on n'a pas voulu , ou qu'on n'a pas pü leur ôter. C'est à quoy visent & ce que produisent ces prodigieux Emprunts que la Cour fait sur les Maisons de Villes. Le Roy en une seule année a emprunté plus de trente millions de ses Sujets , on assigne les Rentes de ces Fonds sur les Maisons de Villes; ces Rentes se payent fort bien. Rien n'est plus commode à des personnes qui font une grande dépense , & même à ceux qui ne sont en état d'en faire qu'une médiocre , & qui par consequent ont besoin d'ê-tre plus regulierement payez. Cependant c'est un aveuglement prodi-gieux à nos François de donner dans ces piéges , pour les raisons qui ont été ci-devant déduites. Mais c'est une excellente Politique à la Cour de les tendre , & d'y attirer les Gens. Sans conter que la Cour de la maniere qu'elle gouverne , est Maîtresse du Fonds & des Rentes, & les retranche quand il lui plait. Supposé même que de bonne foy on eût dessein de payer régulierement & constamment ces Rentes , elles ne laisseroient pas d'établir l'Esclavage , & d'affermir la Tyrannie. Premierement ces Emprunts ne coûtent rien au Roy. Il reçoit trente & quarante millions en une année : son Fonds & son Revenu n'en dimi-nüent pas d'un sou. On augmente les Impôts à proportion : cela se met sur les Charges ordinaires de l'Etat , ausquelles il faut que l'Etat survien-ne. Ainsi on tire des Particuliers ce qu'on leur doit , afin de les payer de leur propre Argent. De cette maniere ces Emprunts que le Roy fait , sont de nouveaux moyens d'appauvrir les Peuples. De plus, c'est un frein que le Prince tient en main , par lequel il mene les Peuples où il veut. Il n'a qu'à les menacer de fermer les Contoirs , & le faire en effet. Voilà tout le monde aux abois , qui vient à deux genoux se soumettre & baiser la ter-re , s'engager de nouveau à tout souffrir , & à tout faire selon la volonté du Prince.

En géneral , c'est peut-être là le meilleur moyen qu'un Etat puisse employer pour se maintenir , & pour éviter les Révolutions , qui peu-vent arriver par les mouvemens intérieurs , & même celles qui pourroient arriver par les Invasions des Etrangers. Des Peuples qui ont tout leur Bien entre les mains d'un Etat , sont interessez autant qu'on le peut être à le conserver

ferver, comme il eſt. La République de Veniſe par ſa Banque, la Ville d'Amſterdam par la ſienne, la République des Hollandois, par ſes Obligations ſur les Contoirs de l'Etat, & par ſes Actions ſur les Compagnies des Indes Orientales & Occidentales, tiennent tous les Biens de leurs Sujets, & par ce moyen ils ſont Maîtres des Perſonnes. Peut-être que la Hollande n'a pas penſé à cela quand elle a fait ſes Emprunts. Elle a ouvert ſes Contoirs pour établir des Rentes ſelon les beſoins qu'elle a eu durant la Guerre. Mais elle doit remarquer là dedans une ſinguliere Providence, qui vouloit par là poſer le plus ſeur fondement de ſa ſubſiſtance. L'Etat êtant Maître de tout le Bien du Pays, n'a rien à craindre de la part des Particuliers. Car ils ne pourroient ruiner l'Etat ſans ſe ruiner eux-mêmes. C'eſt auſſi ce qui leur fait porter avec tant de patience ces Impôts, qui par tout ailleurs paroîtroient & exceſſifs & inſupportables. L'Etat doit payer peut-être ſept ou huit Millions de livres de Rentes, ſi on ne lui donne dequoi les payer, il fera Banqueroute : qu'en reviendra-t-il ? C'eſt que tous ces Particuliers qui penſoient épargner deux ou trois cens livres d'Impôts, perdront trois ou quatre mille livres de rente que l'Etat leur paye. Les Actions ſur les Compagnies des Indes Orientales & Occidentales ne ſont pas d'autre nature ; elles dépendent entierement du bon ou du mauvais état de la République. C'eſt pourquoy le prix en eſt ſi roulant, ſelon la bonne ou mauvaiſe ſituation des Affaires. Enfin c'eſt ce qui oblige ces Républiquains à faire de ſi grands efforts & à dépenſer ſi largement pour ſe défendre des invaſions des étrangers. Si le Païs paſſe ſous une Domination étrangere, tout le Bien des Particuliers eſt perdu. Un nouveau Maître n'entrera point dans les engagements du Gouvernement précedent. Il ne connêtra point d'autres biens de Particuliers que leurs Champs & leurs Maiſons, il croira qu'on luy en doit bien de reſte s'il ne touche pas à ces Fonds : & pour les Rentes établies ſur les Contoirs, il n'en voudra prendre aucune connoiſſance. Ainſi le veritable interêt de la République de Hollande eſt de rendre tout ce qu'elle a aux Etrangers, mais de ne rembourſer jamais ſes propres Sujets. Car en les rembourſant elle les ruïnernoit & leur ôteroit le moyen de payer les Impôts qui ſoûtiennent l'Etat. Et elle perdroit le frein par lequel elle les retient dans l'obeïſſance & dans la ſoumiſſion.

Ce moyen eſt donc bon & légitime dans les Etats libres & dans les Païs où les Peuples ſe gouvernent par eux-mêmes. C'eſt un lien qui les unit au Corps de l'Etat. Mais il eſt pernicieux dans les Païs de Gouvernement Monarchique : Car il eſt impoſſible qu'une Monarchie ne dégenere incontinent en Tyrannie, quand le Monarque tient en ſa main tout le Bien des Particuliers. Auſſi eſt-ce trés-aſſurement l'une des choſes qui mettent le plus à couvert la Puiſſance Deſpotique de la Cour de France. Car il n'y a point de Particulier intereſſé dans les Rentes que paye le Roy,

I 3

qui

qui ne puisse penser, *si nous remüons pour réformer l'Etat, le Gouvernement changera; & si le Gouvernement change, le nouveau Gouvernement ne se croira pas obligé de payer les rentes qui ont été créées par le desordre du Gouvernement precedent.* Mais c'est une difficulté, à laquelle on peut tres-bien répondre, & nous ferons voir dans la suite qu'il seroit tres-facile de ramener la Monarchie à ses anciennes Loix, sans rien faire perdre aux particuliers.

Le sixiéme appuy de la Tyrannie & de la Puissance Despotique, c'est de rendre la subsistence de tout ce qu'il y a de Grands & d'Importants dans le Royaume dépendante de la Cour. Il n'y a Etat, ni Royaume dans l'Europe, où les choses aillent à cet égard comme elles vont en France. Par tout les Grands du Royaume vivent de leurs fonds & de leurs revenus, & ne s'attendent point aux pensions & aux bienfaits de la Cour. On sçait comme les Grands d'Espagne vivent indépendants de la Cour. Cette indépendance pourroit aller à l'excés : Car cela les porteroit à negliger les affaires de la Couronne & la gloire de l'Etat. En effet on croit que c'est delà qu'est venu le changement, qu'on croit remarquer dans ce grand & puissant Etat, qui comprend tant de Royaumes & tant de Provinces, qui possede autant de terre dans l'Europe & dans le nouveau Monde, qu'il en faudroit pour faire l'un des plus puissants Empires qu'on ait vûs. Si l'Espagne ne fait pas ce qu'elle a fait autrefois, cela vient peut-être de ce que les Grands d'Espagne ne se mettent pas assez en peine des affaires du dehors, & se contentent de vivre chez eux riches, puissans, & indépendants, sans beaucoup s'interesser à la grandeur & à la gloire de l'Etat, au moins les en accuse-t-on. Et cette reflexion, pour le remarquer en passant, doit faire comprendre que la France ne doit pas fort conter sur la pretenduë foiblesse de l'Espagne. Car quand il lui plaira elle peut devenir aussi formidable qu'elle a été autrefois. Deux ou trois Provinces que la France lui a enlevées n'ont pas diminué ses forces, & ne sont gueres de choses en comparaison des prodigieux Domaines qui luy restent. Les Grands n'ont qu'à se reveiller & incontinent le Gouvernement roulera sur un autre pied. La même observation se peut faire sur l'Angleterre. C'est que les Grands Seigneurs ne sont pour leur subsistence dans aucune dépendance de la Cour. Ils ont de grands Biens, ils vivent chez eux en petits Souverains. La Cour ne les tenant point par là, ils ne sont pas ses Esclaves, & sont toûjours en état de s'opposer à ses usurpations, sans craindre la perte des pensions. C'est toute autre chose de la France. Le Roy a trouvé moyen de rendre tout miserable, afin qu'on ne puisse vivre sans lui; & par consequent qu'on soit toûjours dans l'Esclavage. L'Angleterre pour l'étenduë n'est point comparable à la France; cependant, on y trouvera peut-être deux ou trois fois plus de grands Seigneurs, capables de se soûtenir par eux-mêmes qu'en Fran-

ce

ce. D'où peut venir cela ? Cela vient de la Politique des Rois de France, qui ruïnent toute la grande Nobleſſe, par les dépenſes prodigieuſes auxquelles ils l'obligent, tant pour paroître à la Cour , que pour la guerre. Alors quand les maiſons ſont ruïnées, le Roy leur tend la main pour les empêcher de tomber. On leur donne des penſions , on les pourvoit de charges, & de gouvernements, dont ils vivent ; mais ils vivent dans la dépendance de la Cour , il ſont ſes Eſclaves, & par conſequent ils ſont engagez à ſoûtenir la Tyrannie, & la Puiſſance Arbitraire. Car ſi cette Puiſſance étoit abâtuë , ſi le pouvoir d'exiger des ſommes prodigieuſes ſur l'Etat étoit borné , les penſions neceſſairement tomberoient. Si la grande Nobleſſe de France entendoit ſes veritables intérêts , elle vivroit dans les Provinces, les Grands s'y rendroient conſiderables par une dépenſe honnête, & par les ſervices qu'ils rendroient & la protection qu'ils fourniroient aux Peuples & aux Gentilshommes ; par ce moyen ils feroient là comme de petits Rois. Ils iroient à la Cour autant que leur devoir les y engageroit , pour rendre leurs Hommages au Roy. Mais ils ne s'amuſeroient pas à groſſir la Cour d'un Prince qui les opprime , & ne ſe ruïneroient pas pour luy faire honneur & pour bâtir la Tyrannie. Par ce moyen conſervant leurs biens & leur credit dans leurs Provinces, ils feroient toûjours en état de s'oppoſer efficacement aux entrepriſes de la Puiſſance Deſpotique & ſans bornes. C'eſt ainſi que la Nobleſſe de France vivoit autrefois, & avant le Regne des *Valois*, les Grands ne venoient à la Cour que quand on les y appelloit , & qu'on avoit affaire d'eux.

On peut conter pour un ſeptiéme moyen de conſerver la Tyrannie , ce qu'on s'eſt rendu maître de tous les emplois , & de toutes les charges ; & de ce qu'on a permis l'introduction des abus dans celles dont la Cour s'eſt en quelque façon défaiſie. Premierement les abus qui ſe ſouffrent dans la poſſeſſion & l'aliénation des charges de Juſtice eſt un grand appuy à la Tyrannie. Par exemple la venalité des charges de Juſtice dans les Tribunaux , eſt une des grandes corruptions qui puiſſent être introduites dans un Etat. Cela remplit les Siéges de mal-honnêtes gens , mal habiles, ſans connoiſſance , ſans conſcience, ſans honneur & ſans foy, Il n'y a rien plus rare qu'un homme qui a toutes les qualitez neceſſaires pour faire un bon Juge. Et ces qualitez ne ſe rencontrent pas toûjours dans le plus riche , & dans celui qui a le plus de moyen de faire de la dépenſe, & d'achêter cherement le Droit de s'aſſeoir ſur les Fleurs de Lis. Il faut donc qu'un homme ſans merite & ſans vertu rempliſſe les places , qui ne ſont duës qu'au merite , parce qu'il a de l'argent. C'eſt vendre proprement la Juſtice au plus offrant, & l'on peut être fort aſſuré que celui qui achête bien cher le Droit de la diſtribuër ne la donnera pas à bon marché. Les Cours Souveraines
ne

ne font pas exemptes de ces corruptions ; au contraire elles y font fujet-
tes plus que les Tribunaux inferieurs. Les places y font plus honorables,
on les paye bien plus cher, ainfi cela eft deftiné à ces nouveaux riches,
qui avec un fang forti de la boüe, en ont encore l'efprit , & les inclinations. Les Peres ont amaffé du bien dans des Emplois fouvent peu
honnêtes ; il faut relever la maifon, & effacer l'infamie, en s'acquerant
des places d'honneur. Ainfi un Parlement fe remplit de jeunes Gens,
fouvent fans efprit, qui n'aiment que le plaifir, le jeu, le débauche, l'oy-
fivité , qui n'ont pris des Licences & des Degrez , que par forme
& en les payant bien. Voilà les Gens de qui dépendent la vie , les
Biens , & la fortune de tout un Royaume. Dans les Tribunaux
Inferieurs le plus riche de la Ville , qui fouvent en eft le plus mal-
honnête homme, s'en fait le premier Magiftrat, en achêtant la premiere Charge ; les autres Dignitez du Barreau qui font au deffous,
fe vendent de même : & ces Meffieurs qui ont achêté ces Emplois,
n'oublient rien pour fe dédommager. Ils allongent les Procés , ils
multiplient les Formalitez ; ils fe font adjuger de groffes fommes pour
des Vacations , pour des Décentes fur les lieux , & pour cent
autres chofes. Jugez fi de telles Gens affis fur le Tribunal font fort
propres à corriger les defordres du Barreau. Des Juges qui font eux-
mêmes des Fripons, font-ils bien propres à châtier les Solliciteurs &
les Procureurs, de leurs friponneries ? Au contraire ils partagent avec
eux & les foûtiennent. De là vient que de tous les Païs du Monde , la France eft celuy où la Juftice s'adminiftre le plus mal. On le
peut dire , & fans exageration & fans exception. Souvent il faut
manger la moitié de ce qu'on prétend & de ce qu'on demande pour
avoir l'autre. Il y a des Familles ruïnées par l'injuftice des Juges ,
par la friponnerie des Gens de Barreau , & par l'iniquité des Juges
qui refufent Juftice , & qui font durer des procés plufieurs vies d'hommes. Pourvû que l'injufte Ufurpateur d'un Bien , ait de l'argent
pour payer des Gens habiles en Chicane , il eft affuré d'être quitte pour
le refte de fes jours : aprés luy fes Héritiers y aviferont. Si on juge ,
la brigue , les amis , la follicitation des Grands , & particulierement
celle des Femmes belles & galantes , décident de tout : parce que
ceux qui jugent font des ames venales, baffes corruptibles , & agitées
par des paffions impures. La Cour voit bien tous ces defordres, elle
feint même d'y vouloir remédier. Il n'y a point de Régne où l'on ne
faffe de nouveaux Codes. Mais tout cela s'en va toûjours en fumée,
& l'on a jamais aucun deffein férieux de faire finir des crimes qui
font utiles à la confervation de la Tyrannie. Car qui ne voit que par
ces defordres & ces abus de la Juftice, voici encore un grand Peuple engagé à maintenir une authorité qui tolere leurs defordres ? Ne

fçait-

fçait-on pas bien que fi les Rois n'êtoient Souverains comme ils font, & s'ils n'avoient pas fecoüé le légitime joug des Etats du Royaume les Grands & les Sages affemblez , comme on les affembloit autrefois , arrêteroient le cours de tant de maux , aboliroient la venalité des Charges , puniroient feverement les prévarications des Juges , & ne laifferoient aucun lieu à l'exercice des voleries & des friponneries des Gens du Barreau ? Ainfi l'impunité dans cet article important attache encore une infinité des Gens aux intérêts de la Cour pour la maintenir dans fes cruelles ufurpations. Car combien y a-t il de Juges , de Cours , de Procureurs , d'Avocats ? Il ne faut pas trouver étrange que les Peuples n'ofent foupirer , ayans tant de Tyrans fur la tête , qni fe tiennent par la main , & qui fe maintiennent les uns les autres.

Le mal n'eft pas moindre par les Charges dont la Cour s'eft refervée la pleine & entiere difpofition. Il eft aifé de juger qu'elle ne met dans ces emplois que des Efclaves & des ames qui luy font aveuglement attachées. Ainfi foit que la Cour donne les Charges, foit qu'elle les vende, foit qu'elle les laiffe vendre , c'eft à peu prés la même chofe. Et elle fçait fe fervir de tout utilement pour s'affermir dans la poffeffion de la Puiffance Arbitraire & fans bornes.

Mais comme fi tout cela ne fuffifoit pas , la Cour depuis quelque temps a diftribué dans les Provinces & dans toutes les Generalitez, certaines Gens auxquels elle donne le nom d'*Intendants*. Ce font des Pleniporentiaires , ce font des hommes revêtus du pouvoir de tout abâtre , & de tout mettre fur la pouffiere dans tout le Royaume. Ils s'appellent *Intendants de Juftice*, *Police & Finance*. C'eft parfaitement bien les définir. Car en effet ils embraffent & raffemblent dans leurs perfonnes toutes les affaires & toutes les Jurifdictions. On les voit tenir Séance chez eux pour juger les procés des Particuliers ; recevoir les plaintes & les griefs du premier venu , & particulierement du bas Peuple & du Payfan ; & par ce moyen ils ont abbaiffé la Nobleffe. Il eft vrai qu'ils ont reprimé les excés que les mauvais Nobles commettoient : ce n'eft pas en quoi ils ont tort. Mais fous le pretexte de remédier à quelques defordres , d'empêcher l'oppreffion , il n'y a pas de vexation qu'ils n'ayent fait & qu'ils ne faffent à la Nobleffe. Il faut que les premiers Gentilshommes de la Province rampent devant eux ; les Intendants les envoyent querir par un Laquais : quand M. l'Intendant paffe en un lieu, tout eft en mouvement , le Seigneur de la Paroiffe fe ruine à lui faire des magnifiques receptions. Et avec toutes les baffeffes qu'on peut employer , un Gentilhomme n'évite pas le malheur d'être mal-traité comme le plus miferable de tous les hommes, s'il vient à manquer le moins du monde à ce qu'on

K

appelle

appelle *son devoir*. On ruine ses Fermiers par des Impôts excessifs. On fait demeurer ses terres sans culture ; on fait venir des Lettres de Cachet pour l'arrêter, pour le releguer, ou pour le mettre en prison: Ou pour mieux dire, on manifeste une de ces Lettres de Cachet dont les Intendans ont toûjours provision, & qui sont comme des blancs-signez. Ces Gens sont encore destinez à abâtre tous les Juges & tous les Magistrats des Villes. Car non-seulement ils attirent devant eux les procés des Particuliers, mais ils interdisent & font interdire les Juges qui ne suivent pas aveuglement leurs volontez. Quand il y a des affaires importantes à juger, l'Intendant de son autorité, & en celle du Roy choisit des Présidiaux de la Generalité tels Membres que bon luy semble, il en compose un nouveau Conseil, & là on juge selon les Ordres secrets qu'on a de la Cour. Si les Jugements rendus dans les Tribunaux ordinaires ne leur plaisent pas, ils les cassent, ou du moins ils en suspendent l'effet : ils ouvrent les prisons, ils arrachent quand il leur plait les Criminels des mains de la Justice. En un mot ils ont réüni dans leurs seules Personnes toute l'autorité des Tribunaux. Enfin ils sont les Maitres absolus des Finances. Ils ont englouti toute l'autorité des Tréforiers de France qui ne sont plus aujourd'huy que de noms. Ils ont comme aboli toute la Jurisdiction des Elûs & des Elections. Ils font les Impositions, ils signent & autorisent les Roolles. Ils taxent d'office qui bon leur semble. Ils jugent des procés & des difficultez qui naissent sur la levée des Impôts : tout est de leur ressort. Cet établissement des Intendants a de beaux dehors. C'est, dit-on, pour empêcher la prévarication des Juges qui se laissent corrompre, & pour veiller sur leur conduite : c'est pour remedier à la negligence des Maires, Eschevins & autres Juges de Police qui négligent les affaires des Communautez. C'est pour empêcher l'oppression des foibles ; & réprimer la violence des Puissants. C'est enfin pour réprimer ces petits Juges des Elections qui faisoient autrefois les Souverains dans leur ressort, qui affranchissoient leurs Terres & leurs Fermiers, & ceux de leurs amis, & qui chargeoient qui bon leur sembloit. Et tout cela pretexte : car il y avoit d'autres moyens efficaces de remédier à ces desordres prétendus ou veritables. Mais il est clair que ces Intendants ont été établis & envoyez pour abâtre toutes les puissances sous celle du Roy. Sur les Frontieres ils font defesperer les Gouverneurs des Places, ils les contrequarrent, ils leur ôtent leur pouvoir, & s'erigent en Inspecteurs ou plûtost en Maistres sur eux. Et comme nous avons vû, ils ont commission d'opprimer dans les Provinces tout ce qui s'éleve un peu, & tout ce qui seroit capable de concevoir des pensées de Liberté. On ne se tient pas encore assez assuré par les mo-

yens

yens que nous avons ci-deſſus déduits, des Gouverneurs & Lieutenants de Roy des Provinces , des Juges , & de tous ceux qui ont
quelque autorité. Il a falu envoyer en chaque Generalité un homme
nourri aux pieds de la Cour, rempli de ſes maximes, comblé de ſes
bienfaits , & payé tout exprés pour exercer immédiatement la Puiſſance
Arbitraire ſur tous les Ordres du Royaume. Cet Intendant a des Gardes
comme un General d'Armée, jamais il ne marche ſans eux. Ce ſont les
Executeurs de ſes volontez. Ce ſont les inſtruments de toutes ſes violences. Et outre cela , il n'a qu'à écrire à la Cour , & on luy envoye des Compagnies & des Régiments, qui ſe mettent en Garni-
ſon dans les Villes , dans les Paroiſſes . & dans les Maiſons des Gentilshommes , pour ruiner tous ceux à qui il eſt échappé quelques ſou-
pirs tirez par la peſanteur de l'Eſclavage , & par quelque reſte de ſou-
venir de l'ancienne Liberté. C'eſt ce que j'appelle le huitiéme moyen
de ſoûtenir la Tyrannie ; & la Puiſſance Deſpotique ; & ſans doute
ce moyen eſt des plus efficaces & des mieux concertez.

Le neufviéme moyen de maintenir la Puiſſance Arbitraire & la
Tyrannie , c'eſt le Miniſtére , & la maniere dont le Roy compoſe le
Conſeil qui gouverne l'Etat , les Princes du Sang & les Grands du
Royaume ſont Conſeillers nez du Roy & de la Couronne. C'eſt à
eux à prêter leurs ſecours aux Souverains , & ils ont droit de donner
leurs avis, & de faire leurs remontrances ſur les deſordres qui ſe gliſſent
dans le Gouvernement , c'eſt d'eux dont devroient être compoſez les
Conſeils, & qui devroient poſſeder les premieres places du Miniſtere.
La Cour n'a pas garde d'en uſer ainſi. Les Grands & les Princes qui
ſentent ce qu'ils ſont veulent être écoutez, ils ne trouvent pas bon
qu'on néglige leurs avis, ils s'intereſſent aux maux de l'Etat. Ils prenent en main la cauſe du Peuple qu'on opprime , & quelquefois
quand on les pouſſe trop loin ils ſe mettent à la tête. C'eſt ce que
l'on craint ; & c'eſt ce que l'on ne veut pas à la Cour. C'eſt pourquoy
on n'admet au Gouvernement que des Gens propres à faire des Eſclaves , des hommes d'une Naiſſance au deſſous de la médiocre ; tel
eſt un Monſieur *de Louvoy*, petit fils d'un bourgeois de Paris , en ſon
temps occupant une charge de Judicature au Chaſtelet ; tel étoit un
Monſieur *Colbert* fils d'un Marchand de Rheims. On éleve ces viles
têtes au deſſus de toutes celles du Royaume; Ils régnent pendant
que les Princes du Sang plantent des Choux dans leurs maiſons de
Campagne : on comble ces indignes Miniſtres de bienfaits , on les
rend riches & puiſſants au de là de tout ce qui ſe peut imaginer,
Auſſi prennent - ils un air d'autorité qui foule aux pieds tout ce qui
paſſe devant eux. Un Monſieur *de Louvoy*, un *Seignelay* traitent tous
ceux , ſur qui leur autorité s'étend , avec une brutalité ſans pareille,

& une hauteur qu'on auroit peine à souffrir dans le Souverain luy mesme. Il est aisé de comprendre, comment de telles gens sont interessez à maintenir une Tyrannie & une Puissance Despotique dont ils sont les ouvrages, les instrumens. & les maîtres. Aussi font-ils avec une grande exactitude tout ce qu'on demande d'eux. Et il n'y a crime, oppression, violence, brûlements, massacres, exactions, ni fureurs qu'ils ne soient capables d'exercer sur les Sujets & sur les Voisins, pour ce qu'ils appellent *le service & la grandeur du Roy.* Si les choses alloient comme autrefois, & comme elles devroient aller, les Etats du Royaume feroient faire bonne Justice de ces Tyrans ; & sur la simple liste de leurs Biens immenses & de leurs Revenus prodigieux, on les traitteroit sans autre information comme des Voleurs du Bien Public, coupables du plus énorme Péculat qui se soit jamais vû. Cette Politique de la Cour de France de n'admettre au Gouvernement que des ames souples, & capables de tout faire pour établir la Tyrannie, va si loin, que l'on exclut de la connoissance & de l'administration de toute affaire, jusqu'à Monseigneur le Dauphin Héritier de la Couronne, & celui qui a plus d'interêt que personne ; à ce que les affaires soient bien administrées. On aime mieux écouter des Ministres violents jusqu'à la fureur, qui donnent dans tous les foibles du Prince, que de prendre les conseils d'un fils qui sans doute auroit horreur de la conduite que l'on tient au dedans & au dehors ; & qui tâcheroit de remettre le Roy sur des voyes de douceur, de bonne foy, de Justice & de sagesse. Outre l'injustice qu'il y a à traiter ainsi un Dauphin, qui n'a jamais fait paroître la moindre inclination à la révolte, il y a aussi de l'imprudence. C'est ainsi qu'on fait les Rois fainéants : quand un Prince né pour l'administration des affaires a été nourri jusqu'à trente ou trente cinq ans à faire son affaire de la Chasse du Loup, qui sçait, si aprés cela il pourra se résoudre à se charger du plus pesant joug qui soit au monde, qui est le Gouvernement d'un grand Etat. Aussi est-ce la vüe de ce Ministre ambitieux qui possede & qui gouverne l'esprit du Roy. Il l'entretient dans cet esprit de jalousie contre Monseigneur le Dauphin & éloigne ce Prince du Conseil Privé pour l'accoûtumer à ne rien faire, afin que changement arrivant par la mort de *Louis XIV. Louis XV.* se repose de tout sur lui, & le laisse régner sous son nom. Mais on espere qu'il sera trompé dans ses vûes, & que Dieu ne tardera pas à rompre une tête si chargée de crimes énormes. C'est donc là le neufviéme moyen dont la Cour se sert, pour maintenir la Tyrannie, sçavoir d'éloigner du Gouvernement toutes les grandes têtes qui ont interêt à la conservation des Peuples, & de n'y recevoir que des miserables qui font leur unique

in-

intérêt de la grandeur personnelle d'un Prince ambitieux & fier juſqu'à l'excés.

Mais il faut avoüer que tous ces moyens de ſoûtenir la Tyrannie
feroient encore trop foibles ſans un dixiéme : c'eſt la force , c'eſt la
violence, ce ſont les ſupplices, ce ſont les Armées , qu'on entretient
en temps de Paix plus nombreuſes , que les Rois d'autrefois n'en a-
voient en temps de Guerre. Il paroît par les mouvemens arrivez de
ce Régne en *Bretagne*, à *Bourdeaux*, dans le *Languedoc* , & en d'autres lieux , que les Peuples n'ont pas tout à fait perdu & l'amour
& le deſir de la Liberté. Mais à quoi peut ſervir cela ? Des pauvres
Gens qui ſoupirent & qui veulent faire quelque mouvement pour diminuer la peſanteur de leur joug, ſe voyent incontinent une puiſſante
Armée ſur les bras. On roüe, on pend, on exile, on relegue , on
ôte aux Villes leurs Priviléges , on interdit , on tranſporte les Parlemens. Et qui eſt-ce qui pourroit remuër, accablé de ces Armées effroyables qui couvroient la France au milieu de la Paix. Déjà la
Cour entretient 40. ou 50 mille hommes ſous le nom d'Archers de
la Gabelle , qui ſont autant de ſoldats devoüez à exercer toute ſorte
de violence par ordre du Prince. Et outre cela, on a des Troupes
reglées répanduës par tout. Un Intendant n'a qu'à donner un ſignal ,
& on luy envoye Infanterie, Cavalerie , Dragons , autant qu'il en
faudroit pour dompter un Païs Ennemi. C'eſt là le plus vif caractere
d'un Tyran qui ſe puiſſe trouver. Les bons Rois n'ont pas beſoin
d'Armées pour ſe faire obeïr , l'amitié de leurs Sujets leur ſert de
Rempart , & obtient l'obéïſſance. Autrefois nos Rois n'avoient pas
meſme des autres Gardes que les Officiers de leur Maiſon. Ces Troupes reglées & toûjours ſur pied ſont de nouvelle invention ; quelque
jour nous verrons quand a commencé cette pernicieuſe coûtume , qui
a été le plus puiſſant moyen dont les Rois de France ſe ſont ſervis
pour ſe rendre Souverains ſans bornes. Quand les Rois avoient des
Guerres , on levoit des Troupes , la Paix étant faite on les licentioit
toutes ſans rien excepter. On n'avoit pas beſoin de Troupes pour
garder des Places Frontiéres : Car comme de part ni d'autre il n'y a-
voit ſur pied aucuns Soldats, on ne pouvoit rien craindre nulle part.
Mais meſme depuis qu'on a pris la coûtume de conſerver des Corps
au milieu de la Paix , on n'en reſervoit qu'autant qu'il en faloit pour
garantir les Villes Frontieres de ſurpriſe. *Louis XIV.* eſt le premier qui
s'eſt aviſé d'avoir toûjours 150000. hommes ſur pied ; de faire des Cam-
pemens au milieu de la Paix , de vexer des Sujets par des paſſages
continuels de Gens de Guerre & par des logemens. C'eſt à la faveur
de ces Troupes qu'il a porté la Puiſſance Deſpotique plus loin que n'ont
jamais fait les Empereurs en Turquie.

K 3

Ce

Ce font là les moyens generaux : outre cela il y en a qui font particuliers au Roy , & qui lui ont beaucoup fervi à établir fa Puiffance Arbitraire. C'eft par exemple un grand air de capacité ; des manieres d'autorité & qui font trembler , & enfin une grande apparence de Pieté & de Religion. On fçait combien ces fortes de chofes impofent aux Peuples. Peut-être fe trouvera-t-il quelque jour quelqu'un qui arrachera le mafque , & qui fera voir que toutes ces grandes qualitez du Roy fe réduifent à un fouverain amour propre , à une fierté qui n'a point d'égale , à un amour extrême pour la grande réputation , à une confcience épouvantée par la grandeur de fes péchez, de fes Fornications , de fes Adulteres & de fes Violences , & qui effaye d'appaifer Dieu en gardant les dehors de la Religion , & en outrant le faux zéle. Le Roy veut paroître tout faire, fi on l'en croit , il ne fe laiffe pas gouverner. Et jamais il n'y eut au Monde Prince plus Efclave de fes Miniftres. La difference de luy & des autres Rois conduits par leurs Miniftres , c'eft que les autres fe laiffent conduire par un feul; & ci-devant le Roy en croyoit plufieurs. Il eft vrai qu'il eft auffi aujourd'huy tombé dans les mains d'un feul homme. Quand on connoîtra ce Prince dans fon interieur, on verra qu'il a merité le furnom d'Heureux plus que celui de Grand. Mais il eft bon de fe fouvenir du mot de *Solon* qui difoit , *qu'il ne faut appeller perfonne heureux avant fa mort.* Il y a aujourd'huy dans l'Europe deux Etoiles heureufes qui menacent fort celle de *Louis XIV.* Le tems nous apprendra ce qui en doit arriver.

Fin du Cinquiéme Memoire.

A AMSTERDAM.
1689.

CATALOGUE DE LIVRES NOUVEAUX.

LA Religion des Jefuites, ou Refléxions fur les Infcriptions du Pére Meneftrier, & fur les Ecrits du Pére le Tellier pour les Nouveaux Chrétiens de la Chine & des Indes, contre la 19. Obfervation de l'Efprit de M. Arnaud. Dans lefquelles on trouvera la défenfe de l'Efprit de M. Arnaud & un Jugement fur la conteftation entre l'Evêque de Malage, les Jefuites & les Auteurs de la Morale Pratique des Jefuites, au fujet des Miffionnaires des Indes. A la Haye chez Abraham Troyel 1689. 12. pagg. 214.

REGIA VIA Omnes Diffidentes in Religione Neo-Evangelicos ad Orthodoxam & falvificam Chriftianæ Fidei Veritatem perfcrutandam, inveniendam, & amplectendam Manuducens, pro majori Elucidatione fcrutinij Veritatis Fidei Divinæ propofita per J. FRANCISCUM HACKI. Societat. Jefu Theologum Anno Regnantis Viæ, Veritatis, & Vitæ. 1689. Proftant Gedani apud Ægidium Janffonium à Waesberg. 4. pagg. 216.

La France Intereffée à rétablir l'Edit de Nantes. A Amfterdam chez Henry Desbordes. 1690. 12. pagg. 263.

Les Moyens de délivrer l'Europe de l'Ufurpation de la France, & les avantages que l'Union des Princes Chrétiens a produit pour la garantir de la Domination d'un Prince Antichrétien, A la Haye chez Meynden-Uytwerf. 1689. 12. pagg. 155.

Rélation Véritable ou Journal du Siége de la Ville de Londonderry en Irlande écrit par le Sr. Walker, Miniftre de l'Eglife Anglicane, & Gouverneur de la même Ville, pour le Roy Guillaume & la Reine Marie Traduit de l'Anglois, à Amfterdam chez Paul Marret. 1689. 12. pagg. 118,

Hiftoire Critique des Verfions du Nouveau Teftament, où l'on fait connoître quel a été l'Ufage de la Lecture des Livres Sacrez dans les principales Eglifes du Monde, par Richard Simon Prêtre. A Rotterdam chez Reinier Leers. 1690. 4. pagg. 539.

La Défenfe de l'Eglife contre le Livre de Mr. Claude, Intitulé la Défenfe de la Réformation, par le R. P. d'Antecourt, Chanoine Régulier, Chancelier de l'Eglife de S. Genevieve & de l'Univerfité de Paris, à Cologne chez Pierre Marteau 1689. 12. 2, vol. pagg. 426. 370.

Remarques fur la Langue Françoife de Mr. de Vaugelas, utiles à ceux qui veulent bien parler & bien écrire. Nouvelle Edition reveuë & corrigée, avec les Notes de T. Corneille. A Amfterdam chez Pierre Mortier 1690. 12. 2. vol. pagg. 268. 355.

La Monarchie Univerfelle de Louis XIV. Traduite de l'Italien de M. LETI, Où l'on montre en quoi confifte cette Monarchie, par quels moyens

yens elle s'eſt établie, la néceſſité de la détruire ; comment elle doit
être détruite, les malheurs dans leſquels l'Europe tomberoit ſi on ne le
faiſoit au plûtôt ; les moyens dont ce Monarque ſe ſert pour ſe défendre
& pour attaquer, la diference que l'on doit mettre entre la Couronne de
France & la Monarchie de Louis XIV. & par quelles raiſons on doit
conſerver l'une & détruire l'autre, A Amſterdam chez Abraham Wolfgang. 1689. 12. 2. vol. pagg. 504. 620.

Medaille de l'Europe Tournée, c'eſt à dire Réflexions douloureuſes & la-
mentables ſur les changemens arrivez en Europe depuis que le Manifeſte
de la France a paru, par Jeremie Barberouſſe de Lunettes Piccard, à
Cologne chez Pierre Marteau. 1689. 12. pagg. 22.

Zamire, Hiſtoire Perſane. Par Mademoiſelle ***, Troiſiéme Partie, à la
Haye, chez Abraham Troyel. 1690. pagg. 96.

La Cour de France Turbaniſée & les Trahiſons démaſquées, en trois Parties. Par Mr. L. B. D. E. D. E. troiſiéme Edition, à la Haye chez Ja-
cob Van Ellinckhuyſen, 1690. 12. pagg. 220.

Hiſtoire de la Conjuration de Portugal en 1640. A Amſterdam chez Henry
Desbordes 1689. 12. pagg. 147.

Traité de la Vérité de la Religion Chrétienne, par M. Abbadie, troiſiéme
& derniére Edition, revûë, corrigée & augmentée, à Rotterdam chez
Reinier Leers. 1689. 12. 2. vol. pagg. 544. 486.

Traité de la Divinité de Nôtre Seigneur Jeſus-Chriſt, du même Auteur, à
Rotterdam, chez le même, 1690. 12. pagg. 500.

Lettres du Prince de Conti, ou l'accord du Libre-Arbitre avec la Grace de
J. C. Enſeigné par Son A. S. au P. De Champs Jeſuite, ci-devant premier
Profeſſeur en Théologie, Recteur du Collége de Paris, trois fois Pro-
vincial, & maintenant Superieur de la maiſon Profeſſe, avec pluſieurs
autres piéces ſur la même matiere, à Cologne chez Nicolas Schouten
1689. 12. pagg. 263.

Hiſtoire d'Auguſte, contenant les plus particuliers événemens de ſa Vie,
avec l'Idée génerale de ſon Siécle, & le Plan de ſa Politique & de ſon
Gouvernement, diviſée en deux parties, par M. de Larrey. A Rotterdam
chez Reinier Leers. 1690. 8. pagg. 453.

Le Maitre Italien contenant tout ce qui eſt néceſſaire pour apprendre facilement, & en peu de tems, à parler, lire & écrire en Italien, & entendre les
Auteurs, tant en proſe qu'en vers, Nouvelle & derniére Edition revûë,
corrigée, & augmentée par l'Auteur. Avec un Recueil des Inſcriptions
& de la maniére d'écrire à la fin ; de la prononciation Françoiſe pour les
Etrangers, par le Sr. Veneroni, Interpréte du Roi en la Langue Italienne,
à Amſterdam chez Pierre Brunel devant la Bourſe, 1690. pagg. 375.

Ces Livres, & pluſieurs autres Nouveaux, ſe trouvent chez ledit Brunel.

LES SOUPIRS
DE LA
FRANCE ESCLAVE,
Qui aspire aprés la Liberté.

VI. MEMOIRE.

QUE LA MONARCHIE FRAN-çoise n'a pas êté fondée sur le pied de la Puissance Arbitraire. Premiere preuve generale, la Couronne étoit Elective. Vanité de la Loy Salique.

JE PENSE avoir fait la moitié de ce que j'avois promis en commençant cet Ouvrage. J'ai promis de faire voir premierement jusqu'où va l'Oppression & la Tyrannie que la Cour de France exerce sur les Peuples de sa Dépendance ; & jusqu'où elle pousse l'usage de la Puissance Arbitraire. Je me suis engagé en second lieu à exposer à la vûë du Public tous les Moyens dont elle se sert pour établir, pour soûtenir, pour exercer & pour défendre cette Puissance Souveraine sans bornes. J'ai fait ces deux choses ; & je prés

L

tend-

tends les avoir fait sans rien outrer , & avec une si exacte verité, que je défie tous les Esclaves de la Cour, & tous les Ministres de ses Violences , de me marquer un seul Article où je puisse être accusé avec justice d'avoir avancé quelque chose de faux. Cela étant , il est clair que nous avons démontré que la Nation Françoise est aujourd'huy la plus Esclave qui soit dans l'Europe, que ses fers sont insupportables, & qu'elle ne peut être obligée à souffrir plus long-temps une Tyrannie si énorme.

Mais là-dessus, les Défenseurs de la Tyrannie , qui en vivent & qui s'en engraissent, nous disent : Hé bien, quand une partie de ce que vous dites seroit véritable , qu'y peut-on faire ? La Monarchie est ainsi fondée : on sçait bien que l'Authorité des Rois n'est pas égale par tout: l'usage & les Loix réglent cela ; de temps immémorial les Rois de France sont Maîtres chez eux : la Monarchie a été bâtie sur le fondement de la Puissance Absoluë & sans bornes : voulez-vous renverser l'ouvrage de tant de Siécles , & remettre l'Etat sur un pied sur lequel il n'a jamais été ! C'est vouloir ruïner l'Etat aussi bien que le Roy ; c'est mettre le feu dans les entrailles. Puis que les choses ont toûjours été ainsi , il faut qu'elles continuënt. Voilà ce que ces Messieurs disent de plus specieux. Mais il faut voir si cela est vray : c'est justement où nous méne nôtre dessein. Car nous nous sommes engagez pour troisiéme Article de faire voir quelle a été la vraye forme du Gouvernement sur laquelle nôtre Monarchie a été fondée , pour découvrir comment & en quel temps ces Usurpations se sont faites , & comment enfin de nos jours elles ont été portées au souverain dégré de la Tyrannie. Ce n'est pas que je m'oblige à dire là-dessus tout ce qui pourroit être dit , & tout ce qu'on pourroit tirer de l'Histoire de nos Rois, & de nos Antiquitez. Car on feroit de ce seul Chapitre un gros Livre , dont la vûë seule dégoûteroit la plûpart des Gens. Au lieu que mon dessein est de faire un Ouvrage qui invite les Lecteurs autant par sa briéveté que par l'importance de la matiére. Je ne diray donc sur un si grand sujet, que ce qui sera d'une nécessité absoluë ; mais j'en diray assez pour convaincre les plus opiniâtres , que ce qu'on avance avec tant de témérité est tout-à-fait faux ; sçavoir que nos Rois sont en possession de tout temps de cette Puissance Arbitraire , Absoluë, & sans bornes.

Le premier Moyen que je veux employer pour prouver la fausseté de cette avance , c'est que la Couronne n'a point été Successive, mais Elective ; au moins durant les deux premiéres Races, & assez avant dans la troisiéme. Si cela est ainsi, il est bien évident que la Puissance de nos Rois ne pouvoit être d'une Souveraineté sans bornes. Car jamais Nation ne s'est fait un Maître par Election, pour avoir un Tyran, & pour luy abandonner leurs Biens, leurs Fortunes & leurs Vies. On ne trouvera

point

point de Couronnes Electives, où les Princes ne foient bridez par les Loix. Le Roi de Pologne qui eft Electif, eft plûtôt un Chef de République qu'un Souverain : l'Empereur qui obtient la dignité par Election, régne fur des Princes & des Etats Libres, & à peu prés indépendants de luy. Il eft fi éloigné d'avoir fur l'Empire une Puiffance Arbitraire & fans limites, que fon Pouvoir dans la plûpart des Affaires n'eft qu'un fantôme d'authorité, qui n'a de vie qu'autant que les Armes & la force luy en donnent. Et c'eft pourquoi les Etats de l'Empire craignent fi fort la trop grande augmentation de la Maifon Dominante ; les Rois de Suede & de Danemark ne fe font rendus Maîtres que depuis qu'ils ont trouvé moyen d'amener leurs Peuples à faire la Couronne Succeffive, d'Elective qu'elle étoit auparavant. Toute Nation qui fe fait un Roy, fe conferve le Droit de le défaire, quand il va au delà des bornes de fon devoir, & quand il ruyne l'Etat au lieu de le conferver ; & cela même fait voir que les Princes Elûs ne font point & ne peuvent être Souverains d'une Puiffance Arbitraire- Car on ne pourroit jamais les dépofer aprés les avoir faits, fi on leur avoit donné en les élifant une Puiffance fans bornes. Les Allemands ont dépofé l'Empereur *Wenceflas* Predeceffeur de *Sigifmond.* L'Hiftoire de Pologne & celle de Suede eft pleine de ces exemples de dépofition des Rois. Nos Rois étoient dans la même condition : on les élifoit, & on les dépofoit quand ils ne faifoient pas leur devoir. Or c'eft ici un point d'Hiftoire important, trés-digne de la curiofité des honnêtes Gens, & peu connu de ceux qui ne fçavent que mediocrement l'Hiftoire de France. Parce que dans la premiere & dans la feconde Race auffi-bien que dans la troifiéme, on voit prefque toûjours le Trône Royal paffer de Pere en Fils, on fe perfuade que c'eft par le Droit de Succeffion. Ceux de nos François qui ont étudié l'Hiftoire de leur Pays, ne font pas dans ce fentiment. C'eft d'eux que nous apprenons ce que je m'en vais dire, car nous ne fçavons rien par revélation : & nous n'avancerons rien par conjecture. Ce feront tous faits certains, indubitables ; & en même temps décififs. Car s'il demeure conftant que durant fept ou huit cens ans on a élû & dépofé les Rois de France, il demeurera évident que la Couronne eft devenuë Succeffive par une pure ufurpation : puis qu'on ne voit aucun endroit dans nôtre Hiftoire, où la Nation ait confenti à ce changement. Par cela même il paroîtra que la Puiffance Arbitraire des Rois de France n'eft point de même âge que la Monarchie, & qu'ainfi fans violer les Loix Fondamentales, on peut & on doit renfermer l'Authorité Royale dans fes juftes bornes, en retranchant fes excés.

Pour prouver que la Monarchie Françoife a été fondée avec le Droit du Peuple d'élire fes Rois, il n'eft pas néceffaire de remonter jufqu'à la premiere origine des Francs. Tous ceux qui ont un peu étudié l'Hiftoire, fçavent ce qui s'en dit, plûtôt peut-être que ce qui en eft. Car cette origine eft fort obfcure & fort embaraffée par la diverfité des opi-

nions

nions des **Auteurs.** Il y a seulement trois ou quatre choses certaines. La 1.
que les Francs sont originaires de la Germanie, qu'on appelle aujourd'huy
l'*Allemagne*, & qu'ils sont venus d'au delà du Rhin. La seconde qu'ils
avoient donné leur nom à tout ce vaste Païs, qui est depuis l'Ocean Oc-
cidental jusqu'à la Hongrie & jusqu'à la Pologne, comme tout le
monde l'avouë, & comme le disoit Nauclerus. * *Charlemagne, dit-il,*
s'appelloit Roy des François. Ce qui valoit autant que si en l'eût appellé
Roy de la Gaule & de la Germanie. Car il est certain qu'en ce tems-là, toute
la Gaule Transalpine, & aussi la Germanie, depuis les Monts Pyrenées, juf-
qu'à la Pannonie, s'appelloit France. Celle-là, c'est à dire, la France Germa-
nique, s'appelloit France Orientale, & l'autre, c'est à dire, la France Gauloi-
se, s'appelloit France Occidentale. La troisiéme chose certaine, c'est que
bien que nous ne contions les Rois des Francs ou des François que depuis
Pharamond, cependant il y en a eu beaucoup d'autres devant. Mais pour
nôtre but, il nous suffit de commencer nos observations par où commence nôtre Histoire. Enfin la quatriéme chose certaine & indubitable,
c'est que les Rois des anciens Francs ou François se faisoient par Election. Ce n'est pas une chose qui puisse être disputée. Il suffiroit pour
le prouver d'observer que les Francs estoient des Peuples Barbares, &
une espece de *Nomades*, c'est à dire, des Peuples errants, qui passoient
de lieu en lieu pour y chercher des demeures. Or il est certain que ces
sortes de Peuples n'avoient point de Rois Successifs. Leurs Rois n'e-
stoient que des Capitaines, qu'ils élisoient pour mettre à leur tête; &
ils choisissoient toûjours le plus vaillant: auquel ils ne donnoient point
de Puissance absoluë. Au contraire ils se reservoient le Droit de le déposer, quand son âge ou ses vices le rendoient incapable du service auquel on l'avoit destiné. Le nom seul de ces Peuples est une preuve de
l'amour qu'ils avoient pour la Liberté. Car tout le monde avouë que
le mot *Franc* signifie dans leur Langue, comme il signifie encore aujourd-
huy dans la nôtre, un homme libre; & de-là est venu que nous appellons les Asyles des *Franchises*, & nous disons *affranchir*, pour signifier
mettre en liberté. Ce n'estoit donc pas seulement par rapport aux Romains, dont ils n'ont jamais voulu subir le joug, qu'ils prenoient le
nom de Francs; c'estoit par rapport à la forme de leur Gouvernement.
Ils ont toûjours eû des Rois, mais sans préjudice à leur liberté. Car
obeïr à un Roy ce n'est pas servitude, quand on se reserve le Droit de
le chasser, lors qu'il devient Vicieux, Brigand, & Bourreau. Que
Pharamond que l'on conte pour le Fondateur de la Monarchie Françoise, l'ait établie sur ces deux Loix, la premiere que le Peuple seroit Maître de l'Election de ses Rois; la seconde que l'Autorité des Rois seroit
bornée

---

* *Nauclerus Generat. 27.*

bornée selon la volonté du Peuple ; cela , dis-je , est certain & indubitable. Tous les anciens Auteurs en sont témoins. *Aimoinus* § dit *que
les Francs en imitant les autres Nations s'élurent un Roy & le mirent sur le
Trône.* Ces mots, *comme les autres Nations* sont dignes d'être observez,
car ils montrent que tous les Rois des Gaules & de Germanie se faisoient
par Election. *Hunibaldus* un Auteur trés-ancien dit pareillement, *que
l'an 405. tous les Ducs, grands Seigneurs & Nobles d'entre les Francs s'assemblerent à Neopagus pour faire l'Election d'un nouveau Roy ; & d'un commun
consentement ils choisirent pour Roy Pharamond qui étoit de la Race Royale.*
Ces derniers paroles que *Pharamond* étoit de la Race Royale , sont propres à refuter la chicane des Adulateurs de Cour, qui disent que *Pharamond* fut élu, parce qu'alors les François n'avoient pas de Rois, ni de
Famille Royale. Il paroît au contraire , qu'ils avoient des Rois, que
Pharamond étoit de la Famille de ces Rois, que s'il y eût eu un Droit
de Succession dans la Couronne des Francs , il auroit regardé *Pharamond*
à cause de sa Naissance ; & enfin que nonobstant sa Noblesse & son o-
rigine Royale, il ne fût Roy qu'en vertu de l'Election que les François
en firent.

Paroît-il quelque part que *Pharamond* ait changé cette ancienne Loy
des François, & qu'il ait ordonné , ou que ce Peuple ait consenti que la
Couronne des Francs fut desormais Successive ? Pourquoy & comment au-
roit-on porté ces Peuples Idolâtres de la liberté, & qui en avoient emprunté le nom , à se rendre Esclaves d'un seul homme & de ses Décendants ?
Mais au contraire ne paroît-il pas dans toute l'Histoire que les François se
sont conservez le Droit d'élire de la Famille Royale celuy qui leur paroisd-
soit le plus propre à les proteger & à les défendre , & à les bien gouverner ? Gregoire de Tours nous dit * *que les François ayant rejetté Chilperic,
se choisirent unanimement Eudes pour Roy.* Et dans un autre lieu il dit ,
† *que les François aprés avoir jetté les yeux sur le vieux Childebert, envoyerent
une Ambassade à Sigebert , afin qu'il vint à eux, pour être établi Roy , en la
place de Chilperic auquel ils renonçoient.* Et peu aprés il dit, *toute l'Armée
s'assembla auprés de Sigebert, & l'ayant élevé selon la coûtume sur un Bouclier, ils le firent Roy.* Le même Auteur dit encore ailleurs que *Sigebert con-
sentant à la demande des François fut mis sur le Bouclier, fut proclamé Roy, &
prit le Royaume de son frere Chilperic.* Le même *Grégoire de Tours* dit , *que
les Bourguignons, & les Austrasiens ayans fait la Paix avec les autres François
élurent Clotaire pour Roy des trois Royaumes.* Ce qui est confirmé par l'Abbé
d'Usperg en autant de mots, & il adjoute peu aprés , *que les François établirent pour eux sur le Roy Chilperic son autre frere qui regnoit déja sur l'Au-*

L 3

strasie

<hr>

§ *Aimonius lib.* I. *cap.* 4.   * *Lib.* 2. *cap.* 12.   † *lib.*
4. *cap.* 51.

strasie. Aimoin dit, *que les François prirent un certain homme du Clergé appellé* DANIEL *, auquel ils laisserent croître les cheveux, l'établirent pour Roy, & l'appellerent Chilperic.* l'Historien *Adon* ne parle point autrement, quand il rapporte de quelle maniere les Rois de France se succedoient les uns aux autres. Sur l'an 686. il dit, *que le Roy Clovis mourut, & que les François établirent pour Roy son fils Clotaire, & peu aprés, que Clotaire aprés avoir régné quatre ans mourut, & que les François élurent en sa place Theodoric son frere.* Sur l'an 669. il dit, *que les François établirent sur eux, Theodoric fils de Dagobert.* Gregoire de Tours ne parle pas non plus autrement (a) *Aprés la mort de Theodoric, dit·il, les François élurent pour Roy son fils Clovis qui étoit encor petit.* (b) Et dans la suite, il rapporte *que les François s'établirent pour Roy un certain Chilperic.* (c) *Celui·ci étant mort ils éleverent Theodoric sur le Siege du Royaume.* Enfin tous les Auteurs; & de ce tems-là , & des âges suivans ne parlent pas autrement. On peut lire *Otthon de Frisingue, Godefroy de Viterbe, Sigebert, Huldric Mutius,* & cent autres. Souffriroit-on un Historien qui diroit aujourd'hui ; aprés qu'*Henry IV.* eût été assassiné les François élurent *Louis XIII.* & aprés la mort de *Louis III.* ils s'établirent son fils *Louis XIV.* pour Roy ? Il est indubitable que ceux qui ont pouvoir d'élire , ont aussi celuy de déposer. Aussi voyons-nous que les Grands de France ont usé de ce Droit de déposer leurs Rois , quand ils se sont rendus indignes de regner. Pour être assuré de cela , il ne faut que voir le 12. Chapitre du deuxiéme livre de l'Histoire des Francs de *Gregoire de Tours :* où il rapporte la déposition de *Chilperic* pere du grand *Clovis,* l'élection de *Gilles* Capitaine Romain, & le rétablissement de *Chilperic. Chilperic ,* dit cet Historien, *se plongea dans la plus honteuse débauche , pendant qu'il étoit Roy des François , il enlevoit leurs filles pour les violer; à cause de quoy ils le mirent à bas du Trône. Et luy s'étant apperçû que non contens de cela, ils le voulurent tuer, s'enfuit en Thuringe. Aprés cela ils élurent* GILLES *Romain qui regna huit ans.* Mais parce que *Gilles* devint cruel & superbe, ils le déposerent & rapellerent *Chilperic* l'Abbe d'*Usperg* & *Sigebert* rapportent la même chose à peu prés en mémes termes, qu'ils ont tous empruntez de *Gregoire de Tours.* § *Les François se servirent du même Droit contre Theodoric douziéme Roy : il voulut s'ériger en Maître de la vie & des Biens de ses Sujets, mais les François s'éleverent contre luy , le déposerent, le raserent, & le jetterent dans un Convent, pour mettre son frere Chilperic en sa place.* Enfin les Etats du Royaume déposerent *Chilperic* le dernier du nom, & le dernier de la premiere race, & mirent *Pepin* en sa place. Aprés cela ne doit pas être le moins du monde douteux , que la Couronne de France ne fût Elective & non Successive sous la premiere Race de nos Rois. Et il est clair pareillement qu'ils n'étoient ni Maîtres absolus , ni

Sou-

(a) *Appendix lib.* 11. *cap.* 101. (b) *cap.* 106. (c) *cap.* 107. § *Aimoinus lib.*4.*cap.*44.

Souverains fans bornes , puis qu'on les dépofoit pour leurs malefices ; il ne faut point dire que c'étoit par violence , car il eſt clair qu'ils aquieſcoient à leur dépoſition & reconnoiſſoient le Droit du Peuple. *Chilperic* Pere du grand *Clovis* demeura dans le Royaume comme Particulier aprés ſa dépoſition autant qu'il le pût avec ſeureté , ce qu'il n'auroit fait s'il eût regardé ſa dépoſition comme une violence. Il ne s'enfuit en Thuringe que quand il s'apperçût qu'on en vouloit à ſa vie. Et même dans ſa retraite de Thuringe il n'implora pas le ſecours ni de ſon protecteur , ni des autres Princes ſes voiſins & amis pour être rétabli. Il attendit patiemment le retour de la bonne volonté des François, & laiſſa ſeulement un fidele ami dans le Royaume pour ménager les eſprits. En quoy cet ami réüſſit ſi bien & profita ſi heureuſement du chagrin que les François conçûrent contre *Gilles* Romain, qu'il fit rappeller ſon ami *Chilperic*. Au reſte ce n'étoit point par tendreſſe de conſcience que *Chilperic* en uſa avec tant de moderation. Car il demeura fort mal-honnête homme dans ſon exil. Il ne profita pas du châtimenr qu'il avoit reçû , & pour recompenſer le Roy de Thnringe , qui l'avoit ſi genereuſement protegé , il débaucha *Baline* ſa femme, la fit venir en France, l'épouſa , & c'eſt d'elle qu'eſt né le grand *Clovis* nôtre premier Roy Chrétien. Pour détruire ce Droit des François de pouvoir élire & dépoſer leurs Rois, il ne faut point non plus oppoſer ce qu'on voit ordinairement dans cette premiere Race de nos Rois , les fils ſucceder au Pere. Car outre que cet ordre ſouffre à tous coups des interruptions dans nôtre Hiſtoire, cela ne prouve rien du tout. Combien de temps la Famille des *Jagollons* a-t-elle regné en Pologne ? n'y a-t-il pas plus de deux cents ans que la Maiſon d'Auſtriche poſſede l'Empire de pere en fils ? eſt-ce donc que la Couronne de Pologne, & celle de l'Empire ne ſont pas Electives ? Tous les Peuples en ont toûjours uſé ainſi , quoy que Maîtres de leurs Couronnes. Quand une Famille poſſede la Dignité Royale, on ne l'en dépouille pas qu'il n'y en ait de fortes raiſons : on élit le fils en la place du pere autant qu'on le peut. Mais cela ne fait aucun préjudice au Droits du Peuple. Le grand Clovis partagea le Royaume de France à ſes quatre enfants, *Theodoric* fut Roy de Mets, *Clovis* d'Orleans, *Clotaire* de Soiſſons & *Childebert* de Paris. On regarde cela comme une preuve que les Rois de France étoient maîtres du Royaume comme de leur Domaine. Mais on ſe trompe tres-fort; car ſes partages ſe faiſoient du conſentement des Etats, & par les Etats mêmes. Les Grands du Royaume s'aſſembloient tous les ans au mois de May, comme le ſçavent les moins verſez dans nôtre Hiſtoire, & dans cette Aſſemblée on jugeoit de toutes les grandes affaires , on jugeoit le Roy même, comme nous le verrons dans la ſuite. C'eſt là qu'on aſſignoit aux enfants des Rois leur partage , qu'on établiſſoit , & qu'on dépoſoit les Rois. On le peut voir particulierement dans l'Hiſtoire de

Gre-

Gregoire de Tours Historien digne de foy sur la matiere , & parce qu'il étoit François, & parce qu'il vivoit dans les Siecles dont il nous donnoit l'Histoire. Mais peut être que les flatteurs de la Cour , & de la Puissance Arbitraire se retrancheront à dire , que ces Droits du Peuple sur les Rois pour les élire & les déposer n'ont eu de vigueur que dans la premiere Race de nos Rois. C'est ce qu'il faut voir.

Dés l'Entrée nous trouvons *Pepin* élu Roy des François aprés la déposition de *Chilperic.* Les Auteurs de delà les Monts sont ridicules, & ne meritent pas d'estre refutez, en ce qu'ils prétendent que ce fut le Pape *Zacharie* qui déposa *Chilperic,* & qui donna la Couronne à *Pepin.* Outre qu'alors il n'étoit pas encore monté dans l'esprit des Papes, qu'ils fuffent les Superieurs des Rois, pour le temporel, & qu'ils puffent ôter & donner les Couronnes à qui bon leur fembloit : outre cela dis je, les François n'avoient pas besoin d'aller à Rome pour se défaire d'un Roy Tyran, ou faineant, & pour s'en faire un autre : eux qui depuis la fondation de leur Monarchie , étoient en possession de se faire des Rois, & de les défaire, quand ils le jugeoient à propos; comme nous venons de le prouver par tant d'exemples & tant de témoignages incontestables. Mais pourquoy donc *Pepin* envoya-t-il à Rome ? Cela est affez aisé à deviner. Il étoit prudent & sage, il sçavoit que les François avoient accoûtumé de s'élire des Rois de la Famille Royale , quand ils rejettoient le plus prochain Héritier , c'étoit ordinairement pour en prendre un autre de la même Maison : Il sçavoit de plus que la Nation Françoise étoit fort legere & inconstante : caractere qu'elle conserve encore aujourd'huy. Il sçavoit enfin que les nouvelles Dominations font longtemps branlantes, devant que d'être affermies. Il voulut donc prendre toutes ses seuretez: Et il crût que c'en étoit une fort bonne de mettre dans ses interêts le Pape, parce que dés lors les Evêques de Rome, quoy qu'il se contentaffent de leur Puissance Spirituelle, se faisoient fort écouter sur les affaires temporelles. Voilà donc déja une preuve incontestable dans le premier Auteur de la seconde Race de nos Rois , que les François avoient le pouvoir de faire & de défaire leurs Maitres.

Aprés *Pepin* nous trouvons *Charlemagne ,* l'honneur & la gloire de cette seconde Race , le Fondateur de l'Empire d'Occident , qui nous fournit une preuve incontestable de la verité que nous soûtenons. Il laiffa trois Enfants, auxquelles il partagea ses vaftes Etats. Mais comment le fit-il ? Avec le consentement & sous l'authorité de ses Peuples. Ainsi le rapporte *Reginon* dans le 2. livre de sa Chronique en ces termes. *Charlemagne ayant trois enfans , voulut affurer leur fortune durant sa vie. Pour cela il fit un Arrêt de l'avis des Grands, & des Seigneurs du Royaume pour leur partager ses Etats, & les ayant divisez en trois, il en fit un Teftament qui fut confirmé par ferment par les François.* Voilà un fait bien exprés : ce font les Grands du Royaume qui font le partage avec le Roi : ce font les François qui le confirment par leur Serment.   *Eginart*, qui a écrit la vie de *Charlemagne*, dit, *que ce Prince appella auprés de luy fon fils Louïs Roy d'Aquitaine, le feul de fes fils qui luy reftoit d'Hildegarde, & qu'ayant convoqué les Principaux de tout le Royaume de France, de leur avis, il s'affocia Louïs, & partagea avec luy toute l'Autorité Royale fur tout le Royaume.*   Ce font donc les François qui choififfent leurs Rois; & ceux qui font déjà faits ne peuvent s'en affocier d'autres, que par le confentement des Peuples.   Mais fi tous ces faits n'étoient pas affez parlants, voicy une régle de Droit contre laquelle il n'y a rien à dire.   C'eft le Teftament du même *Charlemagne*, on le trouve dans *Nauclerus* & dans *Huldric Mutius*, & l'on y lit cette claufe en propres termes.   *Si l'un de mes trois fils vient à avoir un fils, que le Peuple veüille élire pour fuccéder à fon pere dans l'heritage du Royaume, nous voulons que fes Oncles y confentent, & permettent que le Fils de leur Frére régne fur la portion du Royaume échûë à fon Pere.*   Je ne fçai s'il y aura encore quelque opiniâtreté, qui puiffe tenir bon contre cette preuve.   *Charlemagne* dit expreffément que le Fils pour fuccéder au Pere doit étre élû & confirmé par le Peuple.

De *Pepin* nous fommes venus à *Charlemagne*, à caufe qu'étant de grande autorité, fes exemples & fes Loix font de fortes preuves. Mais cependant nous ne devons pas négliger, ce qui fe fit aprés la mort de *Pepin*, & avant *Charlemagne*.   Comme *Pepin* avoit été élû par les François, auffi furent élus fes Enfans.   * *Aimoin* dit expreffément, que *Pepin étant mort Charles & Carloman fes deux Fils furent créez Rois par le confentement de tous les François.*   Le terme de *Créez* eft affez fort pour étre remarqué, & l'on ne s'en fervit jamais pour exprimer une fimple cérémonie d'Onction ou d'inauguration.   Le même *Aimoin* dans un autre endroit dit encore ; *aprés la mort de Pepin, les François ayans fait une affemblée folemnelle s'établirent pour Roy fes deux Enfans à condition qu'ils partageroient tout le Royaume également.*   C'eft donc le Peuple qui non-feulement élit les Rois.   C'eft luy qui ordonne la divifion du Royaume.   Lors que *Carloman* fut mort, les Deputez de tout le Royaume fe raffemblérent, felon le même Auteur, *Charles fon frére fut établi Roy du confentement de tous les François.*   La premiere Election ne fuffifant pas, à caufe qu'elle n'avoit été faite que pour une partie, il en falut faire une feconde, pour tout le Royaume.   Voilà donc de notables preuves du Droit des Peuples dans le commencement & dans la force de cette feconde Race : en voicy qui ne font pas moins confidérables fur le déclin de cette même Race.

Louis le Begue Roy de France mourut l'an 878. & laiffa fa Femme groffe d'un Pofthume qui fut appellé *Charles le Simple* ; auquel il donna pour Tuteur *Eudes* Fils de *Robert*, Comte d'Angers.   Voilà le Royaume

yaume

* *Lib. 4. Cap. 67.*

M

yaume entre les mains d'une Femme, d'un Enfant, & d'un Tuteur ; c'é-
toit une autorité mal affermie, & peu capable de mettre l'Etat à cou-
vert des infultes des Normands qui en ce temps-là défoloient la France.
Cela obligea les Etats du Royaume à laiffer là *Charles le Simple* encore
Enfant, à luy refufer la Couronne pour la donner à *Louis* & *Carloman,*
Fils naturels de *Louis le Begue.* Ces deux Princes moururent & laifferent le Royaume à *Louis* Fils de *Carloman,* qui vécut auffi tres-peu.
De forte que voilà derechef la Couronne retombée fur un Enfant.
C'eft *Charles le Simple,* à qui on l'avoit ôtée pour la donner à fes Fre-
res Bâtards, *Charles* n'étant pas plus en état de gouverner qu'auparavant,
quoy qu'il eût quelques années de plus : & même les François ayant
réconnu qu'il avoit l'efprit foible & bas , ils le laifferent encore une
fois là, & élurent pour Roy *Eudes* Comte d'Angers fon Tuteur : quand
Charles le Simple fut arrivé à l'âge de douze ans , *Hervé* Archevêque de
Rheims forma un parti contre le Roy *Eudes,* que le Clergé & la Nobleffe avoient élu. Il confacra *Charles* à Rheims ; il y eut Guerre Civile : *Eudes* mourut peu de temps aprés ; *Charles* fut élu, & réconnu
Roy de France fans Concurrent. Ce Prince jeune, foible d'efprit, &
poffedé par un Favori nommé *Agnaon,* choqua par fa conduite tous les
Grands du Royaume : lefquels s'eftans affemblez à Soiffons chafferent
Charles, & lé réduifirent à telle extremité qu'il fut obligé de fe mettre
en retraite chez l'Archevêque de Rheims fon bon ami, & d'y vivre aux
dépens de l'Archevêque , tous fes Revenus luy eftans retranchez : &
enfin mourut en prifon. On ne croyoit pas encore en ce temps-là que
les Rois de France puffent faire tout ce que bon leur fembloit impunement contre leurs Sujets, ni qu'ils euffent le Droit de difpofer des Revenus de la Couronne , pour enrichir des Favoris. La mauvaife conduite de *Charles le Simple* obligea donc les François à le dépofer, & à
faire Roy *Robert* Comte & Gouverneur de Paris. Il fut élevé à cette
dignité par le choix de la Nobleffe & du Clergé : Aprés fa mort on
élut pour Roy de France *Raoul de Bourgogne* Gendre de *Robert.* Aprés
Raoul on élut *Louis d'Outremer ;* Aprés *Louis d'Outremer* fon Fils *Lothaire* parvint à la Couronne, mais par la même voye, qui eft celle d'Election, comme tous nos Hiftoriens en demeurent d'accord. Aprés *Lothaire* les François élurent le Fils de *Lothaire, Louis* le dernier de la feconde Race ; & enfin aprés *Louis* ils élurent *Hugues Capet* au préjudice de *Charles* Frere de *Louis,* & fecond Fils de *Lothaire,* & par confequent Legitime Heritier de la Couronne, fi elle eût été Succeffive. Remarquez premierement que voilà fept Rois confécutifs, qui obtiennent la
Couronne par voye d'Election. *Eudes* Comte d'Angers, *Robert* fon
Frere Comte de Paris, *Raoul de Bourgogne, Louis d'Outremer, Lothaire,*
le dernier *Louis* de la Race de *Pepin,* & *Hugues Capet.* Obfervez en fe-

cond

cond lieu, que quelques uns de ces Rois élus furent élevez au préju-
ce des Heritiers. *Eudes* fut élu contre *Charles le Simple* Fils de Roy;
& *Hugues Capet* contre *Charles de Lorraine* Fils de *Lothaire.* Enfin il est
à remarquer que même ceux qui estoient de la Race Royale, monte-
rent sur le Trône par Election; sçavoir, *Louis d'Outremer, Lothaire*
son Fils, & le dernier *Louis* son petit Fils. C'est une erreur sans fondement de s'imaginer, comme disent quelques uns, que les troubles,
où se trouva lors le Royaume, donnerent occasion à ces Elections. Car
il ne se peut faire qu'une Nation passe tout d'un coup d'une coûtume
à l'autre. Et l'on ne persuadera jamais à des Gens judicieux, que les
François sans aucune deliberation ayent fait passer leur Couronne de
l'état de Couronne Successive à celuy de Couronne Elective. L'on ne
croira jamais que *Louis d'Outremer, Lothaire,* & le dernier *Louis* eussent voulu recevoir la Couronne par Election, si incontestablement elle
leur eût appartenu par Droit de Succession. Aprés tant de preuves,
quel égard doit-on avoir au témoignage du Grec *Agathias,* qui dit *a*
que les Rois de France reçoivent la Couronne de pere en fils. Il n'est pas fort
étonnant qu'un Grec ait ignoré la forme du Gouvernement des François. Mais il est plus étrange que *Theodoric à Niem* ait écrit, *b* que
Charlemagne avoit ordonné que deformais les François recevroient des Rois
la Succession. Il n'est rien de plus impertinent & de plus fou que tout
ce que dit cet Auteur dans cet endroit. Il est bon de voir le passage
entier. *Parce que Charles,* dit il, *étoit Roy de France, ce Royaume luy*
étoit échû par Succession. Mais voyant qu'étant devenu Empereur par là il
dépoüilloit ses Heritiers de leur bien propre, sçavoir du Royaume de France,
il ordonna que les François auroient un Roy Successif par Droit d'Heredi-
té, qui ne reconnoîtroit point de Superieur pour le Temporel. Il y a là-dedans presqu'autant de fautes que de mots. On sçait que *Charlemagne* divisa
& partagea la France, l'Allemagne & l'Italie entre ses trois Enfants,
sous les mêmes Droits & aux mêmes conditions; sçavoir qu'ils seroient
agréez & confirmez par les Peuples. Nous avons là-dessus les paroles
de *Reginon,* & les propres termes du Testament de *Charles* luy-même.
Un homme si mal instruit ne merite donc nullement d'être crû. On nous
opposera l'authorité de *Pasquier* qui appelle *Heresie,* l'opinion de ceux
qui disent que la Couronne des François estoit Elective. Nous pouvons
répondre que *Pasquier* ne sçavoit peut-être pas tout & pouvoit n'avoir
point vû le Testament de *Charlemagne,* ou n'y avoir pas fait attention.
Ou plûtôt nous répondrons que *Pasquier* estoit partial, grand Ennemi
de la Ligue & des Ligueurs; dont c'estoit le grand principe: que
quand le *Bearnois,* ainsi appelloient-ils *Henry,* eut été Legitime Heri-

M 2

tier

a *Lib.*1.   b *In Libro, nemus unionis tract.* 6.

tier , il étoit pourtant au pouvoir des Etats de l'exclure & de choisir un autre Roy , parce que la Couronne de France est originellement Elective , & n'est devenuë Successive que par usurpation. Aussi *Pasquier* se contredit-il manifestement. Car au même lieu, où il nous dit que c'est une heresie de croire la Couronne de France Elective , il nous conte sept Rois élus les uns aprés les autres , & il nous apprend de quelle maniere *Hugues Capet* & ses Décendants usurperent le Droit de Succession , & firent éclipser insensiblement celuy d'Election. C'est que *Hugues Capet* durant sa vie fit sacrer & couronner son Fils *Robert* du consentement des Etats du Royaume. *Robert* en usa de même à l'égard de *Henry* son Fils; *Henry* fit aussi élire & consacrer son Fils *Philippes I.* Les François trouvans un Roy tout fait aprés la mort du precedent , n'étoient plus en Droit d'en élire un nouveau. *Philippe I.* crut que le Peuple & les Grands du Royaume avoient oublié leurs Droits, & qu'une possession de quatre Generations suffisoit pour affermir ce Droit de Succession. Dans cette pensée il negligea de faire couronner son Fils *Louis le Gros* Ce qui pensa faire exclurre ce Prince. Car l'Archevéque de Rheims & plusieurs Grands du Royaume s'opposerent à son installation. Il surmonta ces difficultez , mais il se donna bien de garde de faire la faute qu'avoit fait son Pere. Car durant sa vie il fit sacrer son fils *Louis le Jeune* ; (a) & *Louis le Jeune* fit sacrer son fils *Philippe Auguste. Ces sages resignations admises dés le temps des peres , firent oublier les Elections.* Ce sont les propres paroles de *Pasquier.* C'est à dire que la Couronne demeura encore Elective dans la troisiéme Race durant plus de dix ou douze Generations , comme celle de l'Empire est demeurée Elective dans la Maison d'Autriche. Les Princes de cette Maison se succedent de Pere en fils, mais avec cette précaution de faire élire leurs fils de leur vivant Roy des Romains.

Le témoignage de *Pasquier* n'est donc d'aucun poids contre une verité si évidente, Aussi les Auteurs qui sont venus du depuis , & qui étoient exempts des partialitez opposées à la Ligue, ont reconnu la verité de ce que je viens de prouver. *Bernard de Girard* Seigneur du Haillan , celebre Historiographe & Historien de France parlera pour tous ; voicy comme il commence la vie de Meroüée. *Quoy qu'il en soit, aprés la mort de Clodion le Chevelu, Meroüée fut élu Roy par les François: & il faut noter que jusqu'a Hugues Capet tous les Rois de France ont été élus par les François: qui se reserverent cette puissance d'élire, bannir, & chasser leurs Rois. Et bien que les Enfants ayent succedé quelquefois à leurs Peres, & les freres à leurs freres, ce n'a pas été par Droit Hereditaire, mais par l'Election & consentement des François, qui se trouvans bien d'un Roy ont voulu en récompense des biens reçus*

de

______

(a) *Lib.* 2. *des Rechérches chap.* 2.

de luy, élire & recevoir pour Roy son Fils ou son frere. Ce qui sera vû bien am-
plement au fil de cette Histoire, encore que quelques-uns se scandalisent de ce
que nous disons, que nos premiers Rois ont été élus & électifs, comme s'ils fus-
sent nez d'eux-mêmes de la terre, sans aucune cause premiere & mouvante,
qui est l'Election que les Peuples ont faite d'eux. Et n'y a au Monde aucune
Monarchie ou Principauté Hereditaire, qui premierement n'ait été Elective,
parce que les Peuples sont devant les Monarques, & les ont faits, choisis, &
élus; & en aprés ont rendu leurs Etats Hereditaires, ou l'ont souffert par la
puissance des Princes élus.

Il n'est rien plus certain que le fait qui est ici exposé sur l'ancienne
forme de la Monarchie Françoise, & rien plus judicieux que la reflexion
qu'adjoûte *Du Haillan* là dessus, touchant l'origine des Principautez Hereditaires. Mais si cela est ainsi, que deviendra cette fameuse Loy Salique
qui fut faite, dit-on par *Pharamond* pour regler les successions à la Couronne, & qui ordonna qu'elle iroit toûjours de mâle en mâle à l'exclusion
des femmes ? Nous dirons que cette Loy Salique est une des grandes
chimeres que l'Histoire ait jamais forgées, & la plus grande illusion que
la chicane ait inventée dans les procés. Ce n'est point icy le lieu de disputer de son origine, de son antiquité, & pourquoy elle est appellée *Sali-*
que. Je veux qu'elle ait tiré son nom des *Salins* anciens Peuples de Germanie, habitans au delà du Rhin, & dont *Ammian Marcellin* parle assez
souvent. Je veux qu'elle soit fort ancienne; je consents même qu'on la
regarde comme un article de l'ancien Droit des premiers Francs. Mais je
soûtiens qu'elle ne regarde en façon du monde l'heredité de la Couronne.
Il ne faut que la representer & la lire pour voir que c'est une coûtume
regardant simplement les Particuliers. La voicy en Original. *De terra*
Salica nulla portio Hereditatis transit in Mulierem. Sed ubi inter Nepotes aut
Pronepotes post longum tempus de Alode terra contentio suscitatur, non per stir-
pes, sed per capita dividatur. (Nulle portion de la Terre Salique ne doit passer
aux femmes, elle doit appartenir au Sexe Masculin. Mais quand aprés un long
tems il arrive contention touchant les Alleuds entre les petits fils & arriere-pe-
tits fils, on les doit diviser non par souches, mais par têtes:) Aprés avoir lû
cette Loy, il faut être sans esprit ou sans conscience pour soûtenir qu'elle
regarde directement la Couronne, & la succession dans la Maison Royale. 1. Premierement il est clair qu'elle a été faite uniquement pour regler
les Droits des Particuliers: car elle ne parle que d'eux, & elle ordonne
de quelle maniere on doit partager les *Alleuds* entre les Descendants, voulant que le partage se fasse par têtes & non par souches. 2. Secondement
cette Loy ne parle pas même des Fiefs, elle ne parle que des *Alleuds. Al-*
lodia, ou *Alleuds* signifient les Terres Roturieres, qui doivent Cens &
Rentes, par opposition aux Fiefs & Terres Nobles: voyez si cela n'a pas
grand

grand rapport à la Couronne de France, l'heritage le plus noble qui soit dans l'Europe. 3. Ce partage entre les petits fils & arriere-fils par têtes & non pas par souches, ne ressemble-t-il pas fort au Droit, selon lequel la Couronne de France se donne à ceux qui l'heritent ? En quel siecle a-t-on partagé le Royaume entre les petits fils & arriere-fils par têtes & non par souches ? 4. Outre cela, quand même on voudroit étendre cela jusqu'au plus nobles Fiefs & jusqu'à la Couronne même, par quelle machine y trouvera-t-on l'exclusion des femmes ? Quand la Loy dit que la femme ne doit pas entrer en partage de la Terre Salique, cela se doit entendre pendant qu'il y a des Heritiers Mâles immediats & de même proximité que les femmes. L'usage explique la Loy, selon la plûpart des coûtumes, les femmes ne partagent point avec les Mâles dans les Fiefs ou Terres Nobles. Mais si les Enfants Mâles manquent dans la famille, les Filles heritent les terres les plus nobles, & les peuvent porter en d'autres Maisons : les Femmes ne seroient donc exclues par cette Loy de la succession & du partage de la Couronne, qu'au cas qu'il y eut des enfants mâles. 5. Enfin cette Loy est surannée & il y a lieu de douter qu'elle ait jamais de lieu. Car on ne voit pas que les Filles & les Femmes ayent êté exclues de la succession dans les Terres en roture. Ce fut sous *Philippe de Valois* qu'on produisit pour la premiere fois ce beau titre dans le démêlé qu'il eut avec *Edouard III.* Roy d'Angleterre sur la succession à la Couronne de France ; mais je ne sçay à quoy pensoient ses Avocats ? Car c'est gâter une bonne cause que de la soûtenir par d'aussi méchans titres. D'où vient dira-t-on, que jamais on n'a vû Femme assise sur le Trône des François ? D'où cela vient ! nous l'avons assez découvert, & c'est une nouvelle preuve évidente que la Couronne des François êtoit Elective. Jamais Femme n'a êté choisie pour remplir un Trône Electif. Les Peuples qui se font des Rois, se les font pour tous les usages : non seulement pour le Cabinet & pour le Gouvernement ; à quoy les Femmes peuvent servir, mais principalement pour la Guerre, pour le combat & pour le Commandement ; à quoy les Femmes sont inutiles, Sous les deux premieres Races, & jusqu'à la dixiéme Géneration de la troisiéme, les Rois de France se sont faits par Election. Aprés cela les Rois ayant usurpé l'Heredité, ils ont continué l'exclusion des Femmes. Injustice qui demeure comme une marque indubitable de leur usurpation. Car cette exclusion ne venant point de la Loy Salique, comme on l'a ridiculement prétendu ; il est sensible qu'elle ne vient que de ce que leur Couronne est Elective. Tellement que pour remettre les choses dans leur ordre naturel, il faudroit que les Rois se fissent par Election, ou si la Couronne demeure Successive, que les Filles des Rois & leurs Enfans fussent admissibles à la Couronne, au défaut d'Enfants

Mâles

Mâles au même degré de proximité. Voilà la premiere preuve generale que nous avons à produire, pour prouver que la Couronne n'a pas été fondée sur le pied de la Puissance Arbitraire : y fasse des exceptions qui pourra.

Fin du Sixiéme Memoire.

A AMSTERDAM.
le 2. Janvier 1690.

CATALOGVE DE LIVRES NOVVEAVX.

LE veritable Tableau de la France attaquée par les Puissances de l'Europe sous le Régne de Louïs XIV. sa grandeur, sa diminution, ses maximes pour se soûtenir, & les présages de sa fin, à Cologne chez Pierre Marteau 1690. in 12. pag. 114.

Histoire de l'Etat present de l'Eglise Grecque, & de l'Eglise Armenienne, par Monsieur le Chevalier Ricaut, traduite de l'Anglois, par Mr. de Rosemond, à Middelbourg chez Gilles Horthemels Pere & fils 1690. in 12. pag. 444.

L'Apocalypse avec une explication par Mre. Jacques Benigne Bossuet, Evêque de Meaux, Conseiller du Roy, en ses Conseils, ci-devant Precepteur de Monseigneur le Dauphin, Premier Aumosnier de Madame la Dauphine, à la Haye chez Adrian Moetiens 1690. in 12. pag. 487.

Hieronymi Magii Anglarensis de Tintinnabulis Liber posthumus. Franciscus Sweertius cum Notis illustravit, accedit ejusdem Magii de Equuleo Liber cum Notis G. Tangemmanni, ut & Appendix Virorum Illustrium. Idem Argumentum pertractantium. Amstelædami apud Henr. Weitstenium 1690. 12. pag. 396. cum fig.

Nouveaux Elemens de Geometrie, contenant outre un ordre tout nouveau, & de nouvelles demonstrations des propositions les plus communes, de nouveaux moyens de faire voir quelles lignes sont incommensurables ; de nouvelles mesures des Angles, dont on ne s'êtoit point encore avisé, & de nouvelles manieres de trouver & de démontrer la proportion des lignes. Seconde Edition où il y a un Traité tout nouveau des proportions, & beaucoup d'autres changemens considerables, à la Haye, chez Henry van Bulderen 1690. in 12. pag. 480.

En-

Entretiens Familiers pour les Amateurs de la langue Françoife, divifez ea
deux parties, dont la premiere contient un Abregé des Régles & des Ob-
fervations de la Grammaire, & l'autre la maniére dont on fe doit gouverner parmi le beau Monde, par François de Fenne. A Leyde chez Corneille Boutefteyn, 1690. 12. pag. 200.

*Schola Botanica, five Catalogus Plantarum, quas ab aliquot annis in Horto
Regio Parifienfi Studiofis indigitavit Vir Clariffimus JOSEPH PITTON
TOURNEFORT, B. M. ut & Pauli Hermanni P. P. Paradifi Batavi
Prodromus, in quo Plantæ rariores omnes, in Batavorum Hortis hactenus
cultæ, & plurimam partem à nemine antea defcriptæ recenfentur; edente in
lucem S. W. A. Amftelædami apud Henricum Wetftenium, 1680. 12.
386.*

La Fugitive Reffufcitée, nouvelle Galante & Hiftorique, 12. pag. 228.

De la Valeur, à Cologne chez Jacques le Jeune, 1689. 12. pag. 96.

L'Europe Efclave fi l'Angleterre ne rompt fes Fers, nouvelle Edition. A
Cologne chez Jean l'Ingenu, 12. pag. 72.

Memoires de la Minorité de Louis XIV. corrigez fur trois Copies differen-
tes, & augmentez de plufieurs chofes fort confidérables, qui manquent
dans les autres Editions; avec une Préface nouvelle, qui fert d'Indice &
de Sommaire. A Ville-Franche chez Jean de Paul 1690. 12. pag. 420.

Dictionaire Univerfel, contenant généralement tous les mots François, tant
vieux que modernes, & les termes des Sciences & des Arts, fçavoir la Philofophie, la Logique, la Medecine, la Jurifprudence, la Geometrie, l'Aftrono-
mie, l'Optique, l'Architecture. Plufieurs termes des rélations d'Orient
& d'Occident, &c. Avec les noms des Auteurs qui ont traitté des matiéres qui regardent les mots, expliquez par des exemples, &c. Le tout
extrait des plus excellens Auteurs anciens & modernes. Recueilly &
compilé par feu Meffire Antoine Furetiére Abbé de Chalinoy, de l'A-
cademie Françoife. A la Haye & à Rotterdam chez Arnout & Reinier Leers. A Amfterdam chez Pierre Brunel, 1690. 3. Tomes, in
Folio.

LES SOUPIRS
DE LA
FRANCE ESCLAVE,
Qui aspire aprés la Liberté.

VII. MEMOIRE.

Second Moyen géneral pour prouver que la Puissance Absoluë des Rois de France est usurpée : Les Etats ont toûjours êté les principaux Depositaires de la Souveraineté, & sont Superieurs aux Rois.

ENTRE les Moyens dont on se peut servir pour ruïner les prétentions de la Cour de France au sujet de la Puissance Arbitraire, il y en a de géneraux & de particuliers. Nous avons déja employé le premier moyen géneral, en faisant voir que la Couronne de France n'est Successive que par usurpation, & qu'elle est originellement Elective : que la Loi Salique faite pour régler les Successions est une fable inventée par les Flatteurs de la Cour, & que les paroles de l'ancien Droit des Francs, que l'on employe à composer cette Loy Salique, ne signifient rien de ce qu'on leur fait dire. Voici un second moyen géneral : c'est que rien de grand & d'important ne se faisoit dans le Royaume que de l'avis & du consentement

N

des

des Etats ; de forte que le Gouvernement de France êtoit plûtôt Ariftocratique que Monarchie , ou du moins c'êtoit une Monarchie temperée par l'Ariftocratie, précifément telle qu'elle eft en Angleterre. C'eft ici que nous allons voir la forme du Gouvernement ancien de nôtre France fi different de celuy d'aujourd'huy.   Nous verrons premierement la coûtume conftante d'affembler les Etats, & enfuite nous chercherons dequoy ils connoiffoient ce qu'ils pouvoient dans toutes les grandes affaires , & comment les Rois ne pouvoient rien fans eux ; & au contraire comment ils pouvoient tout fans les Rois.

A l'égard de la premiere & de la feconde Race de nos Rois, la coûtume d'affembler les Grands & les Députez du Royaume eft fi connuë & fi confeffée, que nous n'aurions pas befoin de nous y arrêter, ni d'en apporter des preuves, n'êtoit qu'écrivant principalement pour ceux qui ne fçavent pas l'Hiftoire, il eft bon de les inftruire des faits hiftoriques qu'ils ne fçavent pas.   Il eft donc certain que fous les Rois de la premiere Race, c'êtoit la coûtume d'affembler tous les ans au mois de May tous les Grands du Royaume : *a* quand l'Affemblée êtoit formée, le Roy s'y faifoit conduire fur un *b* Char de bois traîné par des Bœufs, & conduit par un Bouvier.   Lors que le Prince êtoit arrivé au Palais, les Barons & les Grands du Royaume le prenoient & le plaçoient fur un Thrône d'Or, *c* & chacun prenoit la place qui luy appartenoit. Il ne faut pas s'imaginer que la fimplicité & la rufticité de cet Equipage fur lequel le Roy fe rendoit à l'Affemblée, doive être uniquement attribué au temps , dans lequel la magnificence de nos jours êtoit entierement inconnuë.   Il eft clair que l'on vouloit faire comprendre au Prince qu'il n'êtoit Roy que dans l'Affemblée de fes Etats.   Là il êtoit revêtu d'habits Royaux , & là il êtoit affis fur un Thrône d'Or , digne de la Majefté Royale. Mais hors de là on vouloit que le Prince fe confiderât à peu prés comme un Patticulier , & comme le premier Membre de l'Etat, qui n'avoit autre pouvoir que celuy d'executer les Ordes & les Loix que luy · même avoit faites avec fes Barons.   C'eft pourquoy en fortant de l'Affemblée il quittoit fes habits Royaux, il décendoit de deffus fon Thrône d'Or & remontoit fur fon Char à Bœufs, pour retourner en fa Maifon. En ce temps-là on ne connoiffoit point encore la maxime qui paffe pour fi conftante aujourd'huy, qu'un Roy eft Roy & Souverain par tout : auffi-bien quand il joüe aux Cartes & badine avec des Femmes, que quand il eft dans le Confeil & fur fon Lict de Juftice.   Le Sceau qu'on appelle de la Chancellerie, femble nous conferver des marques des fentiments oppofez où étoient nos Ancêtres.   Le Roy y eft reprefenté en Robe longue, la Couronne

---

a Eguinard in vita Caroli Magni.   b Nauclerus Generat. 26.   c Grande Chronique dans la vie de Charlemagne.

ronne fur la Tête, le Sceptre dans la main droite, & dans la gauche le Baton de Juftice, affis fur un Thrône & préfidant fur le Confeil du Royaume.   Cela fignifie clairement que le Roy ne doit exercer aucun acte de la Puiffance Royale que quand il eft affifté des Confeillers de fon Royaume, qui luy aident à porter le Sceptre & à gouverner l'Etat.   Le lieu de l'Affemblée n'étoit point fixe, mais il dépendoit de la volonté du Roy. *a* Le Roy D*agobert affembla les Etats dans un lieu appellé* BIGARGE, *où fe rendirent prefque tous les Grands de France au premier jour de May, & le Roy étant affis fur fon Thrône d'Or leur parla ainfi.* Charlemagne *les affem*bloit où il fe trouvoit, tantôt à Compiegne, tantoft à Noyon, tantoft à Wormes, tantoft à Aix la Chapelle, & tantoft ailleurs.   Car la couftume d'affembler les Etats & de ne rien faire fans eux, fe garda religieufement fous les Roys Carlovingiens. *Charlemagne* fi grand, fi puiffant par fes conquêtes, fi redouté par fon courage, & par confequent fi authorifé n'abufa jamais de fon pouvoir.   On peut voir dans l'Hiftoire d'*Aimoinus,* combien fouvent il affembloit les Grands de fes Etats, afin de ne rien faire que de leur avis.   *b Quand il eut achevé fa Chaffe à Aix, il revint,* dit cet Auteur, *& fit felon la coûtume l'Affemblée Generale de fon Peuple. Et* dans un autre Chapitre *c* du même Livre il dit, *que Charlemagne tint deux Affemblées Generales, l'une à Noyon, l'autre à Compiegne. d. Et qu'au mois d'Aouſt il vint à Wormes, qu'il y fit l'Affemblée Generale, & y reçût felon la coûtume, les dons annuels: & y donna audience à plufieurs Ambaffadeurs. e* Dans le Livre fuivant, il dit, *que le* 13. *de Juin il tint fes Etats à Douzi, où il reçût les prefents qu'on luy faifoit annuellement.*

Il eft bien aifé de comprendre que fi *Charlemagne* ne fe difpenfa point d'affembler fouvent les Etats, fes Succeffeurs & même fes predeceffeurs, qui eftoient beaucoup moins authorifez que luy, ne s'en difpenferent point. *Pepin* y étoit fort exact. *f* L'an 773. *il affembla les États à Nevers.* L'an 764. *il les affembla à Wormes.* L'an 766. *à Attigny; & enfuite à Orleans.* C'eft *Rheginon* qui le dit ainfi. Et fi les Etats de chaque année ne font pas marquez, ce n'eft pas qu'on ne fût regulier à les affembler tous les ans.   Mais les Hiftoriens ne font mention que de ceux dans lefquels il avoit été fait quelque chofe de memorable, ou qui avoient precedé une grande action.   Les Succeffeurs de *Charles* en uferent de même. *g Aimoinus* dit, *que Louis le Debonnaire aprés la mort de Charles, convoqua l'Affemblée generale du Peuple dans un lieu appellé* THEODUADUM. *Et fur le démêlé du Roi Louis & fon Coufin du même nom, ils affemblerent les Etats,* dit cet Hiftorien, *du confentement de leurs Confeillers.* Toute l'Hiftoire de ces Princes de la feconde Race eft pleine de ces exemples. Il n'y en

N 2

a

a Aimoinus l. 4. *cap.* 30.   *b lib.* 4. *cap.* 13.   *c cap.* 116.   *d cap.* 117.
e lib. 5. *cap.* 31.   *f Rheginon chron lib.* 2.   *g Appendix Aimon. l.* 5. *c.* 10.

a pas moins dans l'Histoire des premiers Rois de la troisiéme Race. *Hugues Capet* se fit élire par l'Assemblée des Etats du Royaume. Ce seroit une cho-se trop longue de citer toutes les Assemblées d'Etats qui se sont tenuës sous cette troisiéme Race. Il suffira d'en marquer quelques-unes des principales. L'an 1327. le Roy *Charles le Bel* étant mort sans Enfants, *Edoüard* Roy d'Angleterre né d'*Isabelle* Sœur de *Charles* pré-tendit que la Couronne luy appartenoit par Droit de Succession; *Philippe de Valois* soûtenoit au contraire qu'étant le plus prochain Prince du Sang dans la Ligne Masculine, la Couronne luy devoit revenir. L'affaire fut portée aux Etats, & selon *Claude de Seyssel* Archevêque de Marseille dans son Livre intitulé, *La Monarchie de France*, les deux Roys y assisterent & y firent plaider leur cause. *Philippe de Valois* gagna la sienne, & il fut or-donné par les Etats qu'il seroit préferé à *Edoüard*, qu'il auroit la garde de la Reyne, qui étoit demeurée grosse, & si la Reyne accouchoit d'une fille, qu'il seroit mis en possession de la Couronne. L'an 1356. le Roy *Jehan* a-yant été pris Prisonnier par les Anglois, bien qu'il y eût trois fils du Roy en état de gouverner le Royaume, ces Princes n'oserent pourtant rien en-treprendre sans l'authorité des Etats Generaux qui furent convoquez à Pa-ris l'an 1379. On assembla les Etats pour examiner le Testament de *Char-les V.* surnommé *le Sage*. Par ce Testament il avoit institué *Philippe* Duc de Bourbon Frere de sa Femme pour Tuteur de ses Enfants, & faisoit *Louis* Duc d'Anjou son Frere Administrateur du Royaume. Mais les E-tats convoquez à Paris casserent, ou du moins corrigerent le Testament de *Charles* : ordonnant que *Louis* Duc d'Anjou seroit Administrateur du Royaume. Mais on luy adjoignit certaines personnes selon les avis des-quelles il devoit gouverner. Et c'est dans ces Etats qu'il fut ordonné que les Roys seroient reputez Majeurs à quatorze ans, qu'à cet âge on les couron-neroit & qu'on leur rendroit hommage. L'an 1592. on assembla encore les Etats de tout le Royaume à l'occasion de la maladie d'esprit dans laquelle tomba *Charles VI.* premierement au Mans & ensuite à Paris. Et il y fut ordonné que les Ducs de Berri & de Bourgogne administreroient le Roy-aume pendant la maladie du Roy. L'an 1426. *Philippe* Duc de Bourgog-ne & le Duc de Glocester Ennemis declarez l'un de l'autre voulurent ter-miner leur different par le düel. Mais les Etats s'assemblerent, leur ordon-nerent de poser les armes, de renoncer aux voyes de fait, & de terminer leurs démêlez par la Justice. L'an 1478. démêlé étant né entre *Louis XI.* & *Charles* son Frere, on assembla les Etats à Tours. Et il fut ordonné parmi plusieurs autres choses que *Louis* donneroit à son Frere en titre d'A-panage quelque Duché qui vaudroit au moins douze mille livres de ren-te, & que le Roy outre cela luy fourniroit tous les ans de son épargne une pension de soixante mille livres. Aprés la mort de *Louis XI.* on assembla

bla les Etats au mesme lieu de Tours, & il y fut ordonné que Charles VIII. qui n'avoit que treize ans feroit élevé par la Princesse *Anne* Sœur du Roy, & que le Gouvernement du Royaume feroit commis à certaines personnes qui furent nommées ; quoy que *Louis* Duc d'Orleans le plus proche Parent le demandât. Environ l'an 1300. le Pape *Boniface VIII.* ayant écrit à *Philippe le Bel* une lettre insolente, les Etats furent assemblez à Paris, & de leur avis on écrivit à *Boniface* une reponce qui luy fit sentir sa folie, & combien étoient ridicules & mal fondées, les pretentions qu'il avoit sur le temporel du Royaume de France. Cet exemple pouuoit estre placé avant les Regnes de *Charles V. Charles VI. Charles VII.* & *Louis XI.* mais nous l'avons mis icy à part & hors de son rang pour le distinguer & pour faire voir que les Etats se méloient des affaites Spirituelles aussi-bien que des affaires Temporelles, puis qu'ils jugerent des pretentions des Papes sur les Rois. Le Regne de *Louis XI.* touche au Siecle precedent dans lequel on sçait que les Etats ont été souvent assemblez. Et au moins en avons nous eu un exemple dans le Siecle present par les Etats assez celebres de l'an 1616. *Louis XIV.* est le premier à qui il a plû d'en abolir l'usage & quasi la memoire. C'est un nom odieux aux Grands & à leurs Ministres. C'est pourquoy ceux qui ont si malheureusement abusé de l'Authorité du Roy dans le dernier Regne, ont aboli l'usage d'assembler les Etats Generaux du Royaume. Et par là ils ont donné le dernier coup de mort à la Liberté Françoise. C'est une des obligations que nous avons au Cardinal *de Richelieu* & au Cardinal *Mazarin*, dont *Louis XIV.* a si bien suivi les preceptes & les maximes.

Ces Assemblées Generales qu'on appelle aujourd huy les Etats s'appelloient au commencement *Placitum*. On les appelloit aussi *Curia* la Cour, & toutes les anciennes Chroniques Françoises les appellent *Parlements. Aimoinus* dit, que *Dagobert indixit Placitum in loco nuncupato Bigargio*. Et en parlant de *Charlemagne, generale Placitum idibus Juniis in villa Duziaco tenuit.* Le treisiéme de Juin il tint l'Assemblée Generale à Duzy. Ainsi les appelloit aussi Gregoire de Tours, *a Igitur* dit-il, *adveniente Placito directi sunt à Childeberto Rege, &c. sed cum ad Placitum Childebertus cum Proceribus suis convenisset. b Witichindus* en parlant de *Charles le Chauve*, dit que *Charles* voulant aller à Rome. *Compendii Placitum Generale habuit*; qu'il assembla son Parlement à Compiegne. Et qui doute que delà ne soit venuë cette superbe clause des Arrêts de nos Rois & de leurs Ordonnances ; *Car tel est nostre plaisir ?* dans les anciens temps on écrivoit les Arrêts & les Ordonnances en Latin, & même tous les Actes publics. Ce n'est que du Siecle passé que la coûtume en est abolie. On écrivoit donc en Latin *tale est Placitum nostrum.* Ce qui ne signifioit pas comme aujourd'huy telle
est

a *Lib.* 7. & *lib.* 8. b *lib.* 5. 5. *cap.* 50.

est nostre volonté, mais tel est le resultat de nostre Assemblée, ou telle est la volonté & le decret de nos Assemblées. Jamais *Placitum* ne s'est dit de la volonté d'un seul, comme nous aurons lieu de le remarquer dans la suite. C'estoit donc un terme consacré aux Arrêts qui se faisoient dans les Etats Assemblez: Ensuite les Rois l'ont employé generalement dans toutes leurs Ordonnances, & l'ont paraphrasé par ces paroles, *Nous voulons, entendons, commandons de nôtre pleine Puissance & Autorité absoluë*. Paroles odieuses & qui sentent la Tyrannie. On appelloit aussi les Etats Generaux Assemblez *Curia*, Ainsi les appelle souvent *Aimoinus, a Carolus Danorum Regis Filius Flandriæ Proceres quosdam Judicio Curiæ convenienter petebat*. Et dans le Chap. suivant. *b Defuncto Henrico Romanorum Rege in ea quæ maxima & generalis est habita Maguntiæ Curia*. Et ce nom fait bien connoître quelle étoit la Puissance de ces Assemblées Generales. Car *Curia* vient de *Cura* des Latins qui signifie, *Soin, Gouvernement & conduite*: On en donna le nom de *Curia* aux Etats assemblez, parce que le Royaume étoit conduit & gouverné par eux. Il est vray que les Parlements se sont conservé ce nom. Mais les Rois qui ont pris à eux toute l'Autorité s'en sont aussi attribué les noms par prérogative. Aujourd'huy le Roy & ses Conseils s'appellent *Curia*, la Cour par excellence.

Il est assez peu important de sçavoir comment on composoit ces Assemblées Generales du Royaume. Il semble qu'au commencement de la Monarchie, c'est à dire durant les deux premiers Races, on n'y appellât pas le Peuple; au moins ordinairement. Car les Historiens ne nous parlent en la pluspart des lieux que des Grands. *c Rheginon* dit que *Charlemagne* avisa aux moyens de conserver la Paix entre ses Enfants *cum Primoribus & Optimatibus Regni*. *Aimoinus* fait ainsi parler *Clothaire* au sujet de la Reine *Brunehault* & de ses demandes, *conventum Nobilium debere eam aggregare*; qu'elle devoit assembler les Nobles. *Gregoire de Tours* dit que *Childebert* vint *ad Placitum cum Proceribus suis*, avec les Grands. Entre ces Grands on contoit aussi les Evêques. Car *Jaquin* parlant de la Conjuration des Enfants de *Louis le Debonnaire* pour le dethrôner, dit que n'osant pas déposer le Roy sans avoir le consentement des Grands du Royaume; *Il assembla à Compiegne les Evesques & les Grands de tout le Royaume, tira son Pere de prison pour le mener là*. Mais bien qu'en plusieurs endroits de l'Histoire il ne soit parlé que des Grands, il n'y a cépendant aucun lieu de douter que le Peuple n'eût ses Députez dans ces Assemblées. Il est le plus interessé dans les grandes affaires: c'est luy qui porte le fardeau dans les grands mouvemens; il doit donc estre consulté dans les importantes resolutions. Aussi paroit-il par les anciens monuments qu'il avoit sa part au Gouvernement de l'Etat. L'Appendice de *Gregoire de Tours* dit *d* que

Clo-

---

a *Aimoin lib.* 5. *cap.* 50.   b 51.   c *Reg. l.* 2.   d *Lib.* 11. *cap.* 54.

Clothaire cum Proceribus & Leudibus Burgundiæ Trecaffinis conjungitur (Il *assembla les Grands & les Leudes,*) c'eſt à dire ceux qui poſſedoient les Biens Allodiaux oppoſez aux Biens Nobles. *Clovis II.* en parlant à l'Aſſemblée des Etats les appelloit *a Franci zenæ Cives, Citoyens de France* ; ce nom comprend tous les Habitans d'un Royaume. Le même Auteur *b* dit en parlant de *Charlemagne, publicum Populi ſui conventum in loco qui Padabruno vocatur more ſolemni habuit.* Il tint une Aſſemblée Publique de ſon Peuple, &c. Le Peuple ſignifie les Habitans du Royaume, même par oppoſition aux Grands de l'Etat. Peu aprés il dit auſſi, que *Charles* ayant trouvé ſa Femme à Wormes, *reſolut d'y faire une Aſſemblée de ſon Peuple.* *c* Il dit de même de *Loüis le Debonnaire* qu'aprés la mort de *Charles,* *il tint une Aſſemblée Generale de ſon Peuple.* Un ancien Hiſtorien rapporté par *Veneric de Vercel,* en parlant de la depoſition de *Chilperic* & de l'Election de *Pepin,* dit qu'elles ſe firent *cum conſilio & conſenſu omnium Francorum,* par le conſeil & du conſentement de tous les François. Le Peuple y eut donc ſa part. *d Aimoinus* dit que *Loüis le Debonnaire* dans les débats qu'il eut avec ſes Enfants, ordonna que ſon Peuple s'aſſembleroit à Thionville. Tous ces témoignages auxquels on en pourroit ajoûter beaucoup d'autres, font connoître manifeſtement, que le Peuple, c'eſt à dire cette partie qui eſt diſtinguée des Grands & de la Nobleſſe, compoſoit avec les Seigneurs les Aſſemblées Generales, entre les mains deſquels étoit le Souverain Pouvoir de la Monarchie, Mais il ne paroît pas que l'on puiſſe avoir le moindre ſcrupule là-deſſus, aprés ces paroles qui ſe liſent dans le Capitulaire de *Charlemagne* : *Que le Peuple ſoit conſulté ſur les chapitres qu'on ajoûtera nouvellement à la Loy : & quand tous auront conſenti, qu'ils facent les ſouſcriptions & confirmations de leur propre main dans les chapitres.* Ce paſſage prouve que le Peuple faiſoit & confirmoit les Loix, & qu'on n'en pouvoit faire ſans luy. Il étoit conſulté & on prenoit ſes avis. Or on ne le pouvoit faire que dans les Aſſemblées des Etats : il faloit donc qu'il y fût. Il ne faut donc pas douter que ceux-là ne ſe trompent qui croyent que le Peuple n'a été appellé aux Etats que vers le milieu de la ſeconde Race, quand les Impôts commencerent en France. Mais quand il ſeroit vrai qu'on n'auroit compoſé ces Compagnies Souveraines que des grands Seigneurs du Royaume, cela ſuffiroit pour nôtre but, & prouveroit ſuffiſamment que les Rois n'avoient pas de Puiſſance Abſoluë, & qu'ils dependoient de leurs Sujets.

Ce qu'il y a donc d'important dans cette affaire, c'eſt de voir juſqu'où alloit la Puiſſance des Etats, & de montrer qu'ils étoient Superieurs au Roy, qu'ils le pouvoient juger, condamner & dépoſer ; qu'ils connoiſſoient de toutes les grandes affaires, de Paix, de Guerre, de partage entre

tre

a *Aim. lib.* 4. c. 41. b *lib.* 4. c. 71. c *lib.* 5. c. 10. d *l.* 5. c. 13.

tre les Enfants des Rois, qu'ils donnoient les grandes Charges de la Couronne, que rien d'important ne se faisoit sans eux ; & que le Roy n'étoit pas Maître des résolutions pour faire ce que bon luy sembloit, après avoir oüy les avis de l'Assemblée des Etats ; comme un Souverain est maître de faire ce qu'il veut aprés avoir oüy les avis de son Conseil.

Premierement quand nous n'aurions point de preuve de fait de cette verité, la raison seule nous en persuaderoit. Si les Rois avoient été maîtres des resolutions des Etats, comme aujourd'huy nos Rois se sont rendus maîtres de celles des Parlements, ç'auroit été une folie extreme d'assembler un Peuple à grands frais de toutes les parties d'un Royaume, seulement pour les entendre & pour avoir leur avis. La sagesse & les bons conseils se trouvent rarement dans la multitude. Vingt ou trente bonnes Têtes qu'on auroit fait venir de divers côtez, en auroient autant dit que tout un Royaume assemblé, & il n'en auroit pas tant coûté. Il est évident que tout un Royaume ne s'assemble que pour regler les affaires & pour ordonner avec une authorité souveraine. Mais nous ne sçavons pas l'étenduë du pouvoir des Etats seulement par cette raison, nous la sçavons par toute nôtre Histoire. Il est vray que les Rois paroissoient dans ces Assemblées comme les Maîtres ; ils y étoit reçûs en grande ceremonie, on les revêtoit d'habits Royaux, on les asseoit sur un magnifique Thrône. Mais ils y paroissoient pourtant comme les Chefs & les Présidents d'une Assemblée, au jugement de laquelle ils étoient soûmis. Ils étoient plus qu'aucun des Membres de l'Assemblée pris en particulier, mais ils étoient moins que tous les Particuliers pris en Corps. S'ils recevoient des hommages ils en rendoient aussi. *C'étoit la coûtume des Rois des Francs,* dit *a* Sigebert, *de presider tous les mois de May sur l'Assemblée de tout la Nation, la saluër & d'en recevoir les salutations, les hommages & les presents.* Non seulement ils recevoient des salutions de leurs Peuples, mais ils luy en faisoient, comme il paroît par cet Auteur : & la chose étoit si certaine que la connoissance en étoit passée chez les Grecs. *George Cedrenus* Historien Grec de l'onziéme Siecle dit en termes encore plus forts. *Que tous les ans au mois de May le Roy de France presidoit sur toute la Nation, qu'il la saluoit & en recevoit la salution, qu'il en recevoit des presents & leur en rendoit.* Et il est à remarquer que pour exprimer ces civilitez mutuelles que le Roy & l'Assemblée des Etats se rendoient, il employe le même terme pour l'un & pour l'autre ; Προσκυνεῖν αὐτοῖς, καὶ ἀντί Προσκυνεῖσθαι ὑπ' αὐτῶν. *Il les adoroit & en étoit adoré.* C'est le terme de la plus grande soûmission, & dont les Grecs se servent aussi pour exprimer les Hommages qu'on rend à la Divinité. On doit observer de plus que non seulement les salutations étoient mutuelles, comme de pair à pair, mais aussi

les

les prefents. Car *Cedrenus* dit expreffement que fi le Roy recevoit des prefents, il en rendoit auffi. Et il ne faut pas douter que dans ces occafions les
Rois ne fiffent leurs liberalitez pour fe faire des amis & mettre leurs Sujets
dans leurs interêts par toute forte de moyens.

Nous avons cy-devant fait voir par des preuves invincibles que ces Affemblées de tout le Royaume étoient au-deffus du Roy : puis que nous
avons prouvé qu'elles avoient le pouvoir de l'élire & de le dépofer , de le faire & de le défaire. Nous avons vû les François dépofer *Chilperic premier*, & mettre en fa place *Gilles* Romain ; & enfuite
depofer ce *Gilles* pour rétablir *Chilperic*. Nous les avons vû rafer & jetter
dans un Couvent le dernier *Chilperic* pour mettre fur le Thrône *Pepin* Maître du Palais. Nous les avons vû rejerter un autre Chilperic pour donner
la Couronne à Sigebert fon frere. Nous les avons vû rejetter Charles le Simple Fils de *Louis le Begue* pour élire *Eudes* fils de *Robert* Comte d'Angers.
Nous les avons vû enfin refufer la Couronne à Charles de Lorraine Frere
de *Louis* dernier Roy de la feconde Race , pour la donner à Hugues Capet,
le Fondateur de la troifiéme Race de nos Rois. Il ne faut donc que remonter à ces exemples cy-deffus citez & rapportez pour juger ce que pouvoient les Etats. Car il faut qu'une Puiffance foit fans bornes quand elle
va à pouvoir depofer celuy qui eft le principal Depofitaire de la Souveraineté. Et il eft aifé de comprendre que ceux qui pouvoient tant fur la
perfonne & fur la dignité Royale , devoient avoir la mefme puiffance
par tout & en toutes chofes. Nous avons des exemples dans l'Hiftoire que
leur pouvoir s'étendoit mefme fur la vie des Perfonnes Sacrées & des Têtes Couronnées. Du temps de *Clothaire*, la Reine Brunehauld accufée &
convaincuë des crimes enormes fut mife entre les mains des Etats du Royaume affemblez, auxquels le Roy parla ainfi. *a* Mes chers *Compagnons*
d'Armes premiers Seigneurs de France , ordonnez à quelle peine doit être
expofée une Femme coupable de tant de crimes. Et par le jugement des Francs,
elle fut condamnée en prefence du Roy à être dechirée par des Chevaux
indomtez. En ce temps là les Rois avoient un Style fort different de celuy d'aujourd'huy. Voicy comme le Moine de St. Germain fait parler
Clothaire à l'occafion de la demande que luy faifoit *Brunehauld* ; du Royaume d'Auftrafie. *b Elle doit*, difoit-il, *convoquer l'Affemblée des Nobles*
François, & traiter des interêts communs par un avis & un confentement com-
mun. & pour moy j'obeiray en toute chofe à leur jugement , & ne m'oppoferay
point à ce qu'ils ordonneront. Greg. de *Tours* rapporte la mefme réponfe de
Clothaire à peu prés dans les mêmes termes. *c Clothaire répondit qu'il obfer-*
veroit tout ce qui feroit jugé & reglé par l'Affemblée des François. Cela eft un
peu different du *Nous voulons, Nous commandons, Nous ordonnons,* d'aujour-
d'huy.   O   *Mais*

a *Aimoinus l.4.c.1.Adv.ætat.6.* b *Aimoinus l.4.c.1.* c *Lib.11.*

Mais voyons plus distinctement & par ordre, de quoy jugeoient les Etats. Premierement ils élisoient & déposoient les Roys. C'est un article prouvé. Secondement ils confirmoient le partage des Enfans des Rois; de sorte que rien ne pouvoit être bon pour le partage de l'Etat qu'il n'eut été confirmé par les Etats. Lors que *Clovis* partagea son Royaume entre ses quatre Enfants, ce fut avec le consentement des Etats du Royaume. Quand *Charlemagne* voulut aussi faire le partage de ses Etats entre ses Fils; ce fut avec l'avis & le consentement des Grands de France & d'Allemagne. *a Rheginon dit, que Charlemagne tint une Assemblée Generale appellée Placitum avec les Principaux & les Seigneurs de France pour établir la Paix entre ses Enfants & leur partager le Royaume.* *b* Le Moine *Aimoinus* en parlant de *Charles le Chauve* dit, *qu'il tint une Assemblée Generale à Larijy, qu'il revêtit son Fils Charles d'Armes d'Homme, c'est à dire qu'il luy ceignit l'épée; il luy mit la Couronne sur la tête, & luy donna la Neustrie, & à Pepin l'Aquitaine:* L'Assemblée Generale n'avoit pas esté convoquée simplement pour être Spectatrice de l'action. On sçait qu'ils avoient dans ces occasions une pleine authorité d'approuver ou d'improuver le Choix du Roy. On se peut souvenir de l'Article du Testament de *Charlemagne* que nous avons cité dans le chapitre precedent, par lequel il paroît que le consentement de la Nation étoit d'une necessité absolue pour confirmer dans la Dignité Royale un Prince designé par son Pere. On peut voir aussi dans l'Histoire que les Enfants de *Louis le Debonnaire* partagerent les Etats de leur Pere par l'avis des Deputez de tout le Royaume assemblez dans la Ville d'Amiens. Quand il y avoit débat entre les Freres pour le partage, les Etats en jugeoient. *c Caroloman ayant assemblé les Etats à Wormes, Hugues se rendit à cette Assemblée Generale pour demander cette partie du Royaume que son Frere Louis avoit possedée par engagement.* Aprés la mort de *Charlemagne*, *d Louis le Debonnaire* eut un demêlé avec *Louis* son Cousin: Les Etats furent assemblez pour terminer leur different & en jugerent. Aprés la mort de *Charles le Bel*, *Edouard* Roy d'Angleterre pretendit être Heritier de la Couronne. *e Philippe de Valois* soûtint que la Couronne ne pouvoit être donnée à aucun Prince décendu de la Race des Roys seulement par les Femmes, parce que les Femmes sont excluses de la Succession du Royaume de France. Ce furent les Etats qui jugerent ce fameux demêlé; & même quelques Auteurs nous disent que les deux Rois y comparurent en personne. Puis que ces Assemblées jugeoient les Rois, il n'est pas étonnant qu'ils jugeassent les Grands du Royaume *f* Sous le Regne de *Clothaire* & de *Childebert*, *Boso Gunthran* fut accusé d'avoir violé les Sepulchres. Il fut cité, il s'enfuit, mais il fut condamné à perdre tous les revenus

a Lib. 2. ad annum 606. *b Lib. 5. cap. 17.* *c Aimoinus l. 5. cap. 41.* *d Idem l. 5. c. 10.* *e L'an 1328.* *f Gregoire de Tours l. 8. cap. 21.*

nus qu'il possedoit en Auvergne. Quand les Princes étrangers s'interessoient dans les affaires du Royaume, il faloit que les Etats jugeassent de leurs demandes. *a* Sur la fin de la seconde Race, *Louis IV.* fils de *Charles le Simple* ayant esté exclus de la Couronne s'étoit sauvé en Angleterre avec sa Mere. *Edmond* Roy d'Angleterre envoya en France & interceda pour le rétablissement de *Louis.* Les Etats du Royaume s'assemblerent sous la direction de *Hugues le Grand* fils de Robert Comte d'Angers, & on accorda au Roy d'Angleterre sa demande en rétablissant *Louis.*

Quand les Rois, ou à cause de leur jeunesse, ou à cause de leurs infirmitez, ou par l'absence ne pouvoient administrer eux-mêmes les affaires, c'étoient les Etats qui nommoient les Tuteurs des Rois & les Administrateurs du Royaume. *Charles le Chauve* voulant faire un voyage à Rome qui devoit être long, *Il assembla,* dit *b* Aimoinus, *les Etats Generaux à Compiegne au premier de Juin, & fit des articles pour regler comment pendant son absence son Fils Louis gouverneroit le Royaume avec les Officiers & les Grands de l'Etat.* Nous avons ci devant vû que les mêmes Etats du Royaume voyant l'incapacité de *Charles le Simple* luy donnerent *Eudes* pour Tuteur & pour Administrateur du Royaume. *Louis étant mort,* dit le continuateur *c* de l'Histoire d'Aimoinus, *Charles son Fils qui dans la suite fut surnommé* LE SIMPLE, *étoit encore au berceau quand il perdit son Pere. Et les Grands de France voyant son âge incapable de gouverner le Royaume, prirent conseil sur les affaires importantes. Et les Seigneurs François, Bourguignons & Gascons assemblez ensemble élurent Eudes pour Tuteur de Charles, & pour Administrateur du Royaume.* Lors que *Charles VI.* tomba dans une alienation d'esprit, les Etats s'assemblerent à *c* Paris; & par leur authorité il fut ordonné que les Ducs de Berrî & de Bourgogne seroient les Regents de l'Etat. Quand le Roy *Jehan* fut pris prisonnier par les Anglois dans la Bataille de Poitiers *d*, il avoit trois Fils dont l'Aîné avoit l'âge requis pour gouverner. Cependant les Etats s'assemblerent à Paris, & l'on y nomma douze personnes notables de chaque ordre pour avoir soin du Royaume avec le Fils Aîné du Roy *Jehan.* *e* En même temps on envoya une Ambassade en Angleterre pour traiter de la Paix, & de la delivrance du Roy: pour la rançon duquel on leva un Impôt sur tout le Royaume, par l'ordre des mêmes Etats.

On ne sçauroit douter que ceux qui avoient le Droit de donner des Tuteurs aux Roys & des Regents au Royaume n'eussent le Droit de Creation pour les grands Officiers, qu'on appelle *Officiers de la Couronne.* Nous en avons une notable preuve dans la vie de *Charles le Chauve,* qui devant que d'avoir eté sacré Roy, avoit donné les Gouvernements comme il luy

O 2

avoit

a *l'Auteur des Annales de Rheims sous l'an* 946. b *lib.* 5. *c.* 35. c *lib.* 5. *cap.* 42. d *l'an* 1392. e 1356.

avoit plû.   Les Grands du Royaume convoquérent une Assemblée Génerale, voulurent choisir un autre Roy, & ne voulurent jamais couronner
Charles, qu'il n'eût distribué les Charges & les Gouvernements de leur
avis & de leur consentement.   *Les Grands du Royaume,* dit * l'Historien,
indignez de ce qu'il avoit donné des Dignitez à plusieurs personnes sans leur
consentement, à cause de cela conspirerent contre lui, & s'étant assemblez à
Ville-Witmar, ils envoyerent leurs Deputez à Louis, & Louis leur envoya
les siens.* † *Rheginon* rapporte que *Charlemagne ayant assemblé les Etats à
Compiegne : il commit au Comte Robert de Paris des Grands le Duché qui est
entre la Loire & la Seine.* * Le Continuateur de *Gregoire de Tours* rapporte
que le Roy *Clotaire* ayant assemblé les Etats à Troyes, il les pressa pour qu'ils
consentissent à l'Election d'un Maire du Palais en la place de *Warnhier* qui
étoit mort depuis peu.   Mais ils n'y voulurent pas consentir, disant qu'ils
ne vouloient point remplir cette Charge.   Ce qui fait voir que cette grande
Charge ne se donnoit que par les Etats, ou du moins avec leur consentement.   Ce qui paroit encore par ce que dit le même Auteur :   § *Que le
Roi Theodoric étant mort, les François élurent Clovis son fils qui étoit encore
Enfant ; lequel étant mort peu d'années après, Childebert son Frere fut mis
sur le Thrône ; & en même tems que Childebert fut élu Roy, on élut aussi Grimoald pour Maire du Palais sur les François.* Dans toute nôtre Histoire
on voit toûjours une trés claire distinction entre les Officiers de la Maison du
Roy, & ceux de la Couronne.   Et cette distinction est encore demeurée
aujourd'hui comme un monument de l'ancienne Liberté des François.   Car
on dit, le Grand Maître d'Hôtel de la Maison du Roy, le Grand Chambellan, &c.   Mais on dit, le Connêtable de France, l'Amiral de France, le Chancelier de France.   Et ces dernieres Charges ne meurent point
avec le Roy.   Les grands Officiers de la Couronne demeurent dans leurs Dignitez quand le Roy meurt : & même on ne sçauroit leur ôter ces Charges qu'avec la vie.   Au lieu que les Charges de la Maison du Roy meurent avec le Roy & peuvent être changées par son Successeur.   Et la raison de cette difference vient de ce que ce qui est donné par un Roy peut
être ôté par un autre.   Mais les Officiers de la Couronne étant faits par
le Peuple & par le Royaume, ne pouvoient être deposez par le Roy seul.
Et il est tres-remarquable que ces Offices de la Couronne, que les Etats
du Royaume donnoient & pouvoient seuls ôter, s'étendoient à tout, à
la Guerre, à la Justice, & aux Finances.   Car les trois grands Officiers
qui sont élevez sur tous les autres dans la Guerre, dans la Justice, &
dans les Finances, portent encore aujourd'huy le surnom *de France* & non
du

* *Append. Aimo. lib. 5. cap. 36.* † *Rheginon lib. 2.* * *lib. 11. cap.*
54. § *cap. 101.*

du Roy. On ne dit pas un Connêtablée, ou un Maréchal du Roy. Mais le Connêtable, ou un Maréchal de France. C'eſt pour la Guerre. Le Chancellier eſt le Chef de la Juſtice ; mais on ne dit pas le Chancellier du Roy : on dit le Chancellier de France. Enfin le Grand Threſorier eſt pour les Finances, & l'on ne diſoit pas le Grand Threſorier du Roy, mais le Grand Threſorier de France, auquel répondoient tous ceux qui s'appellent aujourd'huy Thresoriers de France. Ce qui eſt une preuve que les Etats avoient inſpection ſur tout ce qui s'adminiſtroit dans le Royaume. En ce temps-là le Roy & l'Etat, les Officiers & les Conſeillers du Roy & ceux de la Couronne étoient ſi diſtinguez, qu'on ne vouloit point admettre les Conſeillers du Roy dans les Etats qui font le Grand Conſeil du Royaume. Il y a un peu plus de 300. ans que le Roy *Jehan* ayant été pris par les Anglois, les Etats s'aſſemblerent à Paris. Les Conſeillers du Roy y voulurent prendre place ; mais ils en furent exclus. Et on leur declara que les Etats ne s'aſſembleroient plus s'ils ne ceſſoient de s'y trouver. C'eſt ce que rapporte la grande Chronique Françoiſe dans le 2. livre.

La Puiſſance Legſliative eſt aſſurement le plus noble caractere de l'Authorité Souveraine. Or il eſt certain que c'étoient les Etats & le Peuple de France qui faiſoient les Loix. C'eſt de là qu'eſt venu l'ancien nom que portoient les Etats, *Placitum.* Car proprement ce mot ſignifie la determination de pluſieurs perſonnes ſur une matiere agitée, & ſur laquelle elles font un Arrêt, une Loy & une Deciſion. Les Arrêts du Senat Romain commençoient ainſi *Placuit Senatui.* Il a plû au Senat. Et encore aujourd'huy on opine ainſi dans les Conciles *Placet,* ou *non placet.* Je ſuis de cet avis, ou, je n'en ſuis pas. Or que les Loix du Royaume ayent été faites pas les Etats, il ne ſemble pas que cela ait beſoin de preuves. Car ces ombres d'Etats qui ont été tenus dans le ſiecle paſſé & dans celuicy, ſe font donné la liberté de faire des Loix & des Ordonnances. Nous avons vû une Ordonnance de *Charlemagne* qui eſt formelle là-deſſus : *Que le Peuple ſoit conſulté ſur les choſes qu'on ajoûte nouvellement à la Loy, & quand tous auront conſenti, que la confirmation s'nface par la ſouſcription de tous.* On lit à la fin d'une ancienne Loy : *cecy a été arrêté par le Roy, par ſes Princes & par tout le Peuple Chrétien du Royaume des Merovingiens.* Auſſi eſt-il certain qu'autrefois rien ne pouvoit paſſer pour Loy qui n'eût été confirmé par les Etats. Et tout le monde ſçait que pour corriger, augmenter ou diminuer le Droit Local, qu'on appelle *Coûtume,* il falloit aſſembler les Etats de la Province. Ainſi pour faire des Loix generales il falloit avoir le conſentement des Etats Generaux.

Enfin c'étoit aux Etats à pourvoir à tous les deſordres du Gouvernement ; ſoit que le deſordre vint du Roy ou de ſes Miniſtres. Il ne faut pas avoir la moindre ſincerité pour n'en pas tomber d'accord aprés avoir

lû

lû nôtre Histoire. Un seul exemple notable suffira pour tous : il est tiré
de la vie de *Louis XI.* l'un des plus rusés & plus cruels Princes qui ait jamais été ; mauvais Fils, mauvais Pere & mauvais Roy, comme on l'a
défini : & celuy qui a donné le coup mortel à la Liberté Françoise. Ce
Prince gouvernoit selon son esprit & selon son genie. Pour remedier aux
maux & arrêter les progrés de la Tyrannie, toute la France aspira aprés
une Assemblée d'Etats, le Roy n'avoit garde d'y donner les Mains. Ce
que les Grands du Royaume voyant, ils leverent des Troupes, & firent
contre *Louis* cette Guerre qui fut appellée *du bien commun.* Et dans cette
affaire entrerent le Duc de Charolois, le Duc de Bourbon, le Duc de
Berri Frere du Roy, les Comtes de Dunois, de Nivernois, d'Arma-
gnac, d'Albret. C'est à dire, tout ce qu'il y avoit de Grands dans le Royaume. La principale de leur demande fut que l'on convoquât l'Assemblée
des trois Etats, qui avoit toûjours été le remede à tous les maux de la
France. *Louis XI.* aprés avoir long temps refusé ce qu'on lui demandoit, l'accorda enfin, & convoqua les Etats à Tours. Dans cette Assemblée il fut arrêté qu'on éliroit trente-six Conseillers de l'Etat, par les conseils
desquels le Roy se conduiroit pour mettre fin à tous les desordres, & pour
corriger tous les abus. On choisit donc douze personnes du Clergé, douze
du Corps de la Noblesse & douze du tiers Etat. Et le Roy donna sa parole
Royale qu'il ratifieroit tout ce que ces personnes ordonneroient. Mais il ne
tint point sa parole, & à cause de cela le Royaume fut rempli de confusion.
Louis XI. ne s'avisa jamais de disputer aux Etats leurs Droits. Il ne leur dit
pas que ce n'étoit pas à eux de corriger les desordres, & qu'ils n'avoient rien
à voir sur sa conduite.

Il n'y a donc aucune partie de la Souveraineté qui ne fût autrefois entre les mains des Etats. * Le Sçavant *Budée* dans son Livre *de Asse*, assure que la puissance de hausser & de baisser les Monnoyes avoit toûjours appartenu au Peuple. § *Charles du Moulin* ce Sçavant Jurisconsulte dit qu'il
a trouvé & vû dans les Archives du Parlement & de la Chambre des
Monnoyes plusieurs Loix faites par le Peuple des François, par lesquelles
il étoit défendu de faire aucun changement dans la valeur des Monnoyes
sans le consentement du Peuple. Or il est clair que ce Droit de changer
les Monnoyes est un Droit de Souveraineté & par consequent le Peuple
qui partageoit ce Droit avec nos Rois, partageoit aussi la Souveraineté
avec eux. Il y avoit encore un Privilege notable du Peuple & des Etats.
C'est qu'on ne pouvoit lever de Tributs, ni faire aucunes impositions
sans eux. Mais comme c'est là un Chapitre important, je ne l'ay point
voulu toucher icy legerement comme les autres articles qui regardent les

Droits

a *Lib.* 3. & 5.　　　b *Molin. Commen. de contract. & usur.*

Droits des Etats & du Peuple François. Nous en parlerons plus amplement quand nous parlerons de l'origine des Tributs & de la maniere dont on les impofoit. La coûtume de lever & impofer des Tributs ordinaires eft beaucoup plus nouvelle que celle de confulter les Etats du Royaume fur toutes les affaires importantes. Elle n'a commencé que vers le milieu de la feconde Race ; c'eft pourquoy il n'étoit pas neceffaire de traiter du Droit que le Peuple a de regler les Tributs qui fe levent fur luy , dans l'endroit où l'on traitoit des Droits anciens du Peuple François.

Prefentement raffemblons tous ces articles de la Puiffance des Etats , & nous verrons comment ils s'accorderont avec cette Puiffance Abfoluë que les Rois de France exercent aujourd'huy. 1. Les Etats du Royaume élifoient les Rois & les dépofoient , par confequent ils étoient leurs Juges. 2. Ils jugeoient entre le Peuple & le Roy. 3. Ils jugeoient entre Roy & Roy , quand plufieurs afpiroient & prétendoient à la Couronne. 4. Ils jugeoient des démêlez que les Rois avoient avec leurs Vaffaux. 5. Ils donnoient des Tuteurs aux Rois , & des Regents au Royaume. 6. Ils donnoient les grandes Charges de l'Etat. 7. Ils faifoient des Ordonnances qui feules avoient force de Loy dans le Royaume. 8. Ils régloient les affaires des Monnoyes. 9. Ils ordonnoient les levées & les impofitions de Tributs. 10. Ils étoient confultez fur toutes les grandes affaires. 11. Enfin ils étoient en droit de corriger tous les defauts du Gouvernement , même ceux dont les Rois étoient Auteurs. Par tous ces articles il paroit qu'à certains égards les Etats étoient Superieurs au Roy , par exemple ; quand ils l'élifoient , le depofoient , le jugeoient , & le corrigeoient ; & que dans les autres ils partageoient toutes les parties de la Souveraineté avec le Roy. Si nous avions befoin de nouvelles preuves , le nom de *Parlement* que toutes nos vieilles Hiftoires donnent à l'Affemblée des Etats , nous en fourniroit une. C'eft le nom que les Anglois donnent à cette Affemblée qui partage la Souveraineté avec le Roy. Les Gaulois & les anciens Bretons avoient les mêmes Loix , & la même langue. Ils fe gouvernoient par Etats , donnoient même nom à leurs Affemblées : & fans doute qu'elles avoient la même authorité. Auffi eft-il certain que les Etats avoient autrefois en France le même pouvoir que les Parlements en Angleterre. Les Cours de Juftice , à qui on a tranfporté le nom de *Parlement* & une partie du Droit des Etats , s'appellent *Cours Souveraines* , nom qu'elles ont emprunté de l'Affemblée des anciens Etats qui étoit Souveraine.

Par toutes ces preuves il paroit que la *Puiffance Abfoluë* eft un monftre qui n'étoit pas même connu en France il y a quelques Siécles. Il ne faut donc plus s'étonner que les Rois de France pour fe rendre Abfolus ayent entierement fupprimé l'ufage des Etats. Au commencement on les affembloit tous les ans , fous la feconde Race *Louis le Debonnaire* ordonna qu'ils s'affemsembleroient deux fois par an.   Mais les Rois de la troisiéme Race qui ont aboli peu à peu la Liberté Françoise, ont aussi peu à peu rendu la tenüe des Etats rare, jusqu'à ce qu'enfin on a oublié ce que c'est.   Les derniers se sont tenus en 1616. sous la Minorité de *Louis XIII.*   S'il eût été Majeur il n'y auroit jamais consenti.   Et ceux qui ont gouverné sous la longue Minorité de *Louis XIV.* avoient trop d'intérêt à entretenir & augmenter la Tyrannie, pour souffrir que les Etats s'assemblassent.   Car le nom seul est la terreur des Rois & de tous ceux qui abusent sous eux de l'Authorité Royale.   Aux dix Moyens que j'ai expliquez dans la seconde Partie de cet Ouvrage, & dont j'ai dit qu'on se servoit pour maintenir la Tyrannie, on peut ajoûter celui-ci.   C'est la suppression des Etats.   Car c'est dans ces Assemblées uniquement qu'on pourroit trouver du remede à nos maux.

Fin du Septiéme Memoire.

A AMSTERDAM,
le 30. Janvier 1690.

LES SOUPIRS
DE LA
FRANCE ESCLAVE,
Qui aspire aprés la Liberté.

VIII. MEMOIRE.
Du 1. de Mars 1690.

Troisiéme moyen pour ruiner les prétentions de la Puissance Arbitraire. Histoire de l'origine du Parlement de Paris. Il fut établi pour réprésenter les Etats Generaux, & donner un frein aux entreprises de la Cour.

NOUS avons déja trouvé deux articles essentiels dans l'établissement & dans le cours de la Monarchie Françoise : la Couronne Eleftive & non Successive ; & le Souverain Pouvoir entre les mains du Peuple & des Assemblées composées de ses Députez. Ces deux articles prouvez par nôtre Histoire détruisent absolument la prétention de la Puissance Arbitraire des Rois de France d'aujourd'huy. Ce sont les deux premiers moyens generaux que nous avions à produire pour ruiner cette injuste prétention. Nous en trouverons un troisiéme dans l'histoire de l'origine & de l'authorité des Parlements. Ces

Q
Cours

Cours Souveraines qu'on appelle aujourd'huy Parlements étoient inconnuës dans les commencemens de la Monarchie, on n'en voit point de traces ni dans la premiere ni dans la seconde Race de nos Rois. C'est une invention des Rois Capevingiens, qu'ils ont heureusement avancée pour l'établissement de la tyrannie, & pour la ruïne de la Liberté des Peuples. Cette troisiéme Race de nos Rois s'est peu à peu renduë Souveraine par une politique tout à fait fine, & qui paroît fort au dessus des lumieres des siecles dans lesquels les premiers Princes de cette Race ont vêcu. Dans ce temps-là les Italiens se croyoient seuls Sçavans en Politique. Nos Ancêtres ne sçavoient pas l'art de tromper. Cependant la Cour de France a bâti sa Puissance Despotique dans les mêmes siécles de la simplicité des François, & l'a élevée avec un grand artifice, Nous avons déja vû comment *Capet* & ses Décendans par une conduite prudente & sage selon les principes des Usurpateurs trouverent moyen de rendre la Couronne Successive, d'Elective qu'elle avoit été auparavant. Nous allons voir comment ils ont peu à peu aboli les Assemblées Generales de la Nation, où residoit le Souverain Pouvoir, & leur ont substitué ces Cours qu'on appelle Souveraines ; auxquelles ils transporterent non seulement l'ancien nom des Assemblées libres de la Nation, qui est celuy de *Parlement* ; mais aussi quelques-uns de ses Privileges : ou plûtôt une image & une ombre de ces Privileges ; ombres qui pourtant faisoient peur, & qu'à cause de cela on a presque entierement éfacées dans ce dernier Regne. Quoy que les Parlements ayent été établis pour ruïner peu à peu la Liberté des François, il est pourtant certain que nous trouverons dans leur origine & dans leur Histoire une preuve incontestable que la Puissance Arbitraire est absolument opposée aux Loix de la Monarchie.

Aujourd'hui les Parlemens sont des Cours fixes, où l'on juge les Procés Civils & Criminels, & où l'on termine les differents qui divisent les Familles & les Particuliers. Mais au commencement ces Cours fixes étoient inconnuës. Ces mêmes Assemblées que nous avons appellées, *Etats*, *Placita*, *Curia*, & *Parlements* jugeoient des affaires des Particuliers aussi-bien que des affaires generales. C'êtoient des Cours de Justice, aussi-bien que des Conseils d'Etat & de Politique. Les Rois y étoient eux-mêmes assis & jugeoient en personne. Ces Etats étoient destinez principalement à recevoir les hommages des Sujets, à écouter les Ambassadeurs des Etrangers, & à rendre justice à tous ceux qui se plaignoient, ou du Gouvernement, ou des Ministres du Roy, ou des lésions qu'ils croyoient avoir reçûës de leurs Concitoyens. C'étoit comme un espece de Grands jours où ressortoient tous les Tribunaux roulants du Royaume. On les tenoit sous la premiere Race une fois tous les ans au mois de May. Dans la suitte ils s'assembloient deux fois par an & duroient jusqu'à ce que tou-

tes

tes les affaires fuſſent vuidées. *Charles Martel* qui ſe fit élire Prince des
François , & qui regna ſous ce nom ſous le Regne des derniers Rois de
la premiere Race, reçût ſa dignité de l'une de ces Aſſemblées , & fut
fort exact à ne rien faire ſans le conſeil des Etats du Royaume qui l'a-
voyent élevé à cette grandeur ? *Pepin* ſon Fils qui regna ſous le nom de
Roy & qui fit jetter *Chilperic* dans un Monaſtere, continua de ménager
les eſprits de la Nation en lui conſervant tous ſes Privileges. *Charlemagne*
Fils de *Pepin* quelque puiſſant qu'il ſe trouvât, ne fit jamais rien contre les
Droits du Peuple & n'entreprit jamais rien de grand ſans le conſulter. *Loüis*
le Debonnaire Fils de *Charlemagne* au lieu de diminuer les privileges de
ces Aſſemblées du Royaume, les augmenta, & voulut qu'elles ſe tinſſent
deux fois par an. *Charles le Chauve* ſon Succeſſeur n'en uſa pas tout à fait
de même, il fut moins exact à conſerver le Peuple dans ſes Priviléges , il
aſſembloit plus rarement le Parlement General de la Nation, & les choſes n'en allerent pas mieux ſous ſon Regne. Aprés luy les Parlements reprirent leur train ordinaire , & continuerent ainſi juſqu'à ce que peu à
peu ces Parlements Generaux devenant plus rares , on établit ſous la troiſiéme Race de nos Rois ces Cours Souveraines qu'on appelle aujourd'hui de
ce nom; ni le lieu ni le tems de la durée de ces Aſſemblées Générales n'étoient
fixes. A la fin de chaque Parlement l'Aſſemblée convenoit du lieu où elle
devoit ſe retrouver & du tems auquel on devoit faire l'ouverture d'une Aſſemblée à l'autre : ou les cauſes demeuroient en ſuſpens, ou les Rois les jugeoient
par des Commiſſaires qu'ils députoient , & quelquefois ils jugeoient eux mêmes. *Eginart* dans la vie de *Charlemagne* nous dit , que ce grand Prince qui
ne laiſſoit perdre aucun moment de ſa vie, jugeoit des Procés tout en s'habil-
lant. *Pendant qu'on le chauſſoit & qu'on l'habilloit*, dit cet Auteur, *non*
ſeulement il recevoit ſes amis , mais ſi le Comte du Palais luy faiſoit ſçavoir
qu'il y avoit quelque Procés qui ne pût être terminé ſans ſon authorité, il or-
donnoit ſur le champ qu'on fit entrer les Parties, il s'aſſeoit ſur le Tribunal,
il écoûtoit, il jugeoit & rendoit des Arrêts. On trouve encore cette Ordonnance dans ſes Capitulaires ; *que nos Envoyez façent ſçavoir aux Comtes &*
au Peuple, que nous voulons employer un jour de la Semaine à écoûter les
cauſes & à les juger. Cette coûtume n'étoit pas abolië du tems de S. *Loüis*
le neufviéme du nom qui regnoit dans le milieu du treiſiéme Siecle. * *Join-*
ville qui a écrit ſa vie , nous dit que le Roy avoit accoûtumé de commander
au Seigneur de Neilles , au Seigneur de Soiſſons & à luy , de vaquer à connoître des Cauſes qui par Appel venoient à ſa Cour. Il envoyoit querir ces
Seigneurs & s'enqueroit d'eux quelle étoit la nature de ces Procés & l'état
des Affaires. Et il arrivoit ſouvent que s'étant fait inſtruire des Procés , il
faiſoit entrer les Parties , & leur rendoit juſtice. Souvent en ſe promenant
dans le Bois de Vincennes , dit l'Autheur, il s'aſſeoit ſur un gazon au pied

* *Joinville chap. 94*   Q 2   d'un

d'un Chêne, il faisoit asseoir autour de luy ses Conseillers. Et si quelqu'un avoit quelque affaire il le faisoit appeller. Et même il crioit à haute voix que si quelqu'un vouloit avoir justice il s'approchât & exposât son Droit. Si quelqu'un se presentoit, le Roy l'écoûtoit patiemment & attentivement, & prononçoit l'Arrêt selon l'équité. *Joinville* adjoûte qu'il avoit souvent vû ce bon Roi vêtu d'une simple veste entrer dans son jardin du Fauxbourg, faire mettre une table & un tapis dessus, & commander aux Plaideurs de s'approcher pour être oüis & jugez. Ces maniéres populaires sont à la vérité bien éloignées du faste & de la pompe qui se voit aujourd'huy dans les actions & dans la conduite de nos Rois. Mais sous de tels Princes & avec de telles coûtumes les Peuples vivoient bien plus heureux ; la Justice étoit bien mieux administrée ; & les Sujets n'étoient pas consumez par cette épouvantable multitude de Juges, de Procureurs, d'Avocats, de Solliciteurs, qui raffinent aujourd'huy en chicanes, pour multiplier les Procés, pour les faire durer éternellement & pour s'attirer toute la substance des Familles.

Cette maniere de juger & de terminer les différens se continua fort avant sous la Race des Capevingiens, comme il paroît par cette Histoire de *Saint Loüis*, qui étoit le neuviéme de cette troisiéme Race de nos Rois. *Hugues Capet* fut autant exact qu'aucun de ses Prédécesseurs à tenir ces Assemblées Générales qui jugeoient généralement de tout, & des démêlez entre le Roi & le Peuple, & des différens des principaux Sujets entre eux, & de toutes les affaires de Paix & de Guerre, parce qu'il vouloit se conserver l'amitié des François dont il avoit affaire étant le premier Roi de sa Maison. Les premiers Successeurs de *Hugues* eurent le même soin de convoquer fréquemment ces Assemblées qui étoient les Dépositaires de la Justice & de la Puissance Souveraine. Mais parce que ces Assemblées Générales ne se pouvoient tenir toûjours, on en tira des Membres qui composoient un Conseil comme perpétuel : au moins étoit-il réglé & revenoit dans certains tems. Ce que nous verrons dans la suite. On composa donc un grand Conseil du Royaume tiré du Corps des Etats Généraux. Ce Sénat se convoquoit tous les ans, & dans le tems qu'il se tenoit, il marchoit toûjours à la suite du Roi. Et par ce moyen, c'étoit un frein perpétuel qui empêchoit l'Autorité Royale de s'écarter. Car les Rois n'entreprenoient rien d'important sans l'avis & le consentement de ces Assemblées racourcies qui connoissoient des affaires d'Etat, aussi-bien que de celles de Justice. Si cette institution d'un Conseil toûjours roulant avec le Roi, étoit utile pour conserver la Liberté du Peuple, elle étoit d'autre part onereuse aux Parties qui plaidoient devant ce Conseil. Il faloit que les Plaideurs se transportassent tantôt en un lieu, tantôt dans un autre, parce que ce Sénat étoit ambulant & suivoit toûjours la Cour. De plus les causes & les procés des Particuliers venant à se multiplier, ce

Par-

Parlement ambulant se trouva accablé d'affaires, & presque hors d'état de penser aux affaires d'Etat qui étoient les plus importantes. Mais si dans la forme de ce Gouvernement & cette maniere de rendre la Justice il y avoit quelque chose d'incommode pour le Peuple, il l'étoit beaucoup davantage pour le Roy, dont l'authorité étoit diminuée par ce Conseil du Royaume perpetuellement assistant. Les Rois avoient interêt de faire quatre choses : la premiere d'occuper ce Senat par des affaires particulieres, afin qu'il eût moins de loisir de s'occuper aux affaires generales, & qu'on en remit tout le soin au Roy & à ses Officiers : la seconde de le composer de gens qui fussent à sa nomination, qui tinssent leurs places & leurs dignitez du Roi, afinqu'il fût toûjours maître de leurs avis: la troisiéme de les fixer dans un seul lieu afin qu'ils ne fussent pas perpétuellement auprés du Roy pour l'éclairer : la quatriéme de diminuer leur nombre, afin qu'on eût moins de peine à les gagner, & plus de facilité à les intimider. Les Successeurs de *S. Louis* entreprirent de se mettre au large & de faire ces quatre choses. Ils en vinrent à bout : & se servirent pour cela de beaux prétextes qui paroissoient n'étre autre chose que l'interêt du Peuple. C'étoit une chose trop incommode aux Parties de suivre la Cour : donc il faloit fixer les assemblées de Justice en un certain lieu. Il étoit onéreux pour l'Etat, d'entretenir un si grand nombre de Députez à la suitte du Roy, & fâcheux aux Parties d'avoir affaire à tant de Juges. Donc il faloit réduire les Parlements à certain nombre de Présidents & de Conseillers. Il étoit incommode pour ceux qui ont des procés d'avoir un Souverain Tribunal de Justice qui ne duroit que quelques mois de l'année, & dont le temps des séances étoit incertain ; Il faloit donc faire un Parlement toûjours séant. Enfin il étoit impossible qu'une compagnie chargée de toutes les affaires de l'Etat pût vâquer à vuider les procés des Particuliers qui sont sans nombre : donc il faloit la décharger du soin du Gouvernement. Sous ces beaux prétextes, d'abord on commença à regler le nombre de ceux qui devoient composer le Parlement racourci. On le reduisit peu à peu à douze Juges, six Pairs Ecclesiastiques, & six Laïques, qui jugeoient comme Commissaires du Parlement General, & revêtus de son authorité. Ce nombre alla quelque fois jusqu'à 24. ou 26. douze Laïques & douze Ecclesiastiques. Et il est à remarquer que dans cette premiere institution ces personnes qui composoient ce Parlement & qui proprement étoient les Etats du Royaume representatifs, se prenoient des premiers du Royaume. On trouve dans un vieux registre des Chartres du Roy, une Ordonnance où sont nommez pour composer le Parlement, le Connestable, l'Archevêque de Narbonne, l'Evêque de Rennes, le Comte de Dreux, le Comte de Bológne, *Guillaume Nogaret* qui portoit le grand Sçeau & plusieurs autres, tous gens de la même volée. Ce qui fait

Q 3

voir

voir que les Parlemens devenus Tribunaux de Justice , n'étoient composez que des principaux Membres de l'Assemblée des Etats Généraux du Royaume, & jugeoient par conséquent, non seulement en l'autorité du Roi , mais comme autorisez par les Etats du Royaume. Cette vieille Ordonnance est de *Philippe le Bel* qui régnoit environ l'an 1300. & c'est le plus ancien titre que les Parlemens puissent produire de leur établissement en l'état où ils sont aujourd'hui. Car ce fut ce *Philippe le Bel* qui établit le Parlement dans Paris, & qui d'ambulatoire qu'il étoit auparavant le rendit fixe. Mais il ne le rendit pas perpétuel. Car il ordonna qu'il se tiendroit deux Parlemens par an ; l'un à Pâques & l'autre à la Toussaint, & que chacun tiendroit deux mois. A chaque ouverture de ces Parlemens, le Roi décernoit de nouvelles Lettres Patentes en forme de Commission , & nommoit de nouveaux Juges. Car ceux qui avoient été Membres du Parlement précedent n'étoient point Membres de celui qui suivoit, à moins qu'ils ne fussent nommez dans la nouvelle Commission. Ce qui fait voir encore , que ces Tribunaux conservoient la forme générale des Etats du Royaume, & n'en étoient proprement que l'abbrégé. Car les Députez aux Etats Généraux ne sont pas toûjours les mêmes : aussi ceux qui composoient l'Abbrégé des Etats changeoient souvent. Mais les Rois dans cette nouvelle institution se donnérent un grand avantage : c'est qu'au lieu que les Députez qui composent l'Assemblée Générale des Etats, y ont séance , ou par leur Naissance, ou par Députation ; les Rois s'arrogérent le pouvoir de nommer ceux qu'ils vouloient pour composer ces Etats raccourcis. Ce qui les rendoit Maîtres de ces Assemblées , n'y mettant jamais que des personnes qui étoient dans leurs intérêts & à leur dévotion. Le même Roi *Philippe le Bel* établit aussi une Chambre des Enquestes, qui n'avoit pouvoir que d'instruire les Procés, & ne jugeoit de rien qui fût important sans l'avis du Parlement qui s'appelle aujourd'hui la *Grand' Chambre.* Ces Tribunaux devenus fixes sous *Philippe le Bel ,* devinrent perpétuels sous *Charles VI.* Les Successeurs de *Philippe le Bel* y apportérent divers changemens & augmentations. *Philippe le Long* environ l'an 1319. ordonna que les Prélats seroient exclus du Parlement : les paroles de l'Ordonnance sont. *Il n'aura nuls Prélats en Parlement ; car le Roi fait conscience de eux empescher au Gouvernement de leurs Spiritualitez.* Le même Roi fit 2. Chambres des Enquêtes, au lieu que *Philippo le Bel* n'en avoit fait qu'une. Et même le nombre des Membres de ce Parlement se multiplia à tel point que *Philippe de Valois* environ l'an 1344. fut obligé d'en fixer le nombre. Car tous les Seigneurs du Royaume se servoient de leur crédit pour se faire immatriculer entre les Conseillers. Ce qui est une nouvelle preuve que les Parlemens en ce tems-là n'étoient point ce qu'ils sont aujourd'hui : & qu'ils étoient, comme je l'ai dit , le raccourci des Etats du Royaume. Autrement les Grands de l'Etat n'auroient pas regardé comme un si grand avantage d'y estre Conseillers.

Phi-

Philippe de Vallois ordonna qu'on ne donneroit des gages qu'à ceux qui seroient nommez sur la Commission Royale ; sçavoir trois Présidents &
trente Conseillers , quinze du Clergé & quinze des Laïques , & que
pour les autres qui estoient en grand nombre , ils auroient seulement
séance & entrée sans gages & sans voix. Sous le Regne de *Charles VI.*
qui fut plein de confusion à cause de la folie où tomba ce Prince ; on ou-
blia la coutume de renouveller les membres du Parlement par des Commissions qui se donnoient à chaque ouverture de ces Assemblées , de sorte
que les Conseillers qui avoient été auparavant, furent obligez de continuer, afin que le cours de la Justice ne fut pas interrompu. De là vint
que les places de Juges devinrent des Charges à vie, & cesserent d'estre
des Commissions à temps. Ce qui fut cause que les Seigneurs du Royaume, Gens d'épée, abandonnerent le Parlement. Car comme leur métier é-
toit la Guerre & le Gouvernement des Provinces , ils ne pouvoient pas
s'attacher toute leur vie à juger les Procès. Ainsi ce Tribunal fut abandonné aux Gens de Robe. Ce changement qui arriva environ l'an 1380,
ou 1390. diminua extremement l'éclat de cette Compagnie. Le temps
& la corruption y apporterent encore des changemens qui diminuerent
son crédit, Les Charges devenues à vie devinrent ensuite venales ; &
la Noblesse d'épée regarda ces emplois comme indignes d'elle. De là vient
qu'encore aujourd'huy on met une si grande difference entre la Noblesse
d'épée & celle de Robe. Au lieu qu'autrefois les Nobles d'épée composoient
le Parlement & y estoient presque les seuls , ou du moins les principaux. Il
n'est pas necessaire pour nostre but, d'entrer dans un plus grand détail de l'Histoire des changemens qui sont arrivez dans l'établissement de ces Cours
Souveraines. L'auarice des Rois en a multiplié les Charges , comme
on le voit aujourd'huy, car chaque Roy en a creé de nouvelles pour les
vendre. Nostre affaire est de faire sur l'Histoire abbregée des Parlements,
que nous venons de voir, des observations qui prouvent la Puissance du
Peuple & des Grands dans le Gouvernement contre la prétention de la Puissance Despotique.

Premierement il faut observer que ces Tribunaux qu'on nomme aujour-
d'huy Parlements , ne sont point anciens : ils ne sont point de l'âge de la
Monarchie , & n'ont pas leur institution dans ses Loix Fondamentales,
Tellement que quand on trouveroit dans l'Histoire de ces Parlements &
dans la conduite que les Rois ont tenu avec eux quelque chose d'opposé
aux Droits du Peuple & qui sentit un peu la Puissance Despotique , cela
ne feroit aucun préjudice à nos prétentions ; puis qu'il le faudroit considerer comme une usurpation & comme un abus de la Puissance Royale,
laquelle a établi ces Compagnies pour en estre la maitresse ; & pour se
défaire du joug des anciens Parlements Generaux , qui estoient leurs Sou-

ve-

verains. Le Parlement de Paris ne sçauroit trouver son origine plus haut dans nostre Histoire que sous *Philippe le Bel*, qui regnoit il y a environ 400. ans. Ce fut *Louis X.* surnommé *Hutin*, Fils de *Philippe le Bel*, qui commença le superbe bâtiment qu'on appelle à Paris le Palais de Justice, où les Cours Souveraines tiennent leurs Seances.   La forme que le Parlement a aujourd'huy & les diverses Chambres qui le composent sont encore beaucoup plus nouvelles. Et pour les autres Parlements, comme sont ceux de Dijon, de Tholouse, & les autres, ils ont des dattes beaucoup plus recentes. Ce fut *Charles VII.* qui établit un Parlement à Thoulouse. *Louis XI.* son Fils établit celui de Grenoble. *Louis XII.* en crea un dans la Ville de Bourdeaux, un autre dans la Ville d'Aix en Provence, & un à Rouen pour la Province de Normandie. Le changement qui arriva dans ces Siéges de Justice, fut qu'au lieu d'*Eschiquiers* ou *Grands Jours* qu'ils s'appelloient, ils prirent le nom de Parlements; & de Tribunaux Subalternes qu'ils estoient, ils devinrent Cours Souveraines. L'origine des Parlements estant donc si nouvelle, il ne les faut point du tout considerer comme les Dépositaires de la Liberté des Peuples François, ni croire que la Nation n'ait jamais eu d'autres Privileges que ceux qui sont attachez à ces Cours. La Liberté du Peuple commençoit déja beaucoup à diminuer quand ces Parlements ont esté établis; & ils ont beaucoup servi à augmenter l'Esclavage, tant parce qu'ils ont fait oublier les Assemblées des Etats, dans lesquels seuls reside la Puissance Souveraine de la Nation sur elle-mème, que parce qu'ils ont eu la foiblesse de ceder aux flateries ou aux menaces de la Cour pour luy abandonner les Privileges de la Nation.   Les Rois se sont attribuez un Souverain Pouvoir sur ces Compagnies, ils cassent leurs Arrêts. Ils font verifier tous leurs Edits par une pure violence. Mais au commencement il n'en étoit pas ainsi.

La seconde observation, que nous devons faire sur cette Histoire des Parlemens, c'est qu'ils ont été instituez pour être les Etats representatifs, & pour maintenir les Droits du Peuple contre les Usurpations des Rois, d'une Assemblée d'Etats à l'autre.   Les Grands & le Peuple jugerent que ces fréquentes Assemblées Génerales des Deputez de tout le Royaume, étoient onereuses à l'Etat, quand elles étoient fréquentes.   C'est pourquoy ils se laisserent persuader de tirer de leurs Corps certain nombre de Membres qui tinssent leurs Séances regulierement : & les firent Dépositaires d'une partie de leur authorité jusqu'à leur premiere Assemblée. Dans les Etats Generaux on jugeoit, comme nous avons vû, de toutes les affaires importantes des Particuliers & de leurs Procés; il eut été trop embarassant de faire juger ces affaires particulieres par toute l'Assemblée Générale.   On choisissoit donc du Corps de l'Assemblée 12 Membres des Principaux, 6 Conseillers Clercs & 6 Laïques qui jugeoient les Procés.

Ces

Ces Membres Députez faisoient un Parlement racourci & ambulatoire. Et le grand Parlement en se separant leur commettoit la protection des Droits du Peuple ;   jugeant que ceux qui terminoient les differents & conservoient la tranquillité dans le Peuple, étoient aussi les plus propres à maintenir ses Droits & ses Privileges.   Que le Parlement qui fut long-temps ambulatoire & enfin fixé à Paris par *Philippe le Bel*, fut le raccourci des Etats ou anciens Parlements.   Il paroît premierement parce qu'au commencement ce Parlement étoit unique.   Il n'y en avoit qu'un seul dans tout le Royaume.   Cela, dis-je, fait voir que ce Parlement raccourci étoit destiné à representer le Parlement General.   C'est pourquoy comme le Parlement General étoit unique ,   aussi ce Parlement raccourci devoit être unique.   Si ce Tribunal n'eut point eu d'autre usage que celuy de terminer les Procés des Particuliers , sans doute on n'en auroit pas créé pour un.   Et il y a long-temps qu'on se seroit avisé de les multiplier , comme on a fait du depuis , lors que tout le pouvoir de la Cour du Parlement de Paris s'est trouvé à peu prés réduit à juger des differents qui arrivent dans les Familles,   Le Parlement de Paris a encore retenu ce Privilege d'être le Parlement General du Royaume.   Il s'appelle *la Cour des Pairs* : les Grands du Royaume y ont leurs causes liées.   Le Procureur General du Roy y réside & y fait ses fonctions , & tous les autres Procureurs Generaux des autres Parlements ne sont proprement que ses Substituts.   C'est enfin ce Parlement qui verifie les Edits & les Déclarations des Rois & leur donne force de Loy.   Cela même , sçavoir que le Parlement est les Etats répresentatifs , se prouve par diverses observations que nous venons de toucher en passant , & dont il est necessaire de faire ressouvenir le Lecteur.   Par exemple nous avons vû que ces Parlements raccourcis se composoient des plus Grands du Royaume , du Connêtable , des premiers Officiers de la Couronne , & des plus illustres Prélats d'entre le Clergé.   Ce qui fait voir que ce Parlement étoit un raccourci du grand Parlement, & que les Membres de celuy-là étoient des Membres de celui-ci députez & commis par l'Assemblée Generale. Nous avons aussi observé que les Conseillers de ce Parlement changeoient à toutes les Assemblées & n'étoient pas fixes. Ce qui fait aussi voir que le Parlement raccourci étoit une image & pour ainsi dire une émanation du grand Parlement General ; dont les Membres & les Députez changeoient & pouvoient changer à toutes les Assemblées. Mais sur tout nous aurons une preuve de cette verité dans l'observation suivante.

C'est que quand on institua ce Parlement raccourci qui fut au commencement ambulatoire & ensuite fixé à Paris , on luy transporta partie des Droits qui appartenoient aux grands Parlements qui sont aujourd'hui appellez Etats. Sçavoir celui de pouvoir juger les Pairs & les Grands du Royaume. Car auparavant les Seigneurs & Barons du Royaume ne vuidoient leurs differents que devant l'Assemblée Generale de leurs Pairs. Le second Droit qui

R

fut

fut transporté au Parlement raccourci & réprésentatif, c'est celuy de recevoir le serment de tous les grands Officiers du Royaume & de la Couronne, avant qu'ils entrassent en possession de leurs Charges.   Et enfin le troisiéme Droit du Parlement General, transporté à ce Parlement particulier. C'est celuy de verifier & emologuer les Edits du Roy : sans quoi ils ne pourroient avoir force de Loy, ni être executez dans le Royaume.

Il est clair que ce sont là trois Fleurons de la Couronne & trois caracteres de Souveraineté. Les Souverains seuls sont en Droit de juger leurs Pairs & les Grands du Royaume qui sont indépendants les uns des autres. Le serment se prête au Maître & non aux Sujets, & par consequent ce que les Officiers de la Couronne prêtoient leur serment à la Cour de Parlement, montre que cette Cour devoit être Souveraine , & que c'estoit originellement le Conseil Souverain de l'Etat distingué du Conseil du Roy. Enfin le Privilege de verifier les Edits des Rois & leur donner force de Loy, est un partage évident de la Souveraineté : or selon les Loix Fondamentales de la Monarchie, il n'y a jamais eu qu'une Assemblée dans l'Etat qui exerçât des Actes de Souveraineté, & qui la partageât avec le Roy, c'est l'Assemblée du Parlement General ou des Etats Generaux. Et par consequent toute Cour qui exerce quelqu'un des Actes de la Souveraineté, ne peut l'avoir reçûë que de l'Assemblée Generale. Ce qui fait voir que le Parlement raccourci étoit député par l'autre, & empruntoit de luy son authorité.

Le premier de ces articles regardant la Souveraineté qu'on avoit transporté au Parlement raccourci, sçavoir le Droit de juger les Pairs & les Grands Seigneurs du Royanme n'a pas besoin de preuves. Car on en demeure d'accord ; ce Privilege subsiste même encore en partie : avec cette difference que les Grands du Royaume ne pouvoient autrefois être jugez dans les accusations criminelles , & en tout grand demêlé, que dans cette Cour : au lieu qu'aujourd'hui les Rois les font juger comme il leur plaît, leur donnent des Commissaires, les font condamner à mort & executer par des Juges déleguez qui n'ont aucun caractere ni pouvoir de ce faire que celuy que le Roy leur donne par une Commission particuliere & qui n'est que pour l'action presente.

Le second article , qui est celuy des Serments qu'on prêtoit dans cette Cour pour toutes les grandes Charges de la Couronne, n'est pas moins certain entre ceux qui sçavent nostre Histoire. Dans les anciens Registres de la Cour on trouve le Serment prêté le neufiéme de Septembre mil quatre cens sept par *Jehan* Duc de Bourgogne, en qualité de Pair de France. Ce *Jehan* étoit Prince du Sang de France & Souverain d'un grand Etat Ces grands titres ne le dispensoient pas des hommages & de la sujettion qu'il devoit au Parlement. Jamais un Prince aussi fier & d'un aussi grand caractere n'eut rendu cette soumission à ce Siége, s'il n'y eut consideré l'authorité du Parlement General ou des Etats Generaux , dont ils faloit

bien

bien qu'il fe reconnût Sujet. Le feptiéme de Novembre mil quatre cens dix, un grand Parmetier prêta Serment. Le fixiéme de Juin 1417. un Maréchal de France & un Amiral prêterent ferment de fidelité entre les mains du Parlement ; & le feiziéme jour fuivant du même mois, un Grand Veneur fit la même chofe. Le 15 de Janvier 1439. *Courtenay* eft reçû A-miral par le Parlement. Le feiziéme d'Avril 1425. un Threforier & General Adminiftrateur des Finances prêta ferment pour fa Charge. Cette coûtume s'eft peu à peu comme abolie, le Parlement s'eft laiffé ravir ce Privilege avec plufieurs autres. Nous en avons feulement un exemple dans le Siécle paffé, dans la reception de *Gafpard de Coligny* Seigneur de Cha-ftillon, dans la Charge de Grand Amiral de France fous *Henri I I.* Tous les Juges exerceants Juftice dans tous les Tribunaux du Royaume étoient auffi obligez à prêter Serment dans cette Cour ; & cela fans doute étoit une preuve qu'elle reprefentoit cette Affemblée Generale en qui refidoit la Souveraineté. Car les Juges ne doivent leur Serment qu'à celuy qui les établit. On ne doit pas oppofer à cela que ces Serments qui fe prêtoient dans les Parlements, fe prêtoient au Roy & non au Parlement. Car cela ne fait aucun prejudice à nôtre thefe. Les Parlemens d'Angleterre qui partagent l'authorité & la Souveraineté avec le Roy, font tous leurs Actes au nom du Roy. On prête des Serments par ordre du Parlement & dans le Parlement, mais on les prête au Roy feul. Ainfi quoy que l'on prêtât autrefois Serment dans nos Parlements au Roy, il n'en faut pas conclure que le Roy fût tout & le Peuple rien. Mais feulement qu'il eft le Chef du Royaume & non le Maître abfolu. Et le Parlement exige le Serment pour la fidelité à l'Etat fous le nom du Roy, parce qu'il eft le Chef de l'Etat & le réprefente ; & que le Parlement réprefente ces Etats Souve-rains qui avoient donné au Roy fa Puiffance.

Le troifiéme & le plus noble caractere de Souveraineté que les anciens Parlements Generaux avoient tranfporté au Parlement raccourci, c'eft le Droit de verifier les Edits des Rois & le pouvoir de les empêcher d'avoir force de Loy en en refufant la verification. C'eft celuy qui s'eft confervé le plus longtemps, fans doute, parce que c'eft celuy dont cette Compa-gnie Souveraine étoit la plus jaloufe. Aujourd'huy la Cour de France a prefque entierement aboli ce beau Privilege. Car le Roy ne fait verifier fes Edits à la Cour que par forme : & fans verification ils ne laiffent pas d'être executez. Les verifications ne font plus aujourd huy que de pures notifications. On enregiftre les Déclarations & Edits dans les Parlemens comme on les enregiftre dans les Greffes des Bailliages, pour notifier aux Sujets qu'elle eft la volonté du Prince. Enfin il n'y a plus aucune Liber-té dans ces verifications, le Roy fur le refus envoye des commandemens reiterez & il faut que le Parlement obeiffe. Il y a déja du temps que cette violence a commencé, & que les Parlements n'ont plus d'autre Liberté

R 2

que

que de faire des remontrances : encore ce petit reste de Liberté leur a-t-il été été dans ce dernier Régne. Car il n'y a pas de Compagnie dans le Royaume, quelque Auguste qu'elle soit, qui osât laisser aller un mot contraire aux volontez du Roi.   Mais il est certain, autant qu'une chose le peut être, que les Parlemens dans leur premier établissement avoient une entiére liberté de recevoir & de vérifier les Déclarations des Rois, ou de ne le faire pas.   Ils étoient établis pour veiller sur les intérêts du Peuple, & par conséquent ils étoient en pouvoir de refuser au nom du Peuple, tout ce qui étoit injuste & onéreux à la Nation.

Quand nous n'aurions pas de preuve de cette vérité dans l'Histoire, le bon sens nous en instruiroit. Car pourquoy faire dépendre de la verification d'un Parlement, la force des Edits du Roy, si ce Parlement n'a ni Droit, ni Authorité de s'y opposer. Si le Parlement n'avoit autre voye que celle des Remontrances, son refus de verification ne devoit faire aucun prejudice à la Loy du Prince. Il n'y a point de petit Siége, ni de Corporation dans le Royaume qui n'ait le droit de la Remontrance, & qui ne puisse se pourvoir pardevant le Roy pour les torts & les griefs que luy font ses Declarations. Mais ces Remontrances des Cours Subalternes jointes avec un refus d'approbation ou d'enregistrement, n'ont point la force d'ôter aux Edits des Rois la vertu de Loy. Ainsi il faut reconnoître ou que les Parlemens ont toute liberté de s'opposer aux volontez du Prince, ou dire qu'ils n'ont pas d'autre Droit en cela que tous les Tribunaux Inferieurs du Royaume : ce qui est absurde. Qui ne voit que ce Droit a été attaché au Parlement pour être un frein à la Puissance Royale, & un rempart aux Libertez du Peuple ? Mais si ce Droit ne consiste que dans le pouvoir de faire des Remontrances au Roy, quelle espece de frein est-ce là ? Quel rempart ? Les Rois naturellement fiers de leur grandeur & de leur authorité, esclaves de leurs Favoris, & encore plus esclaves de leurs Passions, se moquent toûjours des Remontrances qui leur sont faites, & se roidissent contre les oppositions. Cette précaution de nos Ancêtres auroit donc été absolument vaine : car on n'en auroit eu que faire contre les bons qui se rendent aux Remontrances de leurs Sujets, quoy que faites par des gens sans autorité. Et pour les mauvais Princes, on sait bien que de quelque caractere que soyent ceux qui remontrent, les Remontrances sont toûjours inutiles, quand elles sont destituées du pouvoir de refuser l'execution & l'obeïssance. Pourquoy les Rois depuis même qu'ils ont opprimé la Liberté de la Cour des Pairs, pressent-ils avec tant d'instance & tant de violence, la verification de leurs Edits dans cette Cour, si cette verification ne donne pas de force à leur Loy ? Ils commandent & ordonnent la verification. Il faut donc qu'ils reconnoissent que le Peuple n'est point obligé de reconnoître pour Loy une Déclaration qui n'est point verifiée, & à laquelle il n'a pas donné son consentement par la bouche du Parlement qui represente le Peuple. Et en effet cela est ainsi : le Peuple ne reçoit Loy que de luy même & de son

pro-

propre confentement aux volontez du Roy , par la bouche de ceux qui le reprefentent. Enfin qui ne voit que ceux qui ont établi ces Parlements raccourcis, les ont revêtus au moins d'une partie de leurs Droits ; Or certainement
c'étoit là le Droit des Anciens Parlements qui étoient nos Etats Generaux , de
pouvoir refifter à la volonté du Prince quand elle étoit injufte. *Pafquier*, quoi
que d'ailleurs rés-jaloux de l'independance de nos Rois, le reconnoît ainfi. a
De toute ancienneté , dit-il , en forme d'Ariftocratie mêlé à la Monarchie,
furent introduits les douze Pairs , fur lefquels nos Rois ne s'etans refervé que
la Souveraineté & l'hommage, femble que par leur Confeil comme d'un ancien
Senat fe menaffent les affaires. Ces douze Pairs qui étoient fix Laiques,
Ducs , Comtes ou Barons , & fix Prélats , étoient proprement l'extrait du
grand Parlement. Ils fuivoient le Roy par tout , le Roy ne s'étoit refervé
fur eux que la Souveraineté & l'hommage ; rien ne fe faifoit fans leur Confeil,
& ils avoient une entiere liberté de refufer leur approbation à ce qui leur paroiffoit injufte. *Pafquier* remarque dans le même lieu, *que ces Pairs repan-*
dus dan le Royaume ne fe pouvant trouver en ce commun Parlement d'af-
faires , laifferent à leurs Confeillers la fur intendance de la Juftice, C'eft-à-
dire que tout ainfi qu'auparavant aux Affemblées les Rois par maniere de di-
re fe rendoient volontairement Sujets à ce qui étoit entre iceux Pairs avifé.
auffi que de là en avant ce qui feroit par les Confeillers arrêté pafferoit en
forme de Loy; tellement que toutes les Lettres Patentes du Roy & fpeciale-
ment concernant le fait public pafferoient par leurs avis. C'eft là naivement
la verité. Ces douze Pairs, Ducs, Comtes, & Prélats cefferent de fe trouver
eux-mefmes dans le Parlement raccourci. *Philippe le Long* en exclut mefme
formellement les Prélats comme nous l'avons vû.   Les Gens de Robe demeurerent feuls dans le Parlement , & ce fut alors que l'oppreffion de cet au-
gufte Senat commença. Pendant que les Pairs y étoient eux-mêmes en perfonne , les Rois n'euffent ofé leur envoyer des juffions réiterées & des commandemens abfolus d'enregiftrer & de verifier des Edits.   Mais quand ils
n'eurent plus affaire qu'à des Confeillers Gens de Robe , il les violenterent
fans craindre les fuites.   Le premier exemple de ces violences fut fait par
Jehan Duc de Bourgogne ; qui pour faire fa Cour au Pape voulut faire fup-
primer les Ordonnances qui avoient été faites quelque temps auparavant
contre les abus de la Cour de Rome.   Il envoya pour cet effet au Parlement un Edit au nom du Roy , révocatoire de toutes ces Ordonnances : la
Cour refufa de le verifier. Le Chancelier Creature du Duc vint au Parlement
avec le Comte de *S. Pol.* Gouverneur de Paris , & firent publier cet Edit
fans ouir le Procureur General & en fon abfence. On y mit pourtant la claufe *Lecta & publicata &c.* Mais plufieurs Confeillers de la Cour vinrent au
Greffier pour empêcher qu'on ne mit *leües & publiées &c.* & le lendemain
la grand' Chambre prononça que non-obftant cette Publication la Cour ne

R 3

pré-

a. *Pafquier pour-parler du Prince.*

prétendoit approuver cette révocation. C'eſt pourquoy on mit dans l'Enregiſtrement que c'étoit par le commandement du Chancellier.   Cela arriva
ſous *Charles VI.* & durant les deſordres de ſon eſprit : exemple digne d'un
Regne auſſi triſte, ſous lequel le Royaume fut déchiré par d'horribles Guerres Civiles, & livré à la domination de l'Anglois; & digne d'un Auteur auſſi
malheureux que ce *Jehan* Duc de Bourgogne qui fut ſi longtemps le Fleau de
la France.   Depuis ce temps là ſeulement on trouve pluſieurs Edits de nos
Rois enregiſtrez avec cette clauſe, *de expreſſo & expreſſiſſimo mandato Regis*
pluribus vicibus reiterato. Mais avant ce malheureux temps on ne voit pas
d'exemple d'Edits enregiſtrez contre la volonté de la Cour.   Et même il eſt
à remarquer que par cette clauſe, *par exprés & tres-exprés commandement*
du Roy pluſieurs fois réiteré, la Cour prétendoit faire une proteſtation
contre l'Edit, où cette clauſe étoit miſe, & que cette proteſtation ôtoit à
l'Edit la force de Loy dans l'eſprit du Peuple.   De ſorte qu'abſolument parlant, les Parlements ne pouvoient alors être forcez à donner à un Edit injuſte
la vertu de Loy contre leur volonté.   Depuis que cette oppreſſion de la Liberté du Parlement ſe fut établie, on ne laiſſa pas de voir de temps en temps
de beaux exemples de vigueur qui font voir ces deux choſes; la premiére que
la volonté du Roy ne paſſe point en Loy ſans le conſentement du Parlement,
la ſeconde que le Parlement ne peut eſtre forcé à l'Enregiſtrement contre ſa
volonté.   Nous en avons entre les autres un notable ſous le Regne de *Louis*
XI. & qui eſt d'autant plus notable que ce *Louis XI.* avoit tous les caracteres d'un Tyran, & qu'en effet il a plus ruiné la Liberté du Peuple & du Parlement, que n'avoient fait tous ſes Prédeceſſeurs enſemble.   Ce Roy entreprit un jour de faire verifier à la Cour de Parlement un Edit trés injuſte :
ce que le Parlement refuſa conſtamment de faire. Il y eut ordre ſur ordre,
mais cela n'y fit rien. *Louis* qui étoit violent & cruel jura par ſon Dieu que
s'ils n'obeïſſoient, il les feroit tous mourir. Cela fut rapporté à *la Vacquerie*
qui étoit alors premier Preſident. Ce Chef de Juſtice en advertît tous les Conſeillers & les ayant aſſemblez il les mena tous en Robe Rouge au Palais du Roi
& ſe preſenta en cet équipage dévant luy.   Le Roy ſurpris de ce ſpectacle,
s'informa d'eux ce qu'ils demandoient. La mort, Sire, répondit *la Vacquerie*
pour tous les autres, à laquelle il vous a plû de nous condamner : parce que
tout autant que nous ſommes ici préſens aimons mieux mourir que de verifier
vôtre Edit. Ce Prince ſuperbe & fier au poſſible ſe trouva pourtant humilié
& couvert de confuſion par cette action.   Au lieu de leur donner la mort
qu'ils demandoient, il leur donna de bonnes paroles en les renvoyant, & leur
promit de ne leur demander jamais la verification d'aucun Edit qui ne fût
plein de Juſtice. Il n'y a point eu de Roy qui ait plus fait de violences & d'in-
juſtices, mais ne trouvant pas dans le Parlement la complaiſance qu'il demandoit pour ſes volontez injuſtes, il fit tout de hauteur. Contre la violence les
plus foibles ne peuvent rien, mais auſſi cela ne fait aucun préjudice à leurs
Droits.   Ma

Ma derniere obſervation ſur l'Hiſtoire de l'origine des Parlements, & par où je veux conclure : c'eſt que quand le Parlement General que nous appellons aujourd'huy l'Aſſemblée des trois Etats, prit la reſolution de tirer de ſon Corps un nombre des Pairs & de Conſeillers qui le repreſentaſſent, & qui même fuſſent revêtus d'une partie de ſes Doits, ce ne fut nullement à intention d'abolir l'uſage des Etats Generaux. Mais ſeulement pour n'être pas obligé de s'aſſembler ſi ſouvent avec tant de peine & tant de frais de tous les coins du Royaume. Auſſi ne tranſporta-t-il pas à ce Parlement raccourci generalement tout le pouvoir du Parlement General. Car nous avons vû comme le Parlement General ou aſſemblée Generale du Royaume avoit Droit d'élire & de dépoſer les Rois, avoit pouvoir de changer la forme du Gouvernement, de faire de nouvelles Loix, de confirmer le partage entre les Enfants des Rois, de tranſporter la Couronne de l'un à l'autre. De créer des Tuteurs aux Rois. De nommer des Régents & des Adminiſtrateurs au Royaume durant la Minorité des Rois, leur abſence ou leurs maladies. De condamner à la mort des Têtes Couronnées, de châtier les plus grands Seigneurs du Royaume par la privation de leurs Biens, de leur Liberté, & même par la perte de la vie. De tous ces grands Droits qui emportoient plein partage de la Souveraineté avec le Roy, on n'en tranſporta qu'une tres-petite partie à ce Parlement raccourci. Et c'eſt pourquoy depuis l'établiſſement des Parlements, on n'a pas laiſſé de tenir des Aſſemblées d'Etats Generaux qui en ont uſé avec la même authorité qu'auparavant. Et durant la tenuë de ces Etats Generaux du Royaume, toute la Puiſſance du Parlement en ce qui regarde les affaires d'Etat étoit éclipſée. Ce Senat n'avoit été revêtu d'authorité que pour empêcher les Rois de s'echaper d'une Aſſemblée Generale à l'autre. Mais les Rois qui travailloient à l'augmentation de leur authorité avec plus de ſoin que les Peuples, ne veilloient à la conſervation de leur Liberté, trouverent moyen de faire ſervir à l'oppreſſion ce Parlement raccourci. Au commencement les Rois ſe faiſoient un plaiſir d'étendre ſes Privileges, pour diminuer la neceſſité d'aſſembler les Etats Generaux, qui ont toûjours été la Croix des Princes entreprenants. Ils ne faiſoient rien ſans conſulter le Parlement & avoient toûjours égard à ſes oppoſitions. Ce qui ſembloit rendre inutile l'Aſſemblée des Etats. Car ſi l'on trouvoit dans le Parlement un rempart ſuffiſant pour la conſervation des Loix & de la Liberté, à quoy bon fatiguer un Royaume par des Aſſemblées Generales ? Mais les Rois enſuite, aprés avoir fait perdre la coûtume de tenir frequemment des Aſſemblées Generales d'Etats, ſe rendirent maîtres de leur Parlement. Ce qui ne leur fut pas difficile ; puis que d'abord ils en donnerent les Charges, & enſuite les rendirent venales ; & cela mit cette Cour Souveraine dans la dépendance des Rois.

Je

Je laisse presentement au Lecteur la liberté de tirer sa conclusion de tout ce qu'il vient de voir, & de juger si la Puissance absoluë & arbitraire de la Cour de France peut s'accorder avec cette Histoire de l'origine des Parlements. On y voit un Senat qui se compose des Députez de l'Assemblée du Royaume ; dans lequel entrent au commencement les premiers Seigneurs de l'Etat & les premiers Prélats de l'Eglise : on les voit revêtus de l'authorité des Etats Generaux, pour juger de tous les differens entre les Grands ; & même entre le Roy & ses Sujets; pour recevoir le Serment de tous les grands Officiers de la Couronne & de la Justice ; & pour s'opposer à tous les Edits contraires à la Liberté du Peuple, que le Roy auroit voulu faire sans consulter les Etats Generaux. C'est assez pour faire voir que même dans le déclin de nôtre Liberté, les Rois n'étoient pas absolus, & ne faisoient pas tout ce qui leur sembloit bon. Déja nous avons dans ces trois derniers Chapitres une juste idée du vray Gouvernement de nôtre Monarchie fort opposé au Gouvernement Despotique, sous lequel nous gemissons aujourd'huy. Mais la suite vous en apprendra encore d'avantage.

Fin du Huitiéme Memoire.

A AMSTERDAM,
le 1. Mars 1690.

LES SOUPIRS
DE LA
FRANCE ESCLAVE,
Qui aspire aprés la Liberté.

IX. MEMOIRE.
Du 27 de Mars 1690.

Nouvelles Preuves contre la Puissance Arbitraire de la Cour de France, tirées de l'Histoire des grandes Dignitez du Royaume. Du Grand Conseil, des Maires du Palais, des Connêtables, des Pairs de France. Forme ancienne de nos Tribunaux de Justice avant l'établissement des Présidiaux.

IL faut toûjours se souvenir que nous cherchons l'ancien Gouvernement de nôtre Monarchie Françoise, pour en faire une opposition à la forme du présent Gouvernement. Et par conséquent nous ne saurions être trop exacts pour nôtre but. Il vaudroit mieux même dire quelque chose de moins nécessaire que d'oublier quelque chose d'essentiel. Poursuivons donc l'Histoire de ce Gouvernement ancien, & le reprenons où nous l'avons laissé. Nous avons vû l'origine des Parlemens Judiciaires, & comment on les forma des Membres tirez du Parlement Général. Nous avons observé qu'on

oc-

occupa ce Parlement racourci des affaires des Grands & des particuliers pour luy ôter la connoissance des affaires d'Etat, & qu'on luy laissa seulement le Droit de juger les Grands du Royaume, dont le jugement appartenoit autrefois au Roy & aux Etats Generaux, le Droit de recevoir le serment des Officiers de la Couronne, & le Droit de verifier & d'approuver les Edits du Roy avec la liberté de ne les approuver pas. Mais on ne les consultat plus sur les affaires de Paix & de Guerre, & sur le Gouvernement. Dans le même temps que les Parlements racourcis cesserent d'être le Conseil du Gouvernement, on institua un nouveau Conseil qui s'appelle aujourd'huy *le Grand Conseil.* Mais qui n'est plus ce qu'il étoit dans sa premiere institution. Car il fut établi pour être le Conseil du Prince & de l'Etat, pour aviser à la conduite du Royaume. Il étoit composé de ce qu'il y avoit de plus grand & de plus distingué en France. On l'appelloit *Grand Conseil,* & *Conseil Privé,* ou, *Conseil étroit.* C'est ainsi que l'appelle *Charles VI.* dans une Ordonnance du 28. Avril 1407. par laquelle il compose son Grand Conseil des Princes de son sang, des Officiers de la Couronne, & de vint-sept autres personnes de marque. Ce Grand Conseil fut aussi un racourci des Etats Generaux destiné à même usage; c'est à deliberer de toutes les grandes affaires du Royaume, de Paix, de Guerre, d'Alliance, de Subsides & autres choses semblables. De sorte qu'on partagea entre le Parlement Judiciaire & le Grand Conseil les affaires qui se traitoient autrefois dans les Assemblées Generales, qu'on appelloit Grands Parlements du Royaume. On laissa au Parlement Judiciaire la Charge de rendre la Justice; & on attribua à ce Grand Conseil tout ce qui regardoit le Gouvernement. Ce n'étoit donc point alors un Tribunal fixe & pour le temps & pour le lieu. On tenoit ces Grands Conseils selon les occurrences & les necessitez, tantôt dans un lieu, tantôt dans un autre : tout de même que l'on tenoit les Assemblées Génerales de l'Etat. Et aussi disoit-on *tenir le Grand Conseil,* comme on disoit, *tenir le Parlement,* ou, *tenir les Etats. Alain Chartier* dans la vie de *Charles VII.* dit *que ce Roy tint son Grand Conseil à Vendôme qu'il avoit auparavant ordonné être à Montargis, où il ne vint point à l'occasion de la grande mortalité qui étoit en la Cité d'Orleans, audit Montargis & és Pays d'environ.* Ainsi ce Grand Conseil s'assignoit à certains tems & à certains lieux, comme on faisoit auparavant les Parlements Generaux. Les Rois gagnoient toûjours de l'authorité par ces changemens. Ils avoient beaucoup avancé par l'établissement des Parlemens fixes, auxquels ils avoient attribué les affaires de Justice en leur ôtant les affaires du Gouvernement. Car par là ils se délivroient de la necessité d'assembler souvent le Grand Parlement ou les Etats Generaux; dont la tenüe faisoit éclipser pour un temps une partie de l'authorité Souveraine. Ils gagnerent encore par l'établissement de ce Grand

Con-

Conseil Privé. Ce Conseil connoissoit à la verité de toutes les affaires d'E-
tat. Mais il étoit composé de personnes que le Roy pouvoit plus aisément
corrompre par promesses ou par menaces. Et après tout le Prince Souverain demeuroit toûjours Maître des resolutions. Cette institution n'est pas
plus vieille que celle des Parlements, & on n'en sçauroit trouver de trace
au dessus de trois ou quatre cens ans. Quoy que ce nouveau Conseil du
Roy fut moins à charge aux Rois que les Etats Generaux, cependant cela ne laissoit pas de les incommoder. Car les Princes du sang & les Grands
Officiers de la Couronne étant Membres nez de ce Grand Conseil, leur
naissance & leurs emplois leur donnoient l'authorité de s'opposer aux volontez des Rois quand elles étoient contraires aux interêts de l'Etat. C'est
pourquoy la Cour peu à peu se défit de ce joug comme elle avoit fait des
autres. Les Rois attribuërent à ce Grand Conseil la connoissance de certains procés, en partie pour être maître de toutes les affaires, parce que
les Rois disposoient de tout dans ce Conseil avec plus d'authorité que dans
le Parlement : en partie pour ôter au Parlement une partie des causes dont
la connoissance luy appartenoit & diminuer par là sa jurisdiction & son
authorité. Enfin on en a fait une Cour ordinaire de Justice, & ce fut *Charles VIII.* & *Loüis XII.* qui acheverent cet ouvrage que leurs Ancêtres depuis *Charles VI.* avoient commencé. L'on attribua à ce Conseil le Droit
des évocations, la connoissance des Indults, & de toutes les matieres Beneficiales, avec le pouvoir de juger de la competence des Juges quand il y
a conflict de jurisdiction. Quand la forme de ce Conseil d'Etat a commencé à se reduire là, les Princes du sang & les Grands Officiers de la Couronne, excepté le Chancelier, l'ont abandonné, & l'on y a mis des gens de
Robe pour Présidents & pour Conseillers. Depuis les Rois se firent une
autre Conseil pour les affaires d'Etat qui fut appellé *Conseil Privé.* Celuy-
cy comme les autres est aussi dégeneré en un Tribunal de chicane & de
procés. Car on y plaide comme dans les autres Cours de Justice sur les
causes qu'il plaît au Roy d'y évoquer. Pour ce qui est du Gouvernement il est entre les mains d'un petit nombre de personnes telles que le
Roy les veut choisir. C'est ainsi qu'insensiblement les Rois de France ont
secoüé tout joug, & se sont mis en possession de regler eux seuls toutes
les affaires du Gouvernement sans en donner connoissance ni aux Etats,
ni aux Parlements, ni au Conseil, ni aux Grands du Royaume.

Aprés avoir veu quelle estoit l'ancienne forme de la Monarchie Françoise par rapport aux Etats, Parlements & Conseils, il faut présentement voir quelles étoient les principales Dignitez du Royaume, les Charges, les Caracteres differens, & les Droits qui leur convenoient. Nous
verrons si tout cela s'accordera avec cette Puissance absoluë que les Rois de
France exercent sur toute sorte de Personnes indifferemment.

                                       En

En étudiant l'Histoire des Charges, de Maires du Palais, de Connêtables, de Grands Chambellans, de Chanceliers & de Grands Panne-
tiers, qui étoient autrefois les premiéres Dignitez du Royaume, j'y
trouve assez peu de chose qui fasse à nôtre but, & qui donne beaucoup de
lumiéres aux Droits & Libertez des Peuples de la Monarchie Françoise.
C'est pourquoy il n'est pas nécessaire que nous nous y arrêtions long-
temps. Il faut seulement sçavoir que la Charge de Maire du Palais é-
toit la première du Royaume sous les deux premiéres Races de nos Rois.
Comme celle de Connêtable l'est devenuë dans la suite sous la troisiéme
Race. Mais ni l'une ni l'autre n'étoit originellement ce qu'elles sont devenuës dans la suite. *Maire du Palais*, c'est-à dire, *Maître du Palais*;
& leur Charge n'étoit au commencement que celle que nous appellons aujourd'hui *Grand Maître de la Maison du Roi.* Son Authorité s'étendoit
sur tous ceux qui composoient le Domestique de la Maison Royale, & ne
sortoit point hors de là. Ce fut *Clothaire Second* qui commença à donner au Grand Maître de sa Maison un dégré de Dignité sur tous les Gouverneurs des Provinces. Et ce nom devint un nom de Gouvernement. Il
y eut sous ce Régne un Maître du Palais du Royaume d'Austrasie, &
un Maire du Palais de Bourgogne, qui furent comme les Vice-rois de
ces Provinces. Cette Dignité s'augmenta encore beaucoup sous les Rois
suivans, qui furent ou imbécilles ou fainéans. Et chacun sçait que les
Maires du Palais devinrent premiers Ministres d'Etat & Rois sous un autre nom. Les Rois ne servans que d'ombre à l'usurpation ; on les mon-
troit à certains jours, & toutes les affaires se faisoient sans leur participation.
Il n'étoit pas mal-aisé à des Officiers de la Couronne, si Maîtres des affaires, de se mettre en possession de la Couronne même, lors que leur
ambition les y portoit. Aussi a-t on vû que ce sont eux qui ont fait par
deux fois changer la Couronne de Maison. *Charles Martel* Maire du Palais se fit faire Prince des François, & *Pepin* son fils se fit élire Roy en re-
jettant la famille des Merovingiens. *Eudes* Maire du Palais Comte de Paris sous la décadence de la Maison de *Charlemagne*, prit la Couronne, & enfin la fit passer à *Hugues Capet* au préjudice de la Famille des Carlovingiens.
Cette grande Charge fut sagement supprimée par *Hugues Capet* & ses Des-
cendans. Dans toute cette grande Authorité que les Maires du Palais
s'étoient arrogée, il n'y avoit pourtant rien qui fît préjudice aux Droits des
Peuples. Les usurpations des Maires du Palais n'empiétoient que sur
l'Authorité des Rois, & nullement sur les Priviléges des Peuples. Car
sous les Maires, comme sous les Rois, on assembloit tous les ans les Etats Généraux du Royaume : les Rois y étoient conduits à la maniére accoû-
tumée, & y paroissoient comme des Statuës de cire qui faisoient bonne
mine & ne faisoient rien, les Maires faisant tout : c'est-à-dire, tout ce que

les

que les Rois eussent dû faire.   Car du reste rien ne se faisoit que de l'avis
de l'assemblée des François.   Et les Maires bien loin de rogner les Priviléges du Peuple, ce qui l'eût irrité, le flattoient au contraire, afin d'être
maintenus dans leur Authorité.   Car en ce temps-là il n'y avoit point d'armée toûjours sur pied sous le titre de Gardes du Corps, de Régiment des
Gardes, de Maison du Roy, dont on se pût servir pour violenter les inclinations des Peuples.   Le Roy & leurs Ministres n'avoient point d'autre seureté que l'amour de la Nation.

Le nom de Connestable est aussi ancien que celuy de Maire, & la Charge
a duré beaucoup plus long-temps.   Mais ce nom a fort changé de signification, & cette Charge est fort enflée de Dignité : les Connestables dans la
suitte sont devenus à peu prés ce qu'estoient autrefois les Maires du Palais,
c'est à dire, premiers Officiers de la Couronne.   Mais au commencement
ce n'estoit autre chose que ce qui s'appelle aujourd'huy Grand Escuyer,
Connestable ou Comte de l'Estable, *Comes Stabuli*, Maître des Chevaux
& de ceux qui les servoient.   C'est ainsi qu'*Aymoinus* définit *Lendegisile*
Connestable sous *Gontran* Roy d'Orleans frere de *Chilperic*.   *Lendegisilius Regalium Præpositus Equorum*, *quem vulgò Constabulem vocant*. On
ne voit pas bien dans l'Histoire par quels degrez les Connestables se sont élevez depuis à la Dignité de Chefs de toutes les Armées du Royaume : Mais
il est certain que cela ne commença que fort tard.   *Matthieu de Montmorency* qui fut fait Connestable sous *Saint Loüis* est l'un des plus anciens dont
nostre Histoire nous parle, sous le titre de Géneralissime des Armées du Royaume.

La Charge de Chancelier est aussi ancienne que la Monarchie, car
c'est un Officier dont un Etat ne se peut passer. Il faut nécessairement qu'il
y ait quelqu'un pour apposer les Sceaux de la Monarchie & du Roy.   Au
commencement cet Officier s'appelloit *Referendaire*, & nous ne voyons
pas que ses fonctions ayent fort changé.   Excepté que quand on a bâti les
Parlements des ruines de l'Assemblée des Etats Géneraux, les Chanceliers
y ont extremement gagné ; car ils sont devenus Chefs de toute la Justice
de France, comme les Connestables sont devenus Chefs de toute la Milice.   Ainsi la grandeur de ces deux Charges est à peu prés de même âge.
Si nous voulions examiner l'Histoire de la Chancelerie & des Chanceliers, on y trouveroit assez de preuves de ce que nous voulons établir. C'est
que le Gouvernement de la Monarchie n'a point roulé sur le pied d'une
Puissance Despotique & Arbitraire.   On y trouveroit aussi sans doute des
choses qui paroîtroient préjudicier à nostre cause : car c'est dans leur
Chancelerie que les Rois ont fait principalement les Maîtres. Mais les
Etars du Royaume en qui résidoit la Souveraine Puissance ne dépendoient pas de là.   C'est une discussion dans laquelle nous n'entrerons point,

S 3.   parc

parce que cela nous meneroit trop loin. La Charge de Grand Chambellan & celle de Grand Eschanfon n'ont pas eu le même fort que les deux pré-
cedentes ; c'eft à dire , qu'elles ne fe font point élevées à une grandeur extraordinaire. Cependant elles avoient le privilege qu'on n'expedioit aucunes lettres fans la connoiffance de ceux qui fouftenoient ces caractéres. Sous
les Succeffeurs les plus prochains de *Hugues Capet* comme *Robert*, *Henri*,
Philippe, *Louis le Gros* , *Louis le Jeune* & *Philippe Auguſte*, &c. les Lettres Royaux fe donnoient par le Chancelier fouſcrites de luy ; & confir-
mées par la préfence du Conneftable , du Grand Chambellan & du Grand
Eschanfon. Mais comme en tout cela l'on ne trouve rien qui nous inftruife
beaucoup de la forme du Gouvernement ancien de noftre Monarchie , nous
ne nous y arrêterons pas davantage.

Il fera plus important de chercher & de trouver l'origine des Pairs
de France. Il n'y a point d'endroit où nos Ecrivains d'antiquitez paroiffent
avoir moins de pénetration. Il eft arrivé à quelques-uns de mettre la
main fur la verité fans la fentir. Je ne m'amuferai point à refuter l'opinion de ceux qui font cette inftitution auffi vieille que la Monarchie , ni
ceux qui l'attribuent à *Charlemagne*. L'opinion de ces derniers feroit fort
favorable à nôtre but. Car ils difent que *Charlemagne* créa douze Pairs,
fix Laïques & fix Ecclefaftiques. Avec lefquels il partagea fon Authorité ne
voulant rien faire fans eux , & ne confervant au deffus d'eux que l'hommage. C'eft pourquoi ils furent appellez Pairs , égaux , ou comme égaux
au Roy. Cela feroit fort propre à prouver que les Rois de France ne
s'attribuoient pas une Puiffance Abfoluë & Arbitraire ; puis qu'ils s'é-
toient fait un Senat tiré du corps des François pour le reprefenter . par les
avis duquel ils prétendoient fe gouverner. Mais nous avons affez de preuves dans la verité pour détruire la prétention de la Cour de France pour
la Puiffance Arbitraire , fans en aller chercher dans les fables de nos Anciens Hiftoriens. Tous ceux qui ont étudié nôtre Hiftoire avec quelque
foin , font bien perfuadez que la Dignité & le nom de Pair du Royaume
étoient entierement inconnus fous les deux premieres Races de nos Rois.
Ce nom & cette diftinction des Pairs d'avec les autres Membres de l'Etat,
ne fe trouve que dans la troifiéme Race , & même affez avant. Il eft
vrai qu'on trouve le nom de P*ares* dans l'Hiftoire , en des endroits qui font
plus anciens que *Hugues Capet*. *Fredegare* dans fa Chronique fur l'an 762.
dit. *Factum eft ut Auſtraldus Comes & Galemanius itemque Comes cum Pa-*
ribus eorum ad propria reverterentur. Les Comtes *Auſtraldus & Galemanius*
retournerent chez eux avec leurs Pairs. Ces Pairs font leurs égaux gens de
même qualité qu'eux. Ce nom dans cet endroit & en plufieurs autres
femblables ne fignifie aucune dignité particuliere. Le plus ancien monument où l'on trouve le nom de P*airs* , P*ares* , dans la fignification où il

fe

se prend depuis quelques Siecles, c'est peut-être celuy qui se trouve en datte de l'an 1216. sous *Louis le Gros* dans un Arrêt rendu pour le Comte *de Champagne* au sujet du serment de fidelité que luy devoient rendre ses Vassaux: qui commence ainsi. *Il a été jugé par les Pairs de nôtre Royaume sçavoir, l'Archevesque de Rheims, l'Evesque de Langres, Guillaume Evesque de Châlons, Philippe de Beauvais, Etienne de Noyon, &c.* Sur l'an 1224. dans l'Histoire de France de *Belle-Forêt* on trouve un Arrêt rendu par le Roy sur un demêlé que les Pairs de France eurent avec les Officiers de la Maison du Roy. Les Pairs de France disoient que le Chancelier, le Grand Eschanson, le Grand Chambellan, & le Connestable, Officiers de la Maison du Roy ne devoient pas assister avec eux au jugement des Pairs de France. Les Officiers de la Maison du Roy soûtenoient le contraire. Et il fut jugé par la Cour du Roy que les susdits Officiers assisteroient au jugement des Pairs avec les Pairs de France. On trouve un jugement des Pairs de France contre *Pierre Mauclere Duc de Bretagne* de l'an 1230. Par lequel ledit *Pierre Mauclere* est condamné à perdre ses Droits sur la Bretagne. *Nous Gaustier par la grace de Dieu Archevêque de Sens, Gaustier Evêque de Chartres, Guillaume Evêque de Paris, le Comte de Flandres, le Comte de Champagne, le Comte de Chartres, le Comte de Montfort, le Comte de Vandôme, le Comte de Roucy, Matthieu de Montmorency, Connestable de France,, Jehan Evêque de Soissons, Etienne Comte de Sancerre, le Comte de Beaumont, &c. Faisons sçavoir qu'en présence de nôtre trés-cher Seigneur Loüis Roi de France, nous avons unanimement jugé que Pierre cy-devant Comte de Bretagne pour avoir fourfait contre le Seigneur Roy oy mentionné, a perdu son Droit de Bailli de Bretagne, & que les Barons de Bretagne & autres qui luy ont prêté serment de fidelité & hommage à raison de sa qualité de Bailli en sont absous & sont quittes de cette fidelité & hommage.* Bien que le nom de Pairs ne soit point employé dans cet acte. Il est pourtant certain que ce jugement fut rendu par les Seigneurs du Royaume sous le nom de Pairs, qui dés lors étoit en usage.

Pour sçavoir ce que c'étoient que ces Pairs de France, il faut observer qu'on appelloit *Pairs*, les Vassaux Sujets d'un même Seigneur dans la même Comté ou Baronnie. Ces Vassaux relevants d'un même Seigneur, mais en diverses Comtez, Seigneuries & Bailliages, n'étoient pas estimez *Pairs*, par rapport les uns aux autres. On les appelloit *Pairs*, c'est à dire égaux les uns aux autres, joüissants des mêmes Droits & des mêmes Priviléges sous un seul Seigneur. Leur privilége étoit de ne pouvoir être jugez que par leurs Pairs, c'est à dire, par les Habitans & Gens tenans des Fiefs dans le ressort du Bailliage & de la Comté. Le Seigneur, Duc, Comte ou Baron tenoit donc les assises à certain temps, & tous les Pairs de la Comté, Duché ou Baronnie étoient obligez de s'y trouver &

d'ex

d'être Assesseurs avec leur Seigneur pour juger de tous les demêlez & procés qui étoient entre les Habitans du même ressort. Et il sera bon de s'arrêter un peu dans cet endroit ; nous y apprendrons l'ancienne maniere de rendre la Justice en France, tout à fait opposée à cette maniere Despotique & Tyrannique de decider de la fortune & de la vie des Particuliers qui a êté introduire du depuis.

Il faut donc sçavoir que les Tribunaux qui occupent aujourd'huy la France, Presidiaux, Bailliages, &c. où il y a des Presidents & des Conseillers reglez & certains Juges fixes, ne sont pas plus anciens que les Parlements en qualité de Tribunaux fixes & arrêtez. Autrefois toute la Justice étoit entre les mains du Roy & du Peuple. La Nation s'assembloit en certains temps & en certains lieux, convoquée par le Roy, & composoit ces Assemblées qu'on appelloit alors *Parlements Generaux, Plaits,* ou *placita* : qui sont proprement nos trois Etats d'aujourd'huy. Là on rendoit justice à tout le monde & principalement aux Grands du Royaume. Nous avons vû comment & par quels progrés ces Assemblées se sont changées en Parlements. Dans les Provinces on rendoit Justice dans la même forme, c'est à dire que sans avoir aucuns Tribunaux fixes , on assembloit les Nobles & les Notables de la Comté. Le Comte luy même y presidant ou son Bailly en cas d'absence du Comte ; précisement selon ce qui se fait encore aujourd'huy en Angleterre, où il y a peu de Tribunaux fixes composez des Présidents & des Conseillers pour vuider les procés. Mais tous les ans deux fois on tient les Assises de la Province composées des notables , sur qui preside celuy qui en a le droit. Car plus nous avancerons & plus nous reconnoîstrons que le Gouvernement de France & celuy d'Angleterre estoient absolument semblables, La difference est que les Anglois sont demeurez dans leurs anciennes Loix & Privileges. Et nous avons miserablement laissé perdre les nostres. Autrefois, c'est à dire sous la premiere race , toute Justice s'administroit en France au nom du Roy comme en Angleterre , & le Roy envoyoit dans les Provinces des Ducs & des Comtes qui presidoient aux Jugements , où en cas d'absence du Comte ou du Duc, le Bailly de la Comté présidoit. Mais sous la troisiéme race de nos Rois , & sur la fin de la seconde , les Duchez & Comtez estant devenus hereditaires, les Ducs, Comtes & Barons eurent eux mêmes des Baillifs ou Senechaux. On les appelloit plûtôt Senechaux que Baillifs, parce que le terme de *Baillifs* se reservoit pour les terres & Provinces du Domaine du Roy où il estoit Seigneur immediat ; & les Princes, Ducs & Comtes qui tenoient les Provinces en foy & hommage de nos Rois appelloient leurs Juges Senechaux. Cependant ces deux noms de Grands *Senechaux* & de Grands *Baillifs* se confondent trés souvent, & dans le fonds ne signifient aujour-

d'huy

d'huy que la même chose. Ce sont ceux que nous appellons Baillifs de Robe-courte, qui sont les Chefs de la Noblesse d'un certain ressort ; c'étoient eux autrefois & les Nobles à la tête desquels ils étoient qui rendoient la Justice ; en tenant leurs Assises en certains temps de l'année ; Aujourd'huy ce ne sont que des noms, & il ne leur est resté que l'avantage de commander la Noblesse de leur Province quand on convoque l'Arriereban.

C'étoit donc dans ces Assemblées que présidoient ou le Comte ou son Baillif, & les Nobles qui composoient l'Assemblée s'appelloient *Pairs*. Sur ces Tribunaux de Justice nous ferons seulement quelques observations selon qu'elles tomberont sous nostre plume. Car nostre dessein ni nostre affaire n'est pas d'en faire un Traité exact.

Premierement à ces Assises avoient droit de se trouver tous Gens tenants Fiefs, dans la Duché, Comté ou Baronie, & ils estoient tous appellez Pairs, mais tous n'y pouvans assister, au moins il falloit que deux y fussent sans conter le Seigneur, selon *Philippes de Beaumanoir* Grand Baillif de Beauvoisin, qui a écrit la Coûtume de Beauvaisis environ l'an 1282. ou selon d'autres il y en devoit avoir au moins quatre, c'est le sentiment de *Pierre de Fontaines* vieil Historien, qui écrivoit du temps de *Saint Loüis* environ l'an 1270. & qui a laissé un Ouvrage manuscrit de Justice & de Politique sous le titre de *Li Livres la Reigne.* Il dit dans la langue de son temps. *Tu me demandes kans hommes il convient as jugement rendre : certes quatre ils sont suffisans. Si encore convient-il à jugement faire quatre hommes à tout le mains, nekedent il convient à deux hommes suffisans à faire la semence, & deux hommes à recort faire, contre recort ne peut-on rien faire.* Il ne pouvoit donc y avoir moins de quatre Pairs Asseleurs du Comte dans ses jugements. Au commencement le nombre de ceux qui pouvoient assister aux jugements des Comtes n'étoit point limité : tous les Convassaux avoient le droit & estoient appellez Pairs de la Comté : mais parce que tous ne s'y pouvoient pas trouver, ou à cause de leurs affaires & autres emplois qui les menoient ailleurs : & aussi parce que dans les grandes Provinces le grand nombre de ceux qui avoient droit de séance en qualité de Pairs eût causé de la confusion, les Comtes avoient accoûtumé dans les grandes Provinces de nommer un certain nombre de Gentilshommes leurs Vassaux, auxquels ils affectoient particulierement le titre & la qualité de *Pairs*, avec le pouvoir de juger leurs Convassaux ; ce nombre estoit ordinairement de douze, principalement en France ; dans le Comtez de Flandres, dans les Comtés de Hainaut & de Cambray ; & en plusieurs autres lieux remarquez par les Historiens. Et ces hommes s'appelloient aussi *Jurati*, *Jurez. Pairs Jurez.* C'est de là sans doute qu'est venuë la coûtume d'Angleterre, où nul n'est condamné

T

que

que par douze *Jurez*, lesquels ont Droit de juger du fait avant que les Juges jugent du Droit. Et ces douze *Jurez* doivent être les *Pairs* de l'accusé ; c'est à dire ses égaux. C'est pourquoy les Ducs, Comtes & Barons ne peuvent être condamnez que par leurs Pairs de même qualité qu'eux. Les simples Gentilshommes doivent être jugez par des Gentilshommes, les Bourgeois par des Bourgeois. Même Loy s'observoit autrefois en France, chacun vouloit être jugé par ses *Pairs* & égaux ; fondez sur cette regle du bon sens ; que les Superieurs méprisent leurs Inferieurs, & ne se font pas trop de conscience de leur faire des injustices. Et les Inferieurs jaloux de leurs Superieurs ne les jugeroient peut-être pas trop bien. Au lieu que les *Pairs* ou égaux ont soin de la fortune & de la vie de ceux qui leur sont égaux, n'ayant pour eux ni mépris ni jalousie. Nous voyons encore icy que le Gouvernement de France étoit le même que celuy d'Angleterre. Aussi les Rois d'Angleterre faisoient alors des Loix qui s'observoient dans toutes les Provinces de France. Non seulement parce que les Anglois en possedoient plusieurs Provinces. mais aussi parce que l'on se servoit par tout à peu prés du même Droit. Telle est la Loy d'*Edouard I*. chap. 31. *Chacun doit être jugé par ses Pairs & d'une même Province, & Nous rejettons & défendons en toute maniere tous Jugemens étrangers.* Il est certain que cela s'observoit dans tout le Royaume. *Fulbert de Chartres* Epist. 96. rapporte que le Comte de *Champagne* refusa d'être jugé autrement que par ses Pairs ; & *Matthieu Paris* sur l'an 1226. dit, *ils ajoûtent que dans le Royaume des François nul ne peut être dépoüillé d'aucun Droit que par le jugement de ses Pairs.*

Les Comtes étoient obligez *de munir leur Cour de nombre suffisant de Pairs.* Ce qui est encore le style des Praticiens, tellement que si par maladie, absence ou autrement ceux qui devoient assister n'y assistoient pas, ils étoient obligez d'en substituer d'autres. Aussi les Pairs convoquez auprés de leur Seigneur étoient obligez de s'y trouver, & l'on pouvoit les y contraindre *par saisie de fief & par établissement de gardes.* Comme le dit expressement *Philippe de Beaumanoir. Se ainsi n'etoit,* dit-il, *le Seigneur ne pourroit Cour tenir, te le comme il doit, ne les Gens avoir leur raison, si le Signor ne pouvoit les Hommes destraindre ; si comme il est cy-dessus dit, à faire les égards & connoissance qui sont sur eux à faire.*

Au reste dans ces Cours le Duc, le Comte, le Baron & même le Roy ou son Baillif n'étoit que le Président & non le Souverain, le jugement dépendoit absolument de la voix de ces douze Jurez ou Pairs. Dans la vie de *S. Louis*, *Naugius* rapporte que le Seigneur *de Coucy* ne voulut point répondre au Roy, & dit qu'il ne pouvoit être contraint à répondre, mais qu'il vouloit être jugé par ses Pairs selon la coûtume de la Baronie. Et même cela s'étendoit aux Personnes les plus basses. Car on lit dans la Charte * de *Theodoric* Abbé de S. Maximin de Tréves, touchant les Serviteurs,

* *Apud Nicol. Zyllesiam.*

viteurs , *qu'ils ne doivent obeir ni à Patron ny à Maitre:* c'est à dire qu'ils ne doivent pas subir leur jugement , *mais seulement à nous , & ne doivent être sujets au jugement de personne que de leurs Pairs.*

Ces Pairs pouvoient juger de toutes les causes de leurs Pairs ou Convassaux : quand l'affaire étoit entre deux Pairs ou Convassaux : mais si un Pair avoit affaire contre son Seigneur, les Pairs n'en pouvoient juger : parce que ces Pairs Vassaux du Seigneur n'étoient pas ses Pairs. Et comme le dit un ancien acte contre *Robert* Comte d'Artois. *Ils ne sont mie appellez Pers parce qu'ils sont Pers à luy , mais Pers sont entr'eux ensemble.* Quand donc les Pairs avoient procés contre leur Seigneur, le procés étoit jugé par le Baillif du Comté & de la Comté , & il y avoit Appel de ce Jugement à un Seigneur Superieur. C'est ce que nous apprend *Philippe de Beaumanoir. Li home ne doivent pas jugier leur Signor , mais ils doivent jugier l'un l'autre, & les querelles du commun Peuple. Et se cil qui a affere contre le Signor requiert que droit li soit fes , li Bailli par conseil de son Signor li doit faire ce qu'il cuide qui soit resous, & s'il se deüit de ce que li Bailli li fes il doit montrer le grief au Comte.*

Au reste les Pairs non seulement jugeoient du fonds d'une affaire , mais de toutes les instructions du procés ; de sorte qu'aucun grief ni peine ne pouvoit être imposée à aucun que par ses Pairs. Un homme accusé étoit cité par le Seigneur & adjourné à comparoître par deux Pairs. S'il étoit digne de prison & qu'il fut necessaire de s'assurer de sa personne , il faloit qu'il fut arrêté par ses Pairs. C'est pourquoy *Guillaume de Naugius* dans la vie de *S. Loüis* rapporte comme un grief du Seigneur de *Coucy,* ce qu'il avoit été arrêté non par ses Pairs , non par des Gens d'armes , mais par des Gens de la Cour, & que le Roy l'avoit mis en garde dans son *Palais du Louvre.* Ainsi alors on ne pouvoit faire aucune injustice ni violence à personne contre la Loy. Je n'ajoûteray plus qu'un mot là-dessus ; c'est que les Pairs d'une Province étoient Conseillers du Seigneur , non seulement pour les affaires de Justice , mais aussi dans les affaires du Gouvernement. *Galbert* dans la vie de *Charles* Comte de Flandres chap. 1. dit , que *le Comte Charles prit conseil avec les Nobles & les Pairs de son Païs, sur ce qu'il avoit à faire.*

Ce que nous venons de voir sur la forme des Tribunaux qui rendoient la Justice avant l'erection des Parlements & des Présidiaux, nous apprendra la veritable origine des *Pairs de France.* Nous avons trouvé que le mot de Pairs dans l'Ancien Droit des François depuis *Hugues Capet* etoient des Juges Provinciaux en châque Comté ou Gouvernement , & que ces Juges estoient des Gentilshommes de la Comté , Asseseurs & Conseillers du Comté dans tous les Jugements sur les Procés que les Vassaux de la Comté pouvoient avoir entr'eux. Il n'en est pas autrement des *Pairs de France:* c'estoient des Juges ordinaires qui décidoient des Procés qui leur

T 2

venoient

venoient ou par appel, ou par la qualité des Parties : Sçavoir quand les
Parties estoient Ducs, Comtes ou Barons du Royaume. Les Pairs de
châque Province ne s'appelloient point *Pairs de France*, ou *Pairs du Royau-*
me, ils s'appelloient seulement Pairs de telle Province. Pairs de Vermandois, Pairs de Champagne ; Pairs de Flandres, Pairs de Bourgogne.
Mais les Grands du Royaume s'appelloient Pairs de France, parce que
leur jurisdiction s'étendoit sur tout le Royaume, & particulierement sur
tous les Grands de l'Etat. Les Pairs des Provinces particulieres n'é-
toient que simples Gentilshommes, ou Barons possedants des Fiefs dans
la Comté ; mais les Pairs de France devoient être Ducs, Comtes & au
moins Grands Barons ; les Pairs des Provinces avoient pour Chef &
pour Président le Seigneur de la Comté ou son Baillif. Mais les Pairs de
France n'avoient point d'autre Président que le Roy. Les simples Fiefs
donnoient le Droit de Pairie dans les Provinces, mais il n'y avoit que les
Grands Fiefs qui donnassent Droit de Pairie Generale, & qui fissent
porter le nom de Pairs de France. Ce n'étoient pas des Dignitez que les
Rois créassent & donnassent comme aujourd'huy, elles étoient attachées
aux terres nobles, & à la naissance. En un mot les Pairs du Royaume
n'étoient autre chose que ceux qui sous les deux premieres races de nos
Rois, sont si souvent appellez *Proceres*, *Magnates Regni*, au nombre desquels on fit entrer les Evêques & les Archevêques. Sous la troisiéme race ils prirent le nom de *Pares* ou Pairs, non par raport au Roy, comme
s'ils luy eussent esté égaux, mais par rapport aux autres Seigneurs du
Royaume avec lesquels ils partageoient l'Authorité dans les Assemblées.
Et generalement tous les Grands prirent le nom de *Pares*. Il n'y avoit donc
pas alors seulement douze Pairs en France, comme on le prétend, mais il y
en avoit autant que de Ducs, Marquis, Comtes & Grands Barons qui
avoient Droit de Séance dans les Assemblées generales absolument comme
en Angleterre, où tous les Lords & Grands de l'Estat sont Pairs du Royaume. Car encore un coup il faut estre persuadé que le Gouvernement de
France & celuy d'Angleterre estoient les mêmes : soit que de tout temps
ils ayent été semblables, soit que *Guillaume* Duc de Normandie qui se
rendit Maître de l'Angleterre l'an 1066. y ait porté les Loix & le Gouvernement qu'il avoit laissé de deçà la Mer. Aussi ne voit-on point dans
les plus anciens Actes où il est parlé des Pairs de France & de leurs Jugemens qu'ils fussent réduits au nombre de douze. Dans celuy de l'an
1216. que nous avons ci-dessus cité, il y a dix-sept Pairs tant Ducs, que
Comtes, qu'Evêques & Archevêques : il est vrai que les Barons &
quelques-uns des Evêques là nommez, semblent être distinguez des Pairs
du Royaume. Car l'Acte porte : *Il a été jugé par les Pairs de nôtre Royau-*
me,

me, ſçavoir *l'Archevêque de Rheims*, *l'Evêque de Langres*, *celui de Chaalons*, *celuy de Beauvais*, *celui de Noyon & Odon Duc de Bourgogne, &c.* Ce ne ſont que cinq Pairs: & aprés eſt adjoûté, *& par pluſieurs autres de nos Evêques & Barons, ſçavoir les Evêques d'Auxerre, de Chartres, de Liſieux, &c. & les Comtes de Pontini, des Droques, de St. Paul, des Roches.* Et en effet il ſe peut bien faire qu'en ce temps-là ſous le Regne de *Louis le Gros* Pere de *Saint Louis*, on ait commencé à diſtinguer les Pairs du Royaume des autres Grands Seigneurs. Mais auparavant ce nom de Pairs eſtoit commun à tous les Grands juſqu'aux principaux Barons. C'eſt pourquoy les Pairs de France s'appelloient auſſi Barons. On trouve un Arrêt rendu en 1267. contre l'Evêque de Chaalons, où il eſt dit, *l'autre partie propoſa que ledit Evêque étoit tenu de répondre en cette Cour, parce qu'il eſt Baron & Pair de France hommelige du Seigneur le Roy,* Baronie & Pairie en ce temps-là ſignifioient la même choſe. On trouve un accord fait entre *Philippes* Roy de France & *Jehanne* fille du Roy *Louis Hutin* en datte du 17. Mars 1317. où le Roy *Philippes* céde à cette *Jehanne* pour ſes Droits Paternels des terres valant 15000. livres de rente *pour les tenir en Pairie & Baronnie, la Nobleſſe de Pairie & Baronie non miſe à prix, & qu'avenant le décés du Roy ſans enfants mâles, les Comtez de Champagne & de Brie luy appartiendront : qu'elle tiendroit en Pairie & Baronie ſi noblement comme autrefois ont été tenuës.* Dans une lettre de *Philippes Auguſte* au Pape *Honorius* III. en date de l'an 1217. au mois d'Avril, le Roy rendant conte au Pape de l'affaire d'un *Manaſſé* Evêque d'Orleans; qui avoit été obligé de faire ſatisfaction pour des paroles malhonnêtes qu'il avoit dites contre le jugement des Pairs de France, le Roy ſe ſert indifferemment du terme de Barons & de celuy de Pers, comme ſignifiant la même choſe. *Il a parlé,* dit-il, *contre le jugement des Barons de France auſquels appartient de juger de telles affaires : de laquelle temerité en ayant été convaincu en préſence de nous & nos ſuſdits Pairs il en a fait ſatisfaction.*

De tous ces paſſages auſquels on en peut adjoûter beaucoup d'autres il paroît que dans les premiers Siecles de la ſeconde Race de nos Rois, les Pairs étoient des Juges & des Juges ordinaires. Si on le vouloit prouver on le pourroit par les actes du procés fait à *Pierre Mauclere* Comte de Bretagne que nous avons rapporté dans ce Chapitre : & à quoy l'on pourroit adjoûter le jugement & les procedures contre *Robert* Comte d'Artois. On trouve encore dans les anciens regiſtres du Parlement de Paris la forme de l'adjournement que le Roy *Philippe le Bel* fit à tous les Pairs de France pour ſe trouver à Paris. On trouve auſſi un exemple de jugement rendu par les Pairs ſous *Louis Hutin* l'an 1315. Mais quels Juges étoient ces Pairs ? C'étoient préciſément les Grands du Royaume aſſemblez en ce Parlement Géneral, dont nous avons parlé dans le Chapitre 7. Les Parlemens qui ont été depuis appellez Etats, étoient principalement com-

T 3

posez des Grands du Royaume ; qu'on appelloit alors *Magnates* & *Proce-res*, & qui prirent le nom de *Pairs* aprés l'an 1110 Ces Assemblées ju-geoient de toutes les affaires du Royaume tant de Justice, de Finance, de Police, que du Gouvernement, de la Paix, de la Guerre, des Allian-ces avec les Etrangers. Elles connoissoient aussi des demêlez que les Grands du Royaume avoient entr'eux & avec le Roy comme nous l'avons prou-vé. Et les Grands voulurent être jugez dans ces Assemblées, parce qu'el-les étoient composées de leurs *Pairs*. C'est à dire de personnes d'égale qualité avec eux, ayant le Roy à leur tête, ils dédaignerent d'être jugez par des personnes inferieures. Et de là vint le nom de Pairs, & ces Assemblées furent appellées *Cours des Pairs*. C'est à dire composée de Pairs & jugeant les Pairs.

Comment donc le nombre de ces Pairs s'est-il depuis trouvé réduit à douze ? Voicy comment : les Assemblées Generales occupées à de gran-des affaires ne pouvoient pas commodement vaquer au jugement des pro-cés des particuliers. Elles députerent donc de leurs corps un nombre de personnes notables pour connoître de ces causes & les juger, Les Députez étoient tirez du nombre des *Pairs*. Ainsi tous les autres Grands qui com-posoient l'Assemblée Generale êtoient Pairs comme eux. Mais parce que ces Juges déleguez furent revêtus du Pouvoir, de juger souverainement même tous les Grands du Royaume, & que le nom de *Pairs* êtoit déja comme consacré aux Juges des Provinces en chaque Comté, ils prirent le nom de *Pairs*. Et insensiblement ce nom leur demeura exclusivement aux autres Grands du Royaume. D'abord le nombre de ces Juges Pairs, n'étoit pas determiné à celuy de douze, & l'on ne sçauroit marquer pré-cisement quand il a été reduit là, Mais il y a apparence que cela com-mença avec le Parlement Ambulatoire dont nous avons parlé. Le Grand Parlement ou assemblée Generale ne pouvant pas toûjours tenir, nomma 12. personnes, six Archevêques & Evêques, & six Ducs, Comtes & Barons pour assister le Roy de leurs conseils pour representer l'Assem-blée Generale & pour soûtenir ses Droits, & aussi pour décharger le Roy de la peine de juger les causes des particuliers que les Rois vouloient bien se donner en ce temps là. Ces douze personnes furent revêtuës de l'autho-rité de tous les Barons, Comtes & Ducs, tous Pairs du Royaume, & à cause de cela ils prirent le titre de *Pairs* par excellence, & leur Cour fut appellée la *Cour de Pairs*. Il est clair par là que l'origine des Pairs & celle des Parlements est absolument la mesme, & nous avons la vraye raison pourquoy encore aujourd'huy on appelle les Parlements *la Cour des Pairs,* Ce n'est point comme on s'imagine, parce que les Pairs du Royaume y doivent être jugez : mais parce que le Parlement dans son origine n'étoit composé que des Pairs du Royaume, qui suivoient le Roi par tout.

Lors

Lors que *Phillipes le Bel* eut rendu les Parlements fixes d'ambulatoires qu'ils estoient auparavant, tout changea. Les Grands du Royaume ne voulurent plus s'assujettir à juger les procés des particuliers qui se multiplierent à l'infini , ils se dispenserent de ces emplois. Les Prelats en furent même exclus par l'Ordonnance de *Phillippe le Long*. Dans la place des Prelats on mit les Conseillers Clercs pour les representer , & dans la place des Comtes , Barons & Pairs on établit des Conseillers Laïques Gens de Robe longue , mais qui représentans les Pairs du Royaume, retinrent le nom de *Cours de Pairs*. Toute personne équitable & attentive ne doutera point que ce ne soit là la veritable origine des Pairs de France. Si la chose étoit plus importante pour nôtre sujet , nous pourrions l'appuyer de plusieurs autres prenves. Mais ce que nous en avons dit suffit pour montrer la forme du Gouvernement de France, & combien il étoit éloigné de la Puissance Despotique & Arbitraire. De toute cette Histoire on doit recueillir.

Premierement que lors que nos Rois eurent rendu l'usage de Etats moins frequents, & que le Parlement étant devenu fixe & sédentaire, ne pût plus servir de Conseil aux Rois , ils se formerent un autre Parlement ambulatoire & une Assemblée d'Etats racourcis qui s'apella *le Grand Conseil*, & qui fut effectivement le Conseil du Royaume dans toutes les affaires importantes. Ce Conseil composé de la plûpart des Grands du Royaume & qui se convoquoit à certains lieux & à certains temps , n'étoit nullement necessaire si les Rois avoient une puissance Souveraine & sans bornes. Car ceux qui étoient toûjours auprés de leurs personnes composant le Conseil Privé , pouvoient suffire pour donner des avis.

Secondement on doit recüeillir que quelque changement qui soit arrivé dans le Gouvernement à l'égard des noms & des fonctions des principaux Officiers , Maires du Palais , Conneltables , Chanceliers , Grands Chambellans , &c. ç'a toûjours été sans aucun préjudice des Droits du Peuple : les Officiers de la Cour & de la Couronne ont eu plus ou moins de pouvoir , mais c'est par rapport au Roy : les Droits de la Nation sont toûjours demeurez en leur entier.

En troisiéme lieu , que la justice ne s'administroit pas comme aujourd'huy à la Turque & d'une maniére absolument indépendante du Peuple. Chaque Province , Comté & grande Baronnie avoit ses Pairs. Et tout Sujet & Habitant de la Comté ne pouvoit être jugé que par ses Pairs ; non-seulement pour le fonds du Procés, mais pour les instructions. Nul ne pouvoit être emprisonné & privé de sa Liberté ou de ses Biens , non plus que de sa Vie , que par l'Authorité de ses Juges naturels.

En quatriéme lieu , il paroît que les Grands du Royaume étoient principalement en possession de ce Privilége. Il n'y avoit point alors de Puissance

sance Absoluë, qui leur pût ôter leurs Charges, leurs Gouvernemens & leurs Dignitez , sans forme de Procés , & qui pût les jetter dans le fonds d'une Prison pour les y laisser pourrir , sans rendre jugement contre eux & sans connoissance de cause. S'il est arrivé aux Rois d'attenter contre la liberté des Grands de leur pure authorité ; ce sont des griefs dont la Nation a bien sçu se plaindre.

Enfin quoi que le nom de Pairs de France qui appartenoit au commencement à tous les Grands du Royaume, ne leur ait pas été donné précisement à cause qu'ils fussent égaux au Roy; il paroit pourtant qu'ils étoient avec le Roy dans ce point d'égalité, que s'ils ne pouvoient rien faire sans le Roy dans tout ce qui regardoit le Gouvernement ; aussi le Roy ne pouvois rien faire sans eux.

Fin du Neuviéme Memoire.

A AMSTERDAM,
le 27. Mars 1690.

LES SOUPIRS
DE LA
FRANCE ESCLAVE,
Qui aspire aprés la Liberté.

X. MEMOIRE.
Du 29 d'Avril 1690.

Nouvelles Preuves contre la Puissance Absoluë, tirées de l'Histoire des Ducs, Comtes, Marquis, Barons & Gentilshommes. Les Grands du Royaume qui sont aujourd'hui Esclaves, étoient autrefois indépendants du Roi, & lui étoient égaux, excepté l'Hommage.

NOus poursuivrons l'Histoire des principales dignitez du Royaume, dans l'espérance que nous y trouverons aussi l'Histoire de nôtre ancien Gouvernement, & des preuves contre l'usurpation de nôtre Cour qui exerce sur les Peuples une Puissance Despotique. L'Histoire des Etats, des Parlemens, du Conseil d'Etat, des Maires, Connétables, des Pairs & des Tribunaux de Justice inférieurs au Parlement, nous ont fourni des preuves de la verité que nous établissons. L'Histoire des Ducs, Comtes, Marquis, Barons, & Gentilshommes, que nous allons faire, nous en donnera d'autres. La qualité de Duc est aujourd'hui le premier caractére de l'Etat après les Princes, on les joint ordinairemeut avec celuy de Pairs, *Ducs & Pairs.* Autrefois les Ducs n'étoient pas les seuls Pairs du Royaume ; les Comtes & même les Barons l'étoient aussi. Le nom de Duc dans son origine ne signifioit autre chose que Chef & Conducteur. Il est venu de la guerre, & c'est ainsi qu'on appelloit les Capitaines & les Hauts-Officiers de l'Armée ; même les Généraux s'appelloient ainsi quand ils eûrent quitté le nom d'*Empereur,* que les Souverains de la République Romaine s'aproprièrent. Dans la suite on donna le nom de Ducs aux Gouverneurs des Provinces. C'est dans cette signification que les Francs entrans dans la Gaule le treuvérent, & c'est dans ce sens qu'ils

V

s'en

s'en servirent. Le titre & dignité de Duc sous la premiere Race de nos Rois, & sous la seconde ne fut point hereditaire, comme il est aujourd'huy dans la plûpart des familles. Car il le fut dans quelques-unes, & l'on trouve dés le temps de *Charles Martel* sur la fin de la premiere Race des Ducs de Gascogne & d'Aquitaine qui avoient rendu ces grands Gouvernements Hereditaires dans leurs maisons, & s'en étoient rendus Souverains. Il est vray aussi que dés le commencement de la seconde Race, on trouve des Duchés Hereditaires. Le Roy *Pepin* donne à *Taffillon* la Duché de Baviere, en titre de patrimoine pour le tenir de lui comme son Vassal aprés avoir prêté serment de fidelité; on trouve dans § *Aimoinus* un *Grimoald* sous *Loüis le Debonnaire*, Duc de *Benevent* qui possédoit en propriété cette Duché, & en payoit sept mille écus de tribut. Mais il semble que cela n'avoit lieu que dans les terres que nos Rois possédoient au-delà des Monts, ou au-delà du Rhin, & que tous les Ducs entre le Rhin & les Monts ne possédoient les Duchez qu'à vie comme des Gouvernements. *Gregoire de Tours* dit * *qu'Eoric Roy des Goths établit Victorius Duc sur sept Citez. Et que Nicetius exclus du Comté d'Auvergne demanda à Childebert une Duché, & qu'il fut établi Duc d'Auvergne, &c.* † Mais en ce temps-là le Pouvoir des Ducs s'étendoit beaucoup plus loin que ne fait aujourd'huy celuy des Gouverneurs de Provinces; car ils étoient comme des Vicerois. Cela se peut voir par les formules de *Marculphe*, où nous avons la formule dont les Rois se servoient dans les Commissions qu'ils donnoient aux Ducs; la voici. * *La clémence Royale se fait remarquer sur tout dans les soins qu'elle prend de conserver entre le Peuple la vertu & la vigilance. C'est pourquoi il ne faut pas commettre la dignité de Juges à toute personne, il faut auparavant avoir éprouvé sa fidelité & son courage. Nous donc connoissant vôtre fidelité & capacité, vous commettons l'action de Comté, Duché & Patritiat en tel lieu que vôtre Predecesseur a exercé, pour la faire & la regir, à condition que vous gardiez une inviolable fidelité à nôtre Gouvernement, & que vous conduisiez & gouverniez tous les Peuples là demeurans, soit Francs, Romains, Bourguignons, ou autres Nations, de maniere qu'ils vivent selon la Loy & Coûtume. En sorte que vous paroissiez grand Protecteur des Veuves & des Orfélins, & que vous punissiez sevérement les larrons & les mal-faiteurs, que les Peuples puissent vivre seurement & avec tranquilité sous vôtre Gouvernement, & que tout ce qui se tirera des Domaines sera tous les ans aporté par vous à nôtre thresor.* Il paroît par là que les Ducs avoient l'intendance de toutes les affaires non-seulement de la Guerre, & de la Police, mais aussi de la Justice & des Finances. Et c'est ce qui leur facilita dans la suitte les moyens de se rendre Souverains. Ce qui arriva dans la decadence de la seconde Race de nos Rois. En sorte que quand *Hugues Capet* donna commencement à la domination de la 3me. Race, il trouva toute la France partagée en Duchez & Comtez, dont les possesseurs s'étoient rendus les maîtres, ne reservant que l'hommage au Roy & au Chef du Royaume. Mais cette troisiéme Race, a trouvé moyen de se saisir de toutes ces Comtez &

Duchez.

§ *Lib. 4.* * *lib. 2. C. 20.* † *lib. 8. C. 18.* * *Marculphe lib. 2. C. 8.*

Duchez & de les réünir à la Couronne. Tout de même qu'elle a abbaissé
les Parlemens ou les Etats Generaux en formant une nouvelle forme de
Parlement entierement inconnuë, ainsi a-t'elle abbaissé tous les Grands
du Royaume en leur ôtant leurs Biens & leurs Souverainetez sous divers
pretextes, & par une longue suitte de violences. La folie des Croisades
qui mena la plûpart de nos Grands Seigneurs dans l'Asie, fournit à nos
Rois un beau moyen de s'emparer des Domaines de leurs Vassaux ; car ils
ne manquerent pas de profiter de leurs absences. On a réüni quelques-
uns de ces grands Domaines à la Couronne par des alliances, d'autre sous
des pretextes de *forfaiture & de crimes de Leze-Majesté.* L'an 1361. le Roi
Jehan voulut réünir à la Couronne la Normandie, la Champagne, &
la Comté de Toulouse, que ses Predecesseurs avoient usurpez sur les
Comtes sous pretexte d'heresie du temps des Albigeois ; *Charles* son Fils
réünit au Domaine la Ville & Territoire d'Auxerre, que *Philippe de Chas-
lons* luy vendit. *Charles VI.* l'an 1401. réünit au Domaine la Duché de
Guyenne laquelle il donna au Dauphin, à condition que le Dauphin venant à être Roy ou à mourir, la Province seroit réünie à perpetuité à la
Couronne Royale. La réünion de toutes les Provinces s'est ainsi faite,
les unes plûtôt, les autres plûtard. Et enfin la politique de nos Rois a si bien
fait qu'aujourd'huy les Duchez ne sont plus que des vains titres. On a ôté
aux vrais Ducs leurs Duchez, & l'on a érigé en Duchez des terres particulieres qui ne sont souvent de nulle consideration, & qui par consequent
ne sont pas en état de donner de l'ombrage aux Souverains : outre que les
Ducs dans leurs Duchez, ne possedent aucuns des Priviléges des anciens
Ducs.

L'Histoire des Comtes est à peu prés semblable à celle des Ducs. Le
nom est ancien : il est entré dans le monde dans les siécles de la décadence
de l'Empire Romain. Ce nom signifie *Compagnon,* ou un homme qui en
accompagne un autre demeurant attaché à sa personne. Les grands Officiers des Empereurs Romains se donnerent ce titre pour marquer l'honneur qu'ils avoient d'être toûjours auprés de l'Empereur. Je ne sçai si on
le trouve dans aucun Auteur plus ancien que *Spartien* qui dit dans la vie
d'Adrien, *que quand cet Empereur jugeoit, il avoit avec luy non seulement ses
amis & ses Comtes mais aussi des Jurisconsultes.* On trouve des inscriptions des
siecles suivants où ce nom est employé. *Ami des Empereurs & leur Comte
dans toutes leurs expeditions.* Une autre inscription porte ; *le Comte de l'Empereur Theodose dans toutes ses guerres & victoires.* Ce nom dans ces endroits
semble ne signifier autre chose que le compagnon de l'Empereur dans toutes ses guerres. Mais il est certain qu'il devint incontinent un nom de dignité. Et vous trouverez dans le livre intitulé *Notitia Imperii. Comes Palatii,
Comes Stabuli, Comes Largitionum. Le Comte du Palais, le Comte de l'Ecurie,
le Comte des distributions.* C'étoient ceux qu'on appelle aujourd'huy *grand
Maitre de la Maison du Roy : grand Maitre de l'Ecurie, & les Intendans du
thresor.* Dans les écrits de S. *Augustin,* & des autres Autheurs de son siecle

cle tant Ecclefiaftiques qu'autres, on y trouve fouvent cette Dignité de Comté, *le Comte Boniface*, *le Comte Marcellin.* Et même il paroît que quelques-uns de ces Comtes occupoient les premieres Dignitez de l'Empire. Témoin le Comte *Conftance* qui époufa *Placi lie* Sœur de l'Empereur *Honorius*, & gouverna l'Empire fous cet Empereur : Ils furent envoyez dans les Provinces pour les gouverner, & pour y exercer tous les droits de l'Empereur. Les Frans entrez en France y trouverent ces noms & ces dignitez établies par les Romains. Ils les y laifferent, & c'eft pourquoy fous les Rois de la premiere & de la feconde Race on trouve fi frequemment dans l'Hiftoire ces noms de *Comtes du Palais. Comtes de l'Etable, &c.* Ce nom fortit de la Cour & paffa dans les Provinces. Mais avec quelque diminution de cette grandeur qui luy avoit été attachée fous les derniers Empereurs Romains. Les Comtes fous les Rois Francs ne furent pas Gouverneurs de Provinces, cette authorité fut refervée aux Ducs, & les Comtes au deffous d'eux furent établis pour Juges des Villes, & de leur reffort. Ce qui forma ce qn'on appella des *Comtés*, ayant du rapport à ce qui s'appelle aujourd'huy les *Bailliages* & les *Senejchauffées. Gregoire de Tours* dans le feptiéme Chap. du troifiéme livre de fon Hiftoire dit qu'*Ennodius* Duc de Tours & de Poitiers fut depoffedé de fa charge à la follicitation des Comtes de ces deux Villes, c'eft à dire des Juges & Préfidents de la Juftice. Les conftitutions & les capitulaires de *Charlemagne* & de *Loüis le Debonnaire* font pleines de loix qui prouvent évidemment que c'étoit l'Office des Comtes, de travailler à la confervation d'un certain détroit, d'y punir les méchants, d'y faire exercer bonne juftice pour entretenir la paix & la tranquillité publique. On trouve l'étendue de leur commiffion exprimée dans une Charte de *Charlemagne* qui parle en ces termes : *Nous avons établi Trutman homme illuftre pour Comte dans cette partie de la Saxe, afin qu'il y refide,* IN CURTE AD CAMPOS IN MALLO PUBLICO. C'eft ainfi qu'ils appelloient les Affemblées ou les Etats & Affifes de la Province, *pour entendre les caufes de tout le monde & pour terminer les procés par des jugemens equitables, pour proteger les Prêtres qui font dans toute la Saxe, pour avoir infpection fur les Vicaires & Efchevins qui font au deffous de luy, afin qu'ils facent bien leur devoir. Enfin pour que ledit Comte execute de tout fon pouvoir & de toutes fes forces ce que nous luy avons ordonné & prefcrit.* Il eft clair que ce font là les fonctions d'un Chef de Juftice. Dans le Chapitre precedent en parlant de l'origine des Pairs, nous avons vû comment châque Comte avoit fes Pairs dans fon reffort & dans fa Comté, qu'il étoit obligé de fournir fa Cour de Pairs, que luy-même étoit Préfident de cette Cour : qu'à fon défaut il y faifoit prefider fon Baillif. Et tout cela fait voir que les Comtes originellement n'eftoient que les Préfidens de la Juftice d'un reffort fous l'authorité du Roy. Mais quand le nom de *Pairs* commença à être connu dans nôtre Gouvernement, celuy de Comte avoit déja bien monté de dignité. Car alors les Comtes étoient devenus Seigneurs des lieux dont il eftoient

Comtes.

Comtes. Depuis *Charlemagne* la dignité d'Empereur & de Roi déchent dans ses Successeurs, & les dignitez inférieures s'enflérent & s'enrichirent de cette décheance. En sorte que sur la fin de cette seconde Race de nos Rois, il len étoit arrivé aux Comtes comme aux Ducs. Ni les Duchez, ni les Comtez n'étoient héréditaires dans les maisons ; c'êtoient des commissions qui ne duroient qu'autant que le Prince le trouvoit bon. Sous *Charles le Chauve*, les Grands du Royaume augmentant leur authorité, il ne fut pas aisé d'ôter de leurs maisons les Comtez ; elles y demeuroient, & le fils les héritoit de son pere. Mais pourtant sous le bon plaisir du Prince. Ce qui paroît par les Capitulaires de ce Roi : où il est ordonné, *que quand un Comte vient à mourir, le fils dudit Comte étant à la Cour du Roi & à sa suite, l'Evêque du Diocese où se trouvera le Comté avec les Officiers & Vassaux du Comte mort, s'assembleront pour donner ordre aux affaires en attendant que le Roi ait conferé au fils les dignitez du pere.* Dans la suitte le Gouvernement s'affoiblissant tous les jours, & les Grands s'arrogeans de plus en plus l'authorité, il ne fut plus besoin que les Rois donnassent au fils le Comté du pere, mais les heritiers s'en conserverent la possession independamment du Souverain, auquel ils ne reserverent que l'hommage : d'abord châque Comte se rendit simplement Seigneur du Fief de sa Comté. Mais peu à peu ils s'en rendirent Souverains ; reconnoissant pourtant le Roy comme un Prince auquel ils vouloient bien rendre hommage. Alors les noms de Duc & de Comte se confondirent; on n'y mit plus la même différence. Les Comtes se trouvérent souvent plus grands Seigneurs que les Ducs. Et même les Seigneurs sont tantôt appellez Comtes & tantôt Ducs d'un même Pays. Ainsi les Ducs de Bourgogne sont souvent appellez Comtes dans l'Histoire. Les Princes de Bretagne s'appelloient indifféremment Comtes & Ducs. Et quoy que les Souverains de Normandie portent presque toûjours la qualité de Ducs dans l'Histoire, ils sont pourtant quelquefois appellez Comtes. Le commun dire veut que pour être Duc on ait quatre Comtes au moins au dessous de soy : pour estre Comte au moins quatre Barons, &c. Selon cela le Duc ne pourroit avoir des Ducs pour inférieurs, ni un Comte des Comtes. Cependant nous trouvons dans nôtre Histoire des Comtes assez grands Seigneurs pour avoir sous eux plusieurs Comtes. Le Comte de Champagne avoit sept Comtes Vassaux, les Comtes de Joigny, de Retel, de Château-Portien, de Brienne, de Bresne, de Grand-Pré, de Roucy, lesquels étoient obligez de se trouver à Troyes, quand le Comte y tenoit ses Assises ou ses Grands-Jours. On sçait combien les Comtes de Flandres ont été considérables. C'est l'état où étoit le Royaume & la Monarchie sur le déclin de la seconde Race de nos Rois. Alors la Monarchie changea en quelque sorte de forme : le Royaume fut divisé en un grand nombre de Gouvernemens, qui furent autant de Souverainetez indépendantes les unes des autres ; la France revint à peu-prés dans l'état où elle étoit quand les Romains y entrérent. Avant les Ro-

V 3

mains

mains elle étoit divisée en plusieurs Souverainetez qui avoient leur Conseil commun, qui étoit le lieu de leur union, & comme l'Assemblée de leurs Estats Generaux. Sous la fin de la Race de Charlemagne il y eut aussi un partage du Royaume en plusieurs Souverainetez, mais dont le centre étoit dans le Roy, duquel ils vouloient bien se reconnoître Vassaux & non Sujets. Et c'est ce qui apporta en France tant de troubles depuis la mort de *Louis le Begue* qui mourut en 878. jusqu'au couronnement de *Hugues Capet* qui se fit l'an 987. Le Gouvernement étant devenu trop foible entre les mains des derniers Rois de la seconde Race, les Grands du Royaume qui se trouverent presque aussi independants de la Cour qu'ils étoient les uns des autres, disputerent long-temps à qui occuperoit le trône. *Eudes* Comte d'Angers, *Robert* Comte & Gouverneur de Paris, *Hugues le Grand* fils de *Robert*, *Thibaut* Comte de Blois & de Chartres, *Raoul de Bourgogne*, les Comtes de Flandres, & les Ducs de Normandie, *Hugues Capet* fils de *Hugues le Grand*, & tous les autres grands Seigneurs de France, remuèrent l'Etat, & le firent si bien changer de forme que quelques-uns se mirent sur le trône. Les autres s'affermirent dans la Souveraineté des Duchez & Comtez dont auparavant ils n'étoient qu'Administrateurs à vie & Gouverneurs pour le Roy. Et enfin *Hugues Capet* fut assez heureux pour se faire élire Roy d'un commun consentement des Prélats & des Grands de France. Mais en sorte pourtant qu'il laissa tous ces grands Seigneurs par lesquels il avoit esté élu dans tous les droits, privileges & Souverainetez dont ils étoient en possession. Les Rois de France n'avoient pour domaine que la ville de Paris & les Pays voisins, la Picardie, la Beausse, la Sologne, & une partie de la Bourgogne; toutes les Provinces, la Champagne, la Bretagne, la Normandie, la Guyenne, le Languedoc, le Berry, &c. avoient leurs Ducs & leurs Comtes qui en estoient Souverains, avec une égalité presque entiere avec le Roy. Nous reviendrons à cette égalité & aux conclusions qu'on en doit tirer quand nous aurons achevé de parler des autres dignitez de France.

Aprés les Ducs & les Comtes viennent les Barons. C'est un nom d'une origine moins noble que ceux de Ducs & de Comtes; ceux-cy ont tiré leur origine de la langue Latine; & l'on croit que celuy-cy nous est resté de l'ancienne langue Gauloise. D'autres le derivent d'un mot Grec qui signifie poids & fardeau. Quoy qu'il en soit, dans son premier & plus ancien usage il ne signifioit qu'un Goujat d'armée, qui est la plus basse de toutes les conditions. Et de là est venu que les Latins l'ont employé pour signifier bête & stupide, parce que c'est assez là le caractere des gens de cette condition. On le lit en ce sens dans la cinquiéme Satyre de Perse.

Eheu
Baro ! regustatum digito terebrare salinum
Contentus perages, si vivere cum Jove tendis.

C'est l'avarice qui parle & qui dit, *Sot & stupide si tu veux être honnête homme & suivre les commandemens de Jupiter tu vivras comme un miserable,*

blé, *& seras obligé de percer la saliere, pour regratter quelques restes.* Ce mot
demeura dans la basselle jusqu'au delà du sixiéme siecle : on voit dans
Isidore au livre 9. de ses origines chap. 4. que de son temps on appelloit ainsi
tous les Mercenaires : *Mercenarii,* dit-il, *sunt qui serviunt acceptâ mercede,
iidem & Barones Græco nomine, quod sint fortes in laboribus.* Mais peu de
temps aprés ce nom commença à monter de grade, & dans les Sermons *ad
Fratres in Eremo* qui se trouvent entre les œuvres de S. Augustin, mais qui
ne sont pas de luy, on y trouve ce mot pour les serviteurs des Rois, Princes
& grands Seigneurs. *a Ubinam est corpus Cæsaris præclarum, &c. ubi
caterva Baronum, ubi acies militum ?* Et de là est venu enfin que tous les Vassaux d'un Roy, Prince, Duc & Comte furent appellez les Barons ; parce
qu'ils tenoient de luy leurs Fiefs à condition de leur rendre hommage & service sur tout dans le fait des armes, toutes les fois qu'ils en seroient requis &
que cela seroit necessaire. Et même ce nom fut donné particulierement à
ceux qui tenoient leurs terres & fiefs immediatement du Roy ou du Souverain sans relever d'aucun autre, & qui étoient obligez de l'accompagner à
la guerre, & de luy faire autres services semblables à cause de leurs fiefs ; on
lit dans la Charte de *Guillaume* Duc d'Aquitaine, *Alors mes Barons, qui me
devoient aider, renonçans à la fidelité qu'ils me devoient commencerent à me
nuire.* Dans les Statuts & Histoires d'Angleterre & d'Ecosse ce nom se trouve
trés-souvent pour les grands Seigneurs, qui depuis furent appellez *Pairs du
Royaume.* Et même dés le temps de *Charlemagne* on s'en servoit pour signifier les Grands. Car dans le Titre 15. de ses Capitulaires ils sont appellez *illustres & Sapientes Barones,* & il paroît qu'ils faisoient des loix & des regle-
mens. Hincmar dit : *b Nam si illi boni Barones post mortem Pepini cum
duobus Fratribus sic sano consilio egerunt, ut pax inter Fratres Regis & inter Regni Primores ac populum esset.* Ces Barons qui avoient accordé les deux
Freres enfants de *Pepin* entre eux & avec le peuple, ce sont ceux-là même
qui sont appellez *Primores & Proceres,* qu'on a du depuis appellé les *Pairs.*
Enfin dans les anciennes Histoires d'Angleterre & de France les Pairs & les
Barons du Royaume c'est la même chose. Nôtre vieux François les appelloit *Bers,* & ceux d'entr'eux qui étoient distinguez pour la naissance,
pour les biens & le nombre des Vassaux s'appelloient *Hautbers* ou *Haut-
barons.* Et c'est de là, selon toute apparence qu'est venu le *Fief de Hautbert* en Normandie, plûtôt que du mot de *Hautbert,* qui signifie une cui-
rasse. La plus ordinaire signification du nom de Baron & qui enfin est
devenuë comme generale en France sous la troisiéme Race, est celle qui
désigne les Assistants des Ducs, & des Comtes dans leurs Provinces.
Nous avons vû comme châque Comte ou Duc étoit luy même Presi-
dent de la Justice dans son détroit, & devoit juger avec ses Barons, c'est-
à-dire les Nobles & les Gens tenants Fiefs de luy dans l'étenduë de sa
Province. Ils étoient aussi appellez *Pairs* comme nous avons vû, de là
vient qu'on disoit, *la Cour des Pairs ou des Barons d'une telle Province, les*

Pairs

a *Serm.* 48. b *Epist.* 1. *Chap.* 6.

Pairs ou les Barons de Flandres, la Cour des Pairs ou des Barons de Vermandis, de Bourgogne, &c. & ainsi des autres. Ces Barons étoient obligez d'assister leur Seigneur non seulement dans les Tribunaux pour rendre Justice, mais aussi à la guerre. Mais comme il est arrivé que les Comtes de simples Juges ou Baillifs de Robe-courte des Provinces en sont devenus Seigneurs & Grands du Roiaume, ainsi est-il arrivé que plusieurs Barons se sont si fort élevez ou par leurs services ou par leurs grands biens, & le nombre de leurs Vassaux, qu'ils ont à peu prés égalé les Pairs de France, les Ducs & les Comtes. Dans une ordonnance de *Philippe III.* pere de *Philippe le Bel* de l'an 1275. aprés les Pairs de France & plusieurs Ducs & Comtes sont rangez comme dans la même classe, les Barons de Narbonne, de Beaujeu, & de Coucy: Et peu de gens ignorent qu'il y avoit en France quatre Baronies principales, celles de Coucy, de Craon, de Sully & de Beaujeu, lesquelles avoient séance entre les Grands du Royaume. La Maison de Montmorency tenoit à honneur que ses Ancêtres eussent porté le nom de premiers Barons de France, comme le prouve *du Chesne* l'Historien de cette Maison.

Les Droits des Baronies & des Barons étoient *d'avoir marché, Chastellenie, Peage, & lize estage.* Comme il est porté dans les établissemens de *S. Louis.* Où l'on trouve aussi [b] *que le Bers a toute justice en sa terre, ne li Roy ne peut mettre ban en la terre au Baron sans son assentement.* Entre les cas dont le jugement appartenoit aux Seigneurs de Haute Justice de Baronie sont contez [c] *traison, rat, arson, murtre, encis, & tous crimes où il a peril de perdre vie où membre, là ou l'en fesoit bataille.* C'est à dire trahison, rapt incendie, meurtre, incision & tous crimes qui emporte mort ou mutilation de membre, pour quoy l'on ordonnoit l'épreuve du duel. *Philippe de Beaumanoir* dans la Coûtume de Beauvais chap. 58. conte entre les Privileges du Baron de pouvoir se servir en temps de Guerre des Châteaux & forteresses de ses Vassaux pour sa propre défense. Et aussi de pouvoir obliger ses Vassaux de l'accommoder par vente ou échange, de toutes les terres & possessions joignant la Baronie qui sont à sa bienseance. Il y avoit donc autrefois beaucoup d'honneur à être Baron, aujourd'huy personne n'en veut plus même porter le nom.

Je n'ay point fait entrer l'Histoire de la dignité de Marquis dans son ordre, selon lequel elle devoit être devant les Barons & peut-être devant les Comtes; j'ay fait cette omission pour deux raisons : la premiere que cette dignité est trés-peu connuë & rare dans l'ancien Gouvernement de la Monarchie Françoise. La seconde que les Marquis ne doivent pas être distinguez des Comtes; Car les Comtes étoient, comme nous avons vû, Gouverneurs, Juges & Conservateurs des Provinces, & les Marquis étoient cela même dans les Provinces frontieres. Ils ont tiré leur nom de *Marche,* nom qui est demeuré à divers Païs; on dit *la Marche de Brandebourg, la Marche d'Ancone.* Dans la Charte de partage entre les Enfans de *Charlemagne* on lit, *qu'aucun d'eux n'entreprenne d'envahir les Limites du Royaume de son Frere, ou d'entrer frauduleusement pour troubler son Etat,* VEL MARCAS MINUEN-

a *lib.* 2. C. 36.   b *lib.* 1. c. 24.   c *Cap.* 4.

MINUENDAS, *ou diminuer ses frontieres.* Dans le partage entre les Enfans du *Débonnaire* dans *Eghinart* on lit *Marca Hispanica, Marca Tholosana.* Ainsi étoient appellées les frontieres du mot *Mark* qui signifioit Cheval dans la Langue Gauloise; parce qu'on entretenoit dans les Provinces frontieres de la Cavalerie pour s'opposer aux incursions des Barbares qui faisoient la Guerre à Cheval. Les Comtes & Gouverneurs de ces Places & Provinces frontieres furent appellez *Marchiones*, comme qui diroit Generaux de la Cavalerie pour la garde des frontieres. Et de la même source est venu sans doute nôtre *Marscal* ou *Maréchal* qui signifie un General d'Armée. Nom qui est commun à ces Grands Officiers, & à ceux qui ferrent les Chevaux & les gouvernent, parce que *Marscal* en vieux Gaulois signifie Valet de Chevaux. Ce nom de Marquis étoit en usage dans cette signification dans le huitiéme siecle. *Aimoin* dans la vie de *Louis le Débonnaire*, dit *que Louis étant appellé par son Pere Charles il amena avec luy toute l'Armée, laissa la Guyenne ne laissant que les Marquis pour garder les frontieres :* a *relictis tantùm Marchionibus qui fines Regni tuentes, omnes si forté ingruerent hostium arcerent incursus.* Avant que le mot barbare de *Marchio* fût en usage, les Romains appelloient cette dignité *Comes limitis*, Comte des frontieres; *Comes limitis Orientis aut Occidentis*, Comte & Gardien des frontieres d'Orient ou d'Occident. Ces Comtes des frontieres ou Marquis n'ayant jamais eu d'autres droits dans nôtre ancien Gouvernement que les autres Comtes, ne doivent pas être mis dans un autre rang ni occuper un autre Chapitre.

Au dessous de ces Grands Seigneurs est la simple Noblesse sous le nom d'*Escuyers* & de *Gentilshommes*. Je ne doute pas qu'il ne faille chercher l'origine de ces deux noms dans la décadence de l'Empire Romain. On les trouve trés-souvent dans *Ammien Marcellin* sous le nom de *Gentiles* & de *Scutarii*, Gentils & Escuyers. En ce temps-là ces deux noms signifioient deux especes de milice dans l'Armée Romaine, comme sont entre nous les Gendarmes, les Cuirassiers, &c. & entre les Turcs les Spahis & les Janissaires. C'étoit en ces deux sortes de milice que consistoit la principale force de *Julien* dans la Gaule. *Ammien Marcellin* rapporte que ce Prince qui fut depuis Empereur & que nous appellons l'*Apostat*, ayant repris la Ville de Cologne, il mit ses Troupes en quartier d'hyver & s'en retourna à Sens. Les ennemis s'attrouperent pensans le surprendre au dépourvû. b *Ideò confitentes quòd nec* SCUTARIOS *adesse prodentibus profugitis didicerant, nec* GENTILES, *per municipia distributos ut commodiùs versarentur.* Ils avoient appris par des Deserteurs que les *Escuyers* n'étoient pas auprés de luy, & que les *Gentilshommes* avoient été distribuez dans les quartiers de rafraichissement. Il est souvent parlé & dans *Ammien Marcellin* & dans la Notice de l'Empire, de l'Ecole des Gentilshommes. En parlant de *Salvius* & *Lupicin* deux braves Soldats *Ammien* dit c *Scutarius unus, alter è scola Gentilium.* L'un étoit Escuyer & l'autre de l'Ecole des Gentilshommes. Et d dans un autre lieu il dit qu'on fit un détachement des plus braves des Escuyers & des Gentilshommes, & qu'on en donna la conduite à *Scintula* Tribun de

X

l'El'Écurie de l'Empereur. *De Scutariis & Gentilibus excerpere quemque promptissimum.* Et dans le quatorsiéme livre *Scudilon* est appellé, le General des Ecuyers, *Scutariorum Rector.* Ces deux sortes de Milice étoient assurement distinguées entre les autres, & il y a apparence qu'ils étoient proches de la Personne du General comme ses Gardes. Les Gentils ou Gentilshommes étoient des Gardes Estrangeres, comme sont en France les Gardes Ecossoises & les Gardes Suisses. On les appelloit *Gentils* du mot *Gens,* mot dont les Romains exprimoient souvent les Nations Barbares; & les Chrêtiens, les Nations Payennes. Ces *Gentiles & Scutarii* sont la source de nos Ecuyers & de nos Gentilshommes. Les Francs entrans en Gaule y trouverent ces deux noms, & les y laisserent dans le même degré d'honneur où ils les avoient trouvez, & même les augmenterent. La Noblesse vient des Armes, on n'en doute point. Ces deux sortes de Milice êtans distinguées entre les Soldats conserverent & augmenterent leurs distinctions, & avec le temps porterent tître de *Nobles,* par opposition à ceux du Peuple qui s'employoient dans l'exercice des arts. Mais il est à remarquer que cette Noblesse n'étoit point hereditaire, non plus que les Dignitez de Ducs, de Comtes & de Marquis. Les Gens de Guerre étoient reputez Nobles pendant qu'ils suivoient la vie de la Guerre, sans faire autre profession; & quoy que par vieillesse ou par blessure ils fussent dispensez du service, ils étoient reputez Nobles & joüissoient du Privilége de la Noblesse, moyennant qu'ils n'embrassassent pas de profession opposée à celle de la Guerre. Mais si eux ou leurs Enfans venoient à prendre une autre vocation, ils cessoient d'être reputez Nobles; & les Enfans ne naissoient pas Nobles, mais le devenoient si le Pere leur faisoit choisir le mêtier des Armes. Sinon ils demeuroient dans l'ordre du simple Peuple. Et de là est venu que quand les Rois ont rendu la Noblesse hereditaire, on y a attaché la condition de ne point exercer les arts méchaniques & la marchandise, ce qui s'appelle déroger à la Noblesse.

Afin que ces Personnes qui se destinoient à la Guerre & qui en ensuivoient la profession, eussent dequoy se soûtenir; outre les gages on leur distribuoit des fonds & des terres pour leur subsistence. On voit souvent dans l'Histoire Romaine qu'on partageoit certains Païs conquis aux *Gens de Guerre,* sur tout prés de frontieres de l'Empire. Et cela s'appelloit *Beneficium,* Benefice; les terres que l'on distribuoit aux nouvelles Colonies Romaines portoient aussi ce nom. * *Si quæ beneficia concessa aut assignata Coloniæ fuerint, in libro Beneficiorum adscribemus.* Les Francs entrans dans la Gaule conserverent & la chose & le nom. Ceux qui servoient l'Etat par les Armes, s'appellerent *Scutarii & Gentiles,* Ecuyers & Gentilshommes, & les terres, qu'on leur donnoit s'appelloient *Beneficia,* benefice. Mais comme la Noblesse n'étoit point hereditaire, ces Benefices ne l'étoient pas non plus. Ces Biens étoient possedez absolument comme les Timariots de Turquie. Ils étoient à vie, & ne passoient pas aux Enfans encore qu'ils suivissent la profession des Armes, à moins que le Fils ne fit renouveller en sa faveur la donation du Prince pour le Fief.

* *Hyginus de limitibus agrorum.*   11

Il est arrivé deux changemens dans ces Biens. Premierement ils ont changé de nom, & c'est ce qu'on appelle aujourd'huy *Feoda*, Fiefs, Biens-no-
bles, Biens affectez aux Personnes qui suivent la Guerre, opposez à
Alodia qui signifie les Biens non-nobles, & qui peuvent être possedez
par toutes sortes de personnes. Au lieu que les Fiefs ne pouvoient pas
être possedez par les Roturiers. Le nom de *Benefice* est demeuré à l'Eglise,
& c'est ainsi qu'on appelle les fonds qui ont été annexez aux Evêchez,
Abbayes & Prieurez qui se donnent à vie seulement. Le nom de *Fief* est
demeuré propre à la Noblesse. Il est tiré de *foy* & de *fidelité*; parce que
les Fiefs sont des terres que le Prince ou Seigneur a données & distribuées
sous promesse de foy, hommage, Vasselage, & sur tout à condition
que le Vassal tenant Fief sera obligé de servir en Guerre son Seigneur,
toutes les fois qu'il en sera requis. Toutes les Loix & Chartes anciennes
sont pleines de ces mots, *Benefice*, *Fiefs*, *Alodia* ou *Aleuds*: particulierement depuis *Charlemagne*. Nous aurons occasion de revenir à cette matiere quand nous parlerons de la maniere dont la Guerre se faisoit, &
d'où on tiroit les frais de la Guerre. Pour aujourd'huy & pour nôtre
sujet, il faut seulement remarquer deux choses: la premiere que ce n'é-
toient pas seulement les Rois & les Souverains qui donnoient ainsi
des terres à foy & hommage, à condition que les tenants des Fiefs leur
servissent à la guerre; c'étoient generalement tous les Seigneurs, Grands
Terriens qui distribuoient ainsi les terres dont ils étoient chargez, & se
faisoient des Vassaux par ce moyen. C'est pourquoy aujourd'huy ce ne
sont pas seulement les Duchez, Comtez & grandes Baronnies qui ont
des Vassaux; mais des terres sans titre de dignité ont souvent multitude
de Vassaux. La seconde chose à observer; c'est que ces Vassaux, Escuyers
& Gentilshommes du temps que la France étoit partagée en plusieurs
Souverains Vassaux de la Couronne, ne dépendoient point du Roy:
châque Prince Souverain, Duc & Comte en France avoit ses Barons, Escuyers & Tenants-Fiefs qui dépendoient de luy, & qui
étoient obligez de le servir contre le Roy même, quand le Roy le
vouloit injustement opprimer. Ainsi les Ducs de Bretagne, de Normandie, d'Aquitaine, les Comtes de Champagne, de Tholouse, de Poitou,
d'Anjou, avoient leurs Sujets Vassaux & Gentilshommes, qui ne dépendoient point du Roy, & n'étoient obligez à luy rendre service
qu'autant que leur Seigneur le vouloit & les y engageoit.

Aprés cette Histoire de la Noblesse de France depuis les plus hautes
dignitez de Duc, de Marquis & de Comte jusqu'aux simples Gentilshommes, je reviens à cette égalité qui étoit entre les divers Souverains qui partageoient autrefois la France, égalité qui régnoit non seulement entr'-
eux, mais avec le Roy duquel tous les autres Princes relevoient simplement comme Vassaux. Article d'une si grande importance, qu'il est seul
capable de ruiner entierement les prétentions de cette Puissance absolue
que la Cour exerce aujourd'huy. Il faut donc sçavoir que durant plusieurs

siecles

Siécles le Gouvernement de la France étoit à cét égard absolument semblable à celui qui est aujourd'hui en Allemagne. Le grand Pays au delà du Rhin est divisé en plusieurs Princes, Electeurs, Ducs & Comtes, qui se disent Membres de l'Empire, qui veulent bien se dire Vassaux de l'Empereur en tant que Chef de l'Empire, mais non ses Sujets. Châque Prince est Souverain, châque Etat, soit Electeur, soit Duc, soit Comte, soit Ville libre, est Maître chez soy. L'Empereur n'a point droit d'y lever des Tributs, ni de se saisir des Domaines, ni de les engager dans aucune guerre sans leur consentement, ni d'exercer aucun acte de Juge, de Magistrat & de Souverain, à moins qu'il ne soit authorisé par les Diétes générales de l'Empire. Châque Prince Membre de l'Empire peut se faire faire droit par la voye des armes des autres Membres de l'Empire. Ils peuvent avoir des guerres avec les Etrangers, sans que l'Empereur y prenne part. Enfin ils ont droit de faire la guerre à l'Empereur luy-même, quand il les veut oprimer par la violence. Le Gouvernement de la Monarchie Françoise étoit absolument semblable : les Ducs de Normandie, de Bretagne, de Guyenne, les Comtes de Champagne, de Poitou, d'Anjou, de Toulouze, de Provence, les Ducs de Berry, de Bourgogne, le Comte de Flandres, & généralement tous les autres étoient Maîtres chez eux, & ne dépendoient en rien du Roi de France, excepté l'hommage, & les devoirs des Vassaux à leurs Seigneurs. Encore ces droits de Vasselage étoient fort mal exercez, & tout autant qu'il plaisoit à ces Seigneurs inferieurs au Roy. Ils levoient sur leurs Sujets les impots qu'ils jugeoient estre necessaires pour la conservation de leur Etat, en obtenant pourtant permission des Etats de la Province dont ils étoient Ducs ou Comtes. Car le partage de la Monarchie ne se fit pas au prejudice du Peuple qui conserva toûjours ses droits. Ces Seigneurs ne suivoient pas toûjours le Roy dans ses guerres, & n'embrassoient pas toûjours ses interêts. Ils ne luy fournissoient ni hommes ni argent qu'autant que bon leur sembloit. Le Roy n'avoit aucun pouvoir sur la Noblesse & sur les Gentils hommes du Duché & de la Comté qu'autant que le Prince, Duc ou Comte de la Province luy en donnoit. Enfin ce qui est une marque de pleine Souveraineté, les Princes se faisoient entr'eux la guerre & la faisoient au Roy même quand ils jugeoient que cela étoit de leur interêt. Toute nôtre Histoire est pleine de preuves de ce fait. L'an mille trente-deux *Odon* Comte de Champagne & *Baudouin* Comte de Flandres firent la guerre à *Henry premier* petit fils de *Hugues Capet*, en faveur de son frere *Robert*, que le Pere & les Etats du Royaume avoient exclus de la Couronne, quoy qu'il fût l'Aîné. Sous le même Roy *Henry I.* il y eut guerre en Normandie entre les héritiers du Duc *Robert*. *Guillaume le Bastard*, fils de *Robert*, fut investi de la Duché par *Henri I.* les légitimes héritiers, quoi que dans un dégré plus reculé, voulurent se faire raison par les armes. *Henry* soûtint l'affaire de *Guillaume*. Mais les autres, quoi que Seigneurs particuliers, & même assez petits Seigneurs, resistérent par les armes au Roi luimême, & ne cedérent que parce qu'ils se trouvérent les plus foibles. *Guil-*

laume

laume le Baſtard, qui fut depuis Roi d'Angleterre, mais qui pour lors n'étoit que Duc de Normandie, Duché qu'il ne tenoit, pour ainſi dire, que de *Henri*, fit pourtant la guerre à ſon Seigneur, battit les François l'an 1040. le Roi luy-même y fut battu, & ſe vit obligé de faire la paix de pair à pair. Sous *Philippes I.* l'an 1063. *Godefroy Martel* Comte d'Anjou & de Touraine, comme Souverain & Maître de ſes actions, fit la guerre au Duc d'Aquitaine, le battit, le rendit Tributaire, & le fit ſon Vaſſal : quoy que les Comtes d'Anjou & de Touraine euſſent juſques-là relevé des Ducs de Guyenne. *Robert* Comte de Flandres l'an 1072. eut une groſſe guerre contre le Roy de France ſon Seigneur de Fief, battit les François dans la fameuſe bataille de Caſſel, & donna la paix au Roy plûtôt qu'il ne la reçut. Le même Roy *Philippe I.* dans ſa vielleſſe eut une guerre contre *Guy de Rochefort*, *Eſtienne* Comte de Champagne & le Seigneur de Gournay. *Loüis* Prince de France, qui fut depuis Roy ſous le nom de *Loüis le Gros* termina cette affaire par la voye des armes. Le même Loüis le Gros au commencement de ſon Régne vit une Ligue qui ſe forma contre luy de pluſieurs Seigneurs, leſquels aprés la paix faite ne voulurent point étre traittez & conſiderez comme rebelles. Sous ce même Régne il y eut guerre pour la ſucceſſion de la Comté de Flandres aprés la mort de *Robert Friſon*, entre *Guy de Bourgogne & Guillaume* fils du Duc *Robert*. Et les Princes ne reconnurent dans le Roy de France aucun caractere qui luy donnât pouvoir de terminer leurs differents avec authorité. Le même *Loüis le Gros* eut guerre contre le Comte d'Auvergne & le Duc de Guyenne ; cette guerre finit par la paix de 1132. Ce même Roy eut auſſi guerre contre *Thibault* Comte de Champagne, la paix ſe fit en 1133. Il faudroit copier toute nôtre Hiſtoire pour épuiſer les exemples de cette nature. Cela donc fait voir evidement la Souveraineté des Ducs & des Comtes d'alors.

C'eſt de cette Souveraineté ſur les Provinces & du partage de la Monarchie entre pluſieurs Souverains, qu'eſt venuë l'aliénation des Provinces & la Domination des Etrangers dans le Royaume. Les grands Fiefs de la Couronne paſſoient dans d'autres Maiſons par des filles & par des alliances, tant on connoiſſoit peu alors la Loy Salique, qui exclut les femmes de tout Fief noble en France. Et les grands Domaines par des alliances ont paſſé dans les mains des Princes étrangers. L'an 1153. *Henri* Comte d'Anjou ſucceda à *Eſtienne* Roy d'Angleterre, & emporta avec luy les Comtez d'Anjou, de Touraine, le Duché de Guyenne joints au Duché de Normandie. C'eſt ce qui mit les Anglois en poſſeſſion de preſque la moitié du Royaume, & cauſa dans la ſuite tant de guerres. Par toutes ces preuves il eſt conſtant que les Ducs & les Comtes dans ce tems-là étoient Souverains en France des Provinces qu'ils y poſſédoient, ne reſervant au Roy que l'hommage. Or preſentement comparez ce Gouvernement à celuy d'aujourd'huy. Il eſt tout auſſi different que le ſont à préſent celui de l'Allemagne & celui de France. Aujourd'huy les Ducs & les Comtes ſont devenus de vains titres : le

X. 3

Roy

Roy est Maître absolu & Souverain par tout ; les Gentilshommes & les Peuples de toutes les Provinces luy sont soûmis. Il n'y a plus de forteresse, plus de droit de faire guerre que dans ses mains : Tout Prince qui ose lever la tête & parler de prendre les armes contre le Roy, quelque tyran qu'il soit, est coupable de rebellion. Les Princes & les Ducs sont aussi soûmis & abbaissez sous le Roy, que les plus petits de tous les Sujets. Le Roy s'est rendu Maître de tous les Etats de ces Souverains, & les a annexez à perpetuité à la Couronne. On ne peut pas voir un plus grand changement de Gouvernement. Et si aujourd'huy l'Empereur s'étoit rendu Maître de tous les domaines des Princes & des Etats libres de l'Empire ne leur laissant que les vains noms de Ducs, de Comtes, & de Villes Imperiales, on se moqueroit de luy, & on auroit droit de le faire s'il soûtenoit qu'il exerce le pouvoir qu'il a herité de ses Ancêtres, qu'il n'a point fondé sa Monarchie sur un nouveau Gouvernement, & qu'elle roule sur l'ancien pied. Et par consequent lors que la Cour soûtient que le Roy exerce aujourd'huy sur les Grands du Royaume le pouvoir, qu'il a toûjours eu, la prétention est evidamment fausse.

Mais icy les flateurs de la Cour diront que nous voulons faire regarder dans l'Histoire de nos Rois comme le foible, ce qui en est veritablement le fort. Que c'est une obligation que nous avons à la troisiéme Race des Rois de France d'avoir réüni les Provinces qui avoient été alienées : que sous les Rois de la premiere & de la seconde Race, les Ducs & les Comtes n'étoient que les Gouverneurs de leurs Provinces : que ces Gouvernements n'étoient pas mêmes hereditaires : que par la foiblésse du Gouvernement les Ducs & les Comtes s'étoient faits Souverains : que les Rois ont été en droit de les faire retourner à leur ancienne origine : que cette multitude de petits Souverains dans un grand Etat en est la ruïne : que cela y entretient des guerres, qu'un grand corps divisé devient foible. Que la France durant ce Gouvernement a été la proye des étrangers, & qu'elle allumoit à tous coups le feu dans ses propres entrailles ; Enfin que c'est le plus grand coup de sagesse & de politique qui jamais ait été fait, que cette réünion des Provinces à la Couronne : que par là le Royaume est devenu une espece d'Empire, & que c'est ce qui l'a rendu si redoutable aux étrangers. Voila qui est bien specieux. Mais pour faire tomber ce bel edifice, il n'y a qu'à ramener la comparaison de l'Allemagne & de la France. Il faut sçavoir que du temps de *Charlemagne* le Gouvernement étoit le même en France & en Allemagne sous un seul Maître. Les Gouvernements, les Duchez & les Comtez en Allemagne étoient à vie comme en France, il n'y avoit au delà & au deçà du Rhein qu'un seul Seigneur. Cela dura sous les Successeurs de *Charlemagne* qui eurent quelque vigueur. Mais le Gouvernement au delà du Rhein s'affoiblit comme deçà ; même chose arriva en Allemagne qu'en France : les Gouverneurs des Provinces s'en rendirent les Maîtres & les Souverains. Et de là sont venus les Ducs & Comtes, Palatins, de Baviere, de Brunswick, de Lunebourg, & generale-

ment

ment tous les autres : les Villes puissantes & riches que les petits Souverains ne pûrent domter ne demeurerent pourtant pas sujettes de l'Empereur, & sans se détacher de l'Empire elles se mirent en liberté : voilà
comme les choses se sont passées. S'ensuit-il de là qu'aujourd'huy l'Empereur seroit bien fondé à réünir à sa Couronne Imperiale tous les domaines de l'Empire ? L'écouteroit-on quand il diroit, autrefois l'Empereur
étoit Maître par tout, donc il le doit être aujourd'huy ? Il est vray que sous la
premiere Race de nos Rois, & sous une bonne partie de la seconde, les Comtes & les Ducs n'étoient pas Souverains & n'étoient qu'à vie. Mais ils
avoient d'autres privileges, qui valoient bien autant ou plus pour la conservation de la liberté. Ils avoient le droit dans leur Parlement de faire
tout ce que bon leur sembloit, même contre le Roy. Tout de même
qu'aujourd'huy en Angleterre il n'y a qu'un seul Seigneur qui est le Roy,
toutes les Duchez & les Comtez ne sont que titulaires ; ce fut *Henry VII.*
qui abolit toutes ces Seigneuries particulieres. Mais châcun sçait que les
Seigneurs & les peuples d'Angleterre n'en sont pas moins libres. Les
troubles de l'Etat & les entreprises des Rois ayant rendu la tenuë des Parlements en France difficile & rare, les Seigneurs trouverent un moyen
de se garantir de la tyrannie des Rois, c'est de se rendre Maîtres châcun
dans leurs Gouvernements. De plus ce que disent ces Messieurs, que toutes ces petites Souverainetez s'étoient formées par usurpation sur la fin de
la seconde Race de nos Rois, n'est pas tout à fait vray. *Du Haillan* nous
assure qu'il y avoit d'anciens Duchez & Comtez hereditaires. *Il y avoit,*
dit-il des Seigneurs naturels qui de tout temps en avoient la joüissance sans
que les Roys les eussent privez de la proprieté de leur héritage : Car long-temps
devant Hugues Capet * *les Ducs de Normandie, de Bourgogne & d'Aquitai-*
ne tenoient paisibles leurs Duchez. Et les Comtes de Thoulouse, de Flan-
dres, d'Auvergne, de Vermandois, d'Anjou & autres, qui étoient here-
ditaires en leurs Comtez les possedoient paisiblement. Au moins est-il certain que cette possession des Provinces du Royaume en proprieté par les
Seigneurs a commencé un siecle ou deux avant *Hugues Capet,* qu'elle a
duré plus de deux ou trois cents ans aprés luy. Il me semble que cinq ou
six cents ans suffisent pour une prescription. Il est vray qu'il y a des Droits
qui ne se prescrivent jamais, & tel est le Droit des Peuples. Mais chacun
sçait que de Seigneur à Seigneur prescription a toûjours eu lieu.

Quant à ce qu'on dit des maux qui venoient de la division & de la
puissance de la Monarchie, qui s'est augmentée par la réünion, j'y ré-
pons qu'en tout Gouvernement il y a du bien & du mal : il est vray
qu'il y a de l'incommodité en plusieurs rencontres dans un Gouvernement, tel qu'étoit celuy de France autrefois, & tel qu'est celuy
d'Allemagne aujourd'huy. Mais ces incommoditez du Gouvernement
ne donnent point droit à l'Empereur de se faire seul Seigneur. Ainsi
ces incommoditez n'ont point donné droit au Rois de France de ravir
par violence & par fraude les biens appartenants à leur Vassaux. Il est

* *Dans la vie de Hugues Capet.*

vray

vray un Roy est bien plus puissant quand il se rend Souverain de tout, & fait de ses Vassaux ses Sujets. Mais ce n'est pas la puissance du Monarque qui fait le bien de la Monarchie & des Peuples ; au contraire c'est ce qui rend les peuples miserables : car plus un Prince est puissant, plus les Sujets sont opprimez, plus il faut de choses pour soûtenir le luxe & la grandeur du Prince. La France a esté déchirée de plusieurs guerres quand elle étoit divisée en plusieurs Souverainetez ; il est vray ; Mais elle ne l'a été gueres moins depuis les réunions. L'Allemagne toute divisée qu'elle est ne laisse pas de subsister avec gloire ; la Monarchie Françoise se seroit aussi fort bien conservée sans que les Rois eussent opprimé sa liberté. Un peu davantage de réputation au dehors ne recompense gueres de la perte de la liberté & de tant de sang, de biens, de repos, de tranquilité, de paix que nous ravit la puissance d'un seul Monarque, qui a anéanti tous les Seigneurs pour être seul Souverain Seigneur.

Fin du Dixieme Mémoire.

A AMSTERDAM,
le 29. d'Avril 1690.

LES SOUPIRS
DE LA
FRANCE ESCLAVE,
Qui aspire aprés la Liberté.

XI. MEMOIRE.
Du 1. de Juin 1690.

De l'Ancien Gouvernement par rapport au Peuple: La France n'avoit pas de Troupes réglées, quand elles ont commencé. La Noblesse portoit le Fardeau de la Guerre. Les Impôts étoient autrefois inconnus, quand ils ont commencé. Récapitulation & conclusion de tout le précédent.

NOUS avons confidéré l'Ancien Gouvernement de la Monarchie Françoife par rapport à toute la Nation en général, en faifant l'Hiftoire des Droits du Peuple fur l'élection & la dépofition des Rois ; & en rapportant fidélement l'étendüe du Pouvoir des Etats du Royaume affemblez. Nous avons auffi vû la forme de l'Ancien Gouvernement par raport aux Parlemens & aux autres Tribunaux de Juftice, par rapport aux premieres Charges du Royau-

me,

me, & enfin par rapport aux dignitez & à la Noblesse. Il ne nous reste plus pour donner une parfaite idée de cet ancien Gouvernement que de le regarder par rapport au Peuple distingué des Grands & de la Noblesse. Il est certain que le Peuple est celuy qui porte les fardeaux, particulierement en France. Son joug est d'une pesanteur, & son esclavage d'une étenduë qui passe toute imagination; on le peut voir dans les premiers Chapitres de cet Ouvrage. Il faut voir présentement si au commencement il en êtoit ainsi. Les fardeaux des Peuples se réduisent à deux griefs; c'est le faix de la Guerre qu'on luy fait porter, & celuy des Tributs qu'on impose sur luy. Nous allons voir comment autrefois il ne portoit ni l'un ni l'autre de ces fardeaux.

Premierement pour celuy de la Guerre, il faut sçavoir que ni dans la premiere, ni dans la seconde, ni même bien-avant dans la troisiéme Race de nos Rois, on n'entretenoit point durant la Paix de Troupes reglées. Troupes qui non-seulement sont l'accablement des Peuples, puis qu'il faut perpetuellement soûtenir des Armées comme en temps de Guerre, mais qui sont le plus funeste instrument de la Tyrannie, & le moyen le plus efficace de l'oppression de la Liberté. Nos Rois étoient si fort éloignez d'avoir toûjours, comme on a aujourd'huy, des Armées sur pied répanduës dans tout le Royaume, qu'ils n'avoient pas même de Troupes reglées pour leurs Gardes; les Régiments des Gardes Suisses, Ecossoises étoient inconnus alors, aussi-bien que les Gardes Françoises, les Mousquetaires, Gendarmes, & autres Troupes reglées qu'on appellé *La Maison du Roy*, & qui sont la terreur des Sujets. Entre tous les caracteres de la Tyrannie, il n'y en a pas un qu'on ait plus remarqué que celuy-là. C'est de se maintenir sur le Trône par des Armées. C'est une preuve qu'on régne par violence, & qu'on n'a pas pour soy l'inclination des Peuples aux quels on commande. Les Empereurs Romains qui usurperent la Domination dans Rome, & opprimerent la Liberté de la République, avoient toûjours prés d'eux les Cohortes Prétoriennes, c'est-à-dire une Armée complete: Mais c'est parce qu'ils étoient Tirans & Usurpateurs. Ces Empereurs avoient des Légions répanduës dans toutes les Provinces, bien-moins pour garder les Frontieres de l'Empire, que pour retenir les Peuples de leur Domination dans l'Esclavage. Et le Grand Seigneur a toûjours ses Janissaires qui font la force de son Empire, & qui luy sont de nécessité absoluë pour contenir ses Sujets; parce qu'il ne régne que par violence & par contrainte. Nos Rois n'étoient point ainsi autrefois, parce qu'ils n'étoient pas Tirans: ils n'avoient autre Garde que leurs Officiers & leurs Domestiques, avec l'inclination & l'amour des Peuples. On n'a qu'à lire nôtre Histoire pour voir si l'on y trouvera quelque trace de ce grand appareil de Guerre, au milieu duquel vivent aujourd'huy nos Rois dans le temps de la plus profonde Paix. On peut prouver ce

que

que nous avançons par diverses circonstances qui se trouvent dans l'Histoire.

Par exemple *a Gregoire de Tours,* & *b Aimoin* disent que le Roy *Gontran* fut averti par un homme du Peuple de la Ville de Paris, de se donner de garde des embûches que luy dressoit *Faraulphe* ; il se donna des Gardes armez qui l'accompagnoient par tout, même jusque dans les lieux sacrez, disent ces Auteurs. Si alors les Rois eussent eu des Gardes, comme ils en ont aujourd'huy, *Gontran* n'auroit pas eu besoin d'en lever & de s'en fortifier comme il fit. Alors il n'étoit pas ordinaire aux Rois de marcher entre des gens armez ; aujourd'huy cela ne se fait pas autrement. Nous avons encore là dessus un témoignage bien exprés de *Guillaume de Brige* dans l'Histoire d'Angleterre. *c Philippe* Roy de France appellé *Auguste II.* du nom, étoit en guerre avec *Richard* Roy d'Angleterre, & quoy que ce dernier fût dans la Palestine à faire la guerre aux Sarrazins, *Philippes* feignit que *Richard* dressoit des embûches à sa vie, par des Assassinateurs à ses gages. *C'est pourquoy,* dit cet Auteur, *il ne marchoit jamais qu'environné d'une grosse garde contre la coûtume de ses Prédecesseurs. Ce qui fit perir quelques personnes qui s'approcherent de luy un peu trop familierement. Plusieurs trouvent cette nouveauté étrange, il assembla les Prélats & les Grands du Royaume en Parlement à Paris pour les satisfaire là-dessus, & pour les irriter contre le Roy d'Angleterre. Il avança contre ce Roy plusieurs choses comme certaines, & entre les autres qu'il avoit fait perir malheureusement un grand Seigneur, il produisit des lettres qu'il disoit luy avoir été envoyées par quelques Grands qui l'avertissoient qu'il eût à prendre garde à luy, & que Richard avoit envoyé d'Orient des Assassins pour le tuër. C'est pourquoy, adjoûta-t'il, on ne doit pas s'étonner que contre la coûtume je me face garder par des hommes armez. Cependant si ma garde vous paroit indécente ou superfluë, on la peut congédier.* Pourquoy tant de mistere ? & à quoy bon cette apologie, si les Rois d'alors comme ceux d'aujourd huy avoient toûjours eu des Armées autour d'eux. Aussi l'Auteur dit expressement que *Philippe Auguste* fit en cela ce qui n'avoit jamais été pratiqué par ses Ancêtres. Il est bien aisé à juger, que si les Rois n'avoient pas d'Armées, & de gardes autour de leurs personnes, il n'y en avoit pas beaucoup dans le reste du Royaume. On ne veut pas nier absolument que les Rois ne tinssent sur pied en tout temps quelque Infanterie & quelque Cavallerie pour la garde des Frontieres ; mais c'étoit trés peu de chose en temps de paix. Et ces Troupes pour être en trop petit nombre ne pouvoient servir à opprimer la liberté du Royaume. *Charles VII.* fut le premier qui établit ces Troupes reglées durant

Y 2

la

la paix. Les horribles guerres qu'il avoit euës à soûtenir contre les Anglois, & le péril où il pouvoit tomber de se trouver dans des maux semblables à ceux dont il venoit de sortir, servirent de prétexte pour l'établissement de ces Troupes Reglées. Il établit quinze cents Lances & quatre mille Archers, lesquels il distribua dans les Villes du Royaume, pour y être entretenus. C'étoit environ cinq ou six mille hommes dont le Peuple étoit chargé : qu'est-ce que cela pour un si grand Etat ? Cette précaution paroissoit juste & cet etablisement nécessaire. Cependant ç'a été là la premiere source de nos malheurs. Depuis ce temps les Rois ont entretenu des Troupes toûjours sur pied, & s'en sont servis pour opprimer leurs Peuples. *Louis Onze* Fils de *Charles Sept*, sçut bien profiter de cette nouvelle institution, & ceux qui ont lû l'Histoire, savent comment il s'authorisa par ce moyen, & commença à jetter les fondemens de la Tyrannie sous laquelle nous gémissons aujourd'hui. Il ne se contenta pas des Troupes Françoises, il eut des Gardes Suisses, & mit le Royaume entre les mains des Etrangers. Mais dira-t-on, quand même il n'y auroit pas eu de Troupes Reglées avant *Charles VII.* les Guerres étoient extrêmement fréquentes; il faloit que le Peuple en portât le fardeau. On répond que non, & voici comme la chose se faisoit.

Dans le temps de l'établissement de la Monarchie, les biens, c'est à dire, les fonds, furent divisez en biens *Feodaux* & biens *Allodiaux*, *Fiefs* & *Alleuds.* Les Fiefs au commencement s'appelloient Benefices, & furent ensuitte appellez *Feuda* du mot *Fides*, parce que ceux à qui on les donnoit, devoient se reconnoître Vassaux de ceux de qui ils les recevoient, ils étoient obligez de leur prêter foy & hommage, & de les servir à la guerre. Les Benefices ou Fiefs furent au commencement à vie & non hereditaires. Ils le devinrent sous la seconde Race de nos Rois. Mais ils demeurerent chargez des mêmes devoirs que quand ils n'étoient possedez qu'à vie. Dans le temps que les Fiefs changeoient de Maître par la mort de celuy qui les possedoit, les Possesseurs étoient chargez du devoir de se trouver à la guerre toutes les fois qu'ils en étoient requis par leur Seigneur de Fief, car c'étoit la condition sous laquelle ces Fiefs se donnoient. Lorsque les Fiefs devenoient hereditaires, ils demeuroient chargez de cette nécessité. Le Roy avoit sous luy les Comtes & les Ducs qui relevoient immédiatement de luy; chaque Comte & Duc avoit sous luy ses Barons. Lorsque le Roy vouloit faire la guerre, il faisoit avertir les Ducs & Comtes de son Royaume; les Ducs & Comtes faisoient assembler leurs Barons, chaque Baron avoit ses Vassaux, & il étoit obligé de mener à la guerre tous ses Vassaux tenant les Fiefs & Arriére-Fiefs. Si le Comte ou Duc avoit une guerre en particulier contre un autre Seigneur, il assembloit pareillement ses Barons, & les Barons tous leurs Vassaux pour le service de leur Seigneur. Ils y étoient obli-

gez, & s'ils y manquoient ils perdoient leur Fief, comme portent expressement les anciennes Loix. *a Si quelqu'un a été convoqué par les Loix pour
l'utilité du Roy soit contre l'Ennemy ou pour quelque autre service & n'aura
point obéï, qu'il soit privé de son Fief.* Ces Convocations s'appelloient
Bannus & *Herebannus*, Ban & Arriereban, d'un mot de la basse Latinité
alors en usage, *Bannire*, pour publier, déclarer, proclamer, convoquer
à cry public. Cela s'appelloit aussi, *hostem denuntiare, hostem indicere,
Populum in hostem convocare.* Et la Convocation s'appelloit *Hostile Bannum.*
On dit dans les Capitulaires de *Charlemagne* de l'an 802. *ut hostile Bannum Domini Imperatoris nemo prætermittere præsumat ;* Que personne ne
*soit assez hardi quand il est convoqué contre l'ennemi de mépriser le comman-
dement de l'Empereur.* *b* C'est un fait constant & dont toutes les Loix &
les Histoires anciennes sont remplies. Or il est clair selon cela que le fardeau de la guerre tomboit sur les Nobles & non sur le Peuple. C'est ce
que reconnoît *Pasquier* dans le second Livre de ses Recherches de la
France. *c Lors de la premiere distribution de ces terres Beneficiales & Allodiales il n'étoit point mention de Tailles, ains étoient les Nobles tenus de
supporter à cause de leurs Seigneuries le faix des armes.* Il est vray que les
biens *Allodiaux* furent chargez de Cens & Rentes à cette même fin, c'est
à dire pour soûtenir le fardeau de la guerre ; ces biens *Allodiaux* étoient
les biens propres & Patrimoniaux appartenants à chaque famille en
proprieté, & qui passoient aux heritiers sans aucune permission du Prince. Ces biens au commencement étoient francs de toutes charges tant
militaires qu'autres. Mais parce que les Comtes, Barons & Gentilshommes, qui à cause de leurs Fiefs étoient obligez de soûtenir la guerre,
se trouvoient souvent trop chargez, ils imposerent sur les biens Allodiaux des Cens & Rentes pour contribuer à l'entretien des armes. Et de
là est venu qu'aujourd'huy les *Alleuds* se trouvent chargez de Cens &
Rentes, & que par-là ils sont distinguez des biens nobles qu'on appelle
Fiefs, à l'exception de certains fonds qu'on appelle *Francs-Alleuds*, qui ont
conservé l'ancienne franchise de biens *Allodiaux*. Mais ces Cens & Rentes dont ces biens furent chargez, n'étoient rien de considerable, &
ne chargeoient point le Peuple, tant parce que cela n'alloit pas loin, que
parce que le fardeau tomboit sur toutes les terres *Allodiales* en quelque main
qu'elles fussent, soit des Nobles, soit de ceux qui ne l'étoient pas. Ainsi
les Nobles portoient toûjours le grand fardeau comme les plus riches.
Chaque Comte ou Duc étoit obligé par le Ban du Roy de luy mener
tant de Barons, & chaque Baron menoit tant de Chevaliers, l'un cinq,
l'au-

Y 3

a Lex Riquar. Cap. 65. b *Cap. 7.* c *Cap. 13.*

l'autre quatre, un autre dix, plus ou moins selon la qualité & la force du Fief qu'il possedoit. Entre ceux-là il y en avoit qu'on appelloit *Bannerets*, parce qu'ils avoient assez de Vassaux pour en faire des Compagnies qui marchoient sous des Enseignes & des Bannieres ; c'est pourquoy on les appelloit *Vexillarii* ou Bannerets. Il y en avoit qui menoient jusqu'à deux cens hommes à leur Seigneur pour faire la guerre. Et ces troupes devoient être entretenuës aux dépens des Seigneurs des Fiefs. Nous avons une preuve certaine de tout cela dans nôtre Ban & Arriereban que le Roy convoque quand il le juge à propos. Il est arrivé deux grands changements dans le Gouvernement à cét égard. Le premier c'est que les Fiefs ou terres Nobles aprés être devenuës hereditaires, sont aussi par vente & par aliénation passées dans les mains des Roturiers. Lesquels n'étans pas de la profession des armes, ne pouvoient être obligez à marcher à la guerre dans les Convocations des Nobles pour cause de guerre. Au commencement on s'opposa à cela, parce que cela diminuoit les gens de guerre sur lesquels le Prince pouvoit conter. Mais dans la suite la coûtume s'en établit, & cela donna lieu aux *Francs-Fief* : qui sont des taxes que les Roturiers doivent au Roy à cause de leurs Fiefs, & en consideration de ce qu'on leur permet de posseder des biens Nobles & proprement militaires, sans estre obligez à marcher à la guerre. L'autre changement c'est l'imposition des Impôts pour l'entretien des Troupes reglées : les Princes ont trouvé ces troupes beaucoup plus commodes & plus utiles. Et depuis ce temps-là on a cessé de convoquer la Noblesse à la guerre, excepté dans les occasions pressantes. Tellement que ce qu'on appelle *Ban & Arriereban*, qui se convoquoit toutes les fois que le Prince alloit à la guerre, ne se convoque aujourd'huy que trés rarement. Ainsi la Noblesse est devenuë franche & le Peuple a été chargé : la Noblesse possede ses Fiefs sans aucune charge & impôt, & le Peuple a été chargé de Tributs & Impôts pour payer des gens à gage, afin de faire la guerre, que les Nobles étoient autre-fois obligez de faire à leurs dépens. Et il est arrivé un troisiéme changement qui vient de l'oppression & de l'abbaissement que les Grands du Royaume ont souffert. C'est qu'autrefois tous les Comtes & Ducs avoient pouvoir d'assembler l'Arriereban de leurs Provinces : *Heribannus*, Convocation du Seigneur, s'appelloient ces Assemblées, parce que tout Seigneur de Haut Fief le pouvoit faire. Mais aujourd'huy le Roy s'étant fait le seul Seigneur, il a usurpé le droit de convoquer seul la Noblesse du Royaume. De cette difference entre l'ancien droit & le nouveau il en naist une autre : c'est que le Roy, qui étoit le premier Seigneur du Royaume n'avoit pas le pouvoir immédiat de convoquer tous les Gentilshommes du Royaume à l'Arriereban comme aujourd'huy. Chaque Comte devoit assembler ses

Barons,

Barons, & chaque Baron ses Vassaux. Dans toute cette histoire de la forme de nôtre ancienne Milice, il n'y a rien qui soit contesté & qui le puisse être. Par là on voit que le Peuple ne portoit point le fardeau des guerres : & que les Troupes Reglées sont de nouvelle invention. Ce changement a rendu nôtre Noblesse fainéante, en la déchargeant du fardeau de la guerre qui luy appartenoit proprement. Et cependant elle n'en est pas devenuë plus riche. Car elle a consumé en Chiens, en Chevaux pour la chasse, en repas & en vains ornements, ce qu'elle dépensoit autrefois en Chevaux de guerre & en armes pour le service de l'Etat. Et elle est devenuë si incapable de Discipline Militaire, & si peu propre à soûtenir la fatigue de la guerre, que rien n'est plus misérable que ces troupes de Ban & d'Arriereban. Le Roy n'en devroit jamais venir là ; car cela ne sert qu'à montrer le néant & la décadence de la Noblesse Françoise, autrefois d'une si grande réputation.

Le second fardeau qui accable les Peuples par la Tyrannie, ce sont les Tailles, Impôts, Subsides, &c. Et sur cela il faut poser comme un fondement certain & indubitable, que sous la premiere & la seconde *, & bien avant sous la troisiéme Race de nos Rois, les Tailles, Subsides & Impôts étoient entierement inconnus. Les Princes soûtenoient la dépense de la guerre par le moyen de leur Noblesse, comme nous le venons de voir, leurs Domaines, quelques Redevances, & tout au plus des Dons gratuits survenoient au reste. Dans le Chapitre où nous avons parlé des Etats Géneraux qui s'assembloient tous les ans une ou deux fois, nous avons trouvé qu'un des usages de ces Assemblées genérales, étoit de présenter aux Princes les hommages & les présents de la Nation. Il ne faut pas s'imaginer que les présents fussent des Impôts semblables, par exemple, à ceux que le Roy demande aux Estats de Languedoc & de Bretagne, qui montent à plusieurs Millions, & qui accablent le Peuple tout de même que les Tailles personnelles. Ou c'étoient de petits présents, qui ne servoient qu'à témoigner la sujettion & à faire hommage au Prince : ou c'étoient des dons purement gratuits qu'on n'exigeoit point, ausquels on n'obligeoit personne, & pour lesquels on ne chagrinoit personne quand ils ne le payoient pas. *Aimoin* nous dit ** que *Pepin contraignit les Saxons à luy promettre obéissance, & que tous les ans ils luy améneroient dans le temps du Parlement géneral trois cents Chevaux en présent, honoris causâ,* dit l'Auteur, *par hommage & non comme un Tribut. Il les contraignit :* il est vrai ; mais c'est parce que c'étoient des Peuples nouvellement conquis, qui se rebelloient souvent, & contre lesquels il faloit prendre toute sorte de seuretez.

* *Voy les Recherches de Pasquier liv. 2. chap. 7.*
** *Paragr. Lib. 4. cap. 64.*

retez. Voicy donc l'histoire veritable des Impôts, de leur origine, & de la maniere dont on les levoit. Le plus ancien Impôt dont on trouve qu'il soit fait mention dans nos Histoires ; c'est celuy qui s'appelloit droit de *Giste* & droit de *Chevauchée.* Quand les Rois visitoient leurs Provinces ; les Archevêchez, Evêchez & grandes Abbayes étoient obligez de les défrayer une nuit en passant ; les Beneficiers se déchargerent de ce joug, & se rachêterent par un tribut annuel, qui s'appelloit droit *de Giste.* Les Villes & les Villages quand le Roy passoit étoient obligez de fournir des chevaux & des charrois pour les équipages de la Cour : on se rachêta de ce droit par un autre tribut, qui s'appella droit de *Chevauchée.* Mais ces tributs étoient moins que rien. Un peu de temps avant S. Loüis, les Rois commencerent à exiger des tributs de leurs Peuples sous le nom de Tailles, & en forme de Capitations. Mais ce n'étoit qu'en des cas trés-extraordinaires, & pour être une fois payez. Cependant St. Loüis par son testament défendit à ses enfans de lever des Tailles sur son Peuple. Quoy que ce fût trés peu de chose & que cela ne revint pas souvent, le Peuple ne laissa pas d'en murmurer. Ce qui obligea les Descendants de St. Loüis, pour obtenir des secours de leurs Peuples plus considerables dans les besoins, de les demander aux Etats Generaux. Le Roy faisoit donc sçavoir à tous les Balliages & Seneschaussées du Royaume qu'ils eussent à assembler le Clergé, la Noblesse & le tiers Etat, pour adviser aux moyens de remedier aux desordres, & de fournir à la dépense des guerres, qu'on devoit avoir bien-tôt, ou qu'on avoit déja. Ces Etats Provinciaux députoient de leurs Corps aux Etats Géneraux que le Roy avoit convoquez en certain lieu. Et là le Roy par la bouche de son Chancelier demandoit le secours dont il avoit besoin, & prioit l'assemblée de remedier aux desordres de l'Etat, précisément comme cela se fait encore aujourd'huy en Angleterre. Le premier qui chargea d'Impôts le Peuple, fut *Philippe le Bel.* Il exigea premierement le centiéme & aprés le cinquantiéme denier de tous les revenus. Les Villes de Paris, de Roüen & d'Orleans se revolterent à cette occasion, & firent mourir ceux qui avoient été commis à la levée de ces derniers. *Philippe* ne se ressentit pas de cette injure, parce qu'il sentoit bien qu'il avoit tort ; il voulut tenter de faire passer un autre Impôt, qui n'étoit que de six deniers pour livre sur le debit des Denrées ; mais personne ne voulut obeïr. Il reconnut bien par ces deux tentatives que jamais il ne viendroit à bout d'établir cette nouveauté, sans l'authorité des Etats en qui résidoit le pouvoir & les droits du Peuple. Il fit donc assembler les Etats à Paris, les harangua luy-même, leur representa les necessitez urgentes où il se trouvoit, & en obtint ce qu'il voulut. Ce ne fût pourtant qu'une levée extraordinaire ; & ainsi ce n'étoit point ce que nous voyons aujourd'huy.

C'étoit

C'étoit une levée semblable à celles qui se font en Angleterre par ordre du Parlement assemblé. On revint souvent à ces levées extraordinaires sous les Successeurs de *Philippes le Bel, Louis Hutin, Philippe le Long, Charles le Bel*, le Roy *Jehan* & *Charles Cinquiéme*, mais toûjours avec l'authorité & le consentement des Etats assemblez. Ces impositions s'appellerent au commencement *Aydes* & *Subsides*, mots honnêtes, qui signifient *Secours*, & qui expriment la raison de nécessité, pourquoy on les levoit. Cela ne duroit qu'un an, & si les nécessitez continuoient, il faloit faire de nouvelles demandes au Peuple & aux Etats. Ces Subsides qui n'étoient au commencement que pour un an, s'accorderent pour deux ans, puis pour trois, & ainsi de degré en degré on est venu à les rendre perpetuels. Les marchandises étoient chargées de ces Subsides. Ainsi celuy qui achêtoit le plus de choses en payoit le plus. Mais peu de temps après on obtint des Etats une levée par têre & par feux, qui fut appellée premiérement *Fouage* & puis *Taille*, du même nom qu'on luy donne encore aujourd'huy. Ce n'étoit rien, car les sommes qu'on levoit sur chacun étoient trés-petites, encore cela ne se payoit qu'une fois. Mais sous *Charles VII.* qui eût tant d'affaires avec les Anglois, cela fut rendu perpetuel. Et c'est de ces petits germes que sont venus les effroyables fardeaux qui accablent la France. L'an 1349. *Philippe de Valois* obtint de la ville de Paris seule un impôt de six deniers pour livre, sur les Denrées pour un an seulement. Cet octroy ne fut point executé, parce que *Philippe de Valois* mourut; mais son fils *Jehan* en profita; & dans les années 1352. & 1353. le même Roy *Jehan* mit le même impôt sur les Sénéchaussées d'Anjou, du Mayne, & sur le Balliage de Senlis : mais avec permission & consentement des Etats de ces Provinces. La Reine de Sicile, qui étoit alors Comtesse d'Anjou & du Mayne s'opposa à cela, soûtenant que le Roy n'avoit pas droit de lever des tributs dans son Pays. Le Roy *Jehan* traitta avec elle, & pour la faire taire luy en donha la moitié. Le Roy *Philippes de Valois* l'an 1342. avoit par consentement des Etats Généraux mis un trés-petit impôt sur le Sel. Les Etats du Royaume assemblez à Paris l'an 1354. accorderent au Roy *Jehan* augmentation de la gabelle du Sel, & outre cela huit deniers pour livre de chaque marchandise qui seroit vendue. Ce qui eut lieu dans tout le Royaume. Voilà comme insensiblement le mal croit. En 1355. & 1358. à l'occasion de la prison du Roy *Jehan* prisonnier en Angleterre, il falut lever de grands subsides sur tout le Royaume, pour la rançon de ce Roy & pour les frais de la guerre. Les Etats furent pour cela trés-souvent & trés-long temps assemblez, & enfin on convint de donner au Régent, qui fut depuis Roy sous le nom de *Charles V.* les secours qu'il demandoit & qui étoient nécessaires. Ce *Charles V.* qui fut surnommé *le Sage*, établit le droit de *Fouage*, ou tant par feu,

d'où

d'où font venuës nos Tailles lefquelles on impofe par tête, c'eft à dire par famille, il n'eut pourtant pas le crédit de rendre cet impôt perpetuel; il laiffa cet ouvrage à faire à fes Succeffeurs qui s'en acquiterent bien.

Durant les confufions du régne de *Charles VI.* fon fils; & durant les horribles guerres Civiles que cauferent les deux factions des Bourguignons & des Armagnacs, il eft aifé de juger que les affaires fe firent avec un trés-grand defordre, & que chacun en prit par où il pût. Cependant ce ne fut pas encore fous ce regne que s'établit la Taille perpetuelle, ce ne fut que fous le fuivant. L'an 1388. *Charles VI.* ordonna que quand on impoferoit des Tailles, tous contribueroient, excepté les Nobles qui porteroient les armes, les Ecclefiaſtiques & les Mendiants. Alors les Nobles fainéants & qui vivoient hors du fervice n'étoient donc pas exempts. Voilà la fource des impôts d'aujourd'huy. L'impôt fur les Marchandifes commença par *Philippe le Bel* environ l'an 1300. L'impôt fur le Sel fut commencé par *Philippe de Valois,* l'an 1342. & les Tailles par tête commencerent fous *Charles V.* l'an 1376. Ces trois fortes d'impôts furent accordez par les trois Etats du Royaume, & devinrent perpetuels par leur confentement. Mais les Rois, qui ont regné depuis environ deux à trois cents ans, fe font donnez la liberté de les augmenter felon leurs prétendus befoins : Et enfin les chofes en font venuës aux extremitez où nous les voyons aujourd'huy. Ce n'eft pas que les Etats en accordant les Impôts ne creuffent avoir bien pris leurs mefures pour arrêter la tyrannie, les excés & les mauvais ufages de ces Finances deftinées uniquement pour le foûtien de la Guerre : car dans les Etats de l'an 1355. il fut ordonné que nul Thréforier ou Officier du Roy n'auroit la direction & le maniement de ces deniers, mais que les trois Etats commettroient des gens d'une probité connuë, bons & folvables, qui en ordonneroient felon leurs inftructions. Et que ces Commiffaires generaux en nommeroient en chaque Province neuf de particuliers, trois de chaque Ordre, du Clergé, de la Nobleffe & du tiers Etat. Le Roy s'obligea par ferment de ne faire employer ces deniers à autre ufage que celuy de la Guerre. Et les Thréforiers Géneraux jurerent aufli fur les Evangiles qu'ils ne permettroient pas qu'on les employât à autre chofe, quelque mandement qu'ils puffent recevoir du Roy. Et en cas qu'on voulut les contraindre de détourner ces deniers à un autre ufage, il leur fût permis de s'y oppofer par des voyes de fait, c'eft à dire par armes, jufqu'à demander du fecours aux Villes voifines. Il fut de plus ordonné que le mois de May fuivant les Etats fe raffembleroient à Paris pour voir & examiner le compte de ce qui auroit été levé & employé. Cela n'a-t il pas bien l'air d'une puiffance abfoluë telle que celle dont on fe fert aujourd'huy ? on défend aux Officiers du Roy de toucher les deniers de l'Etat, on fait jurer au Roy de ne les employer qu'à la défenfe de l'Etat, on donne pouvoir aux Receveurs & Intendants

tendants de ces Finances de repousser par armes la violence que le Roy
leur voudroit faire au sujet de ces deniers. Il n'est pas necessaire pour nôtre sujet de poursuivre l'histoire des Impôts plus loin. Dans la suitte, c'est
à dire depuis *Charles VII.* on ne voit qu'entreprises & attentats sur la liberté publique : peu à peu les Rois se sont attribuez le pouvoir de regler
les Impositions. Ils les ont fait recevoir par leurs Créatures & par leurs
Officiers. Ils ont erigé des Tribunaux & des Cours de Justice, des Charges d'Intendants & Surintendants des Finances, des Thrésoriers & Receveurs Generaux, absolument dans leur dépendance : Et enfin ils ont
fait passer comme une loy & un droit incontestable cette enorme & déte-
stable maxime que le Roy est Maître de tous nos biens, qu'il peut lever
sur nous tels Tributs qu'il luy semble bon, qu'il peut employer les Finances sorties des veines du Peuple, non-seulement à la défense de l'Etat, mais
aussi à soûtenir les prodigieuses dépenses de sa Cour, de son luxe, de ses
bâtimens & de ses débauches. Cependant il est constant par ce que nous
venons de voir. 1. premiérement que le droit de lever des Impôts sans permission du Peuple n'est point attaché aux Rois de France 2. Que cette
coûtume est trés-nouvelle. 3. Que ce droit a toûjours dépendu des Peuples
& des Etats. 4. Que les Rois n'ont pû & n'ont dû faire aucun changement dans la quantité de ces Impôts ou dans la maniere de les lever que
par le consentement des trois Etats. 5. Qu'il n'étoit pas au pouvoir des
Rois d'employer ces deniers selon leurs caprices, & qu'ils en étoient ré-
ponsables aux Etats dans la personne des Officiers qui travailloient à ces
levées & à l'employ de ces deniers. Avant *Charles VII.* ces prodiges d'opi-
nions étoient inconnus, que le Roy peut lever des Impôts sans consentement des Peuples, & qu'il est en droit d'en faire ce qu'il veut. Mais
Louis XI. l'oppresseur de nos libertez, gagna par crainte ou par bien-faits
des esclaves qui debiterent cette maxime, à laquelle on s'opposa fortement. Il faut entendre là-dessus *Philippes de Commines* qui nous a donné la
vie de *Louis XI.* quoy que le passage soit un peu long. *a Donc pour conti-*
nuer mon propos, y a-t-il Roy ny Seigneur sur terre qui ait pouvoir outre
son domaine, de mettre un denier sur ses Sujets sans ottroy ni consentement de
ceux qui le doivent payer, sinon par tyrannie ou violence ? on pourroit répondre
qu'il y a des saisons qu'il ne faut pas attendre l'assemblée, & que la chose seroit
trop longue. A commencer la guerre & à l'entreprendre il ne se faut pas tant hâ-
ter & a-t-on assez de temps. Et si vous dis que les Rois & Princes en sont trop
plus forts, quand ils l'entreprenent du consentement de leurs Sujets, & en sont
trop plus forts, quand ils l'entreprenent du consentement de leurs Sujets, & en
sont plus craints de leurs ennemis. Et quand se vient à se défendre, on voit venir
cette nuée de loin, & specialement quand c'est d'étrangers, & à cela ne doivent
les bons Sujets rien plaindre ni refuser : & ne sçauroit arriver cas si soudain où
l'on ne puisse bien appeller quelques personnages tels que l'on puisse dire, il
Z 2
n'est

a *Livre* 5. *chap.* 18.

n'est point fait sans cause & en cela n'user point de fiction, ny entretenir une guerre à la volonté & sans propos cause de lever argent, &c.

Nôtre Roy est le Seigneur du Monde, qui le moins a cause d'user de ce mot ; J'ay privilége de lever sur mes Sujets ce qu'il me plaist. Car ne luy ni autre ne l'a : & ne luy font nul honneur ceux qui ainsi le dient, pour le faire estimer plus grand, mais le font haïr & craindre aux Voisins, qui pour rien ne voudroient être sous sa Seigneurie: & même aucuns du Royaume s'en passeroient bien qui en tiennent. Mais si nôtre Roy, ou ceux qui le veulent loüer & agrandir, disoient. J'ay les Sujets si bons & si loyaux, qu'ils ne me refusent chose que je leur sçache demander, &c. Il me semble que cela luy seroit grand los (& en dis la verité) & non pas dire. Je prens ce que je veux & en ay Privilége. Le Roy Charles le Quint ne le disoit pas : aussi ne l'ai-je pas ouy dire aux Rois ; mais je l'ay bien ouy dire à de leurs Serviteurs, à qui il sembloit qu'ils faisoient bien la besogne. Mais selon mon avis, ils méprenoient envers leur Seigneur, & ne le disoient que pour faire les bons Valets, & aussi qu'ils ne savoient ce qu'ils disoient. C'est ainsi qu'on parloit sous le Régne de *Charles VII.* C'est à dire, il y a moins de deux cens ans. Et il n'y a pas cent ans que la Liberté n'étoit pas encore tout-à-fait morte. Car *Paschier* Auteur de nôtre Siécle, appelle ces maximes de la Puissance Absoluë, pour lever tels Tributs que l'on veut, *les maximes de certains esprits hagards. Philippe de Comines* dans le même lieu dit que *Charles VII.* ne leva jamais plus de dix-huit cens mille livres d'Impôts par an ; & que *Louis XI.* quand il mourut, les avoit fait monter jusques à quatre millions sept cens mille livres, ce qui luy paroît une somme prodigieuse. On peut voir par là combien la Tyrannie est acruë, & le joug appesanti : car qu'est-ce que quatre millions au prix de ce qui se leve aujourd'huy ? On dira que depuis ce temps-là, l'argent est devenu beaucoup plus commun & les dépenses fort augmentées. On faisoit alors pour un ce qu'on fait aujourd'huy pour quatre : cela est vray. Mais de deux cens millions à quatre ou cinq, il y a un peu plus loin, que de l'état où étoit l'argent alors, & celuy où il est aujourd'huy. Ce qui passoit en ce tems-là pour excés & pour Tyrannie, seroit à présent consideré comme une vraye franchise. C'est de la memoire de nos Peres ou du moins de nos Ayeuls, qu'on a vû les Tailles si basses, qu'on se piquoit à qui en payeroit le plus : on regardoit comme une offense d'être moins taxé que son Voisin ; car on a toûjours eu la folie de vouloir passer pour riche ; & pour n'être pas moins opulent qu'un autre.

JE PENSE avoir donné jusques icy une idée si complete de nôtre ancien Gouvernement & des fondemens sur lesquels la Monarchie étoit autrefois établie, que rien ne nous manque pour répondre à l'objection des Flatteurs de la Cour, qui nous disoient que s'il y a quelque chose d'incommode pour le Peuple dans la Puissance Absoluë de nos Rois, on le doit pourtant souffrir, parce que c'est l'ancien usage & que la Monarchie

eſt bâtié ſur ces fondements. On doit être à preſent parfaitement convaincu que rien n'eſt plus faux : Et que même le Gouvernement d'aujourd'huy eſt un renverſement tout pur de nos anciennes loix : pour le
voir tout d'un clin d'œil, nous n'avons qu'à faire un abbregé de tous les Articles que nous avons prouvez touchant l'ancienne forme de la Monarchie,
& de tous les Griefs preſents de la Nation.

1. Autrefois les Rois étoient electifs ; & ſi bien electifs ; qu'un fils ſelon les loix des anciens Francs ne pouvoit être élu pour ſucceder à la place
de ſon Pere avant l'âge de vingt-quatre ans. C'eſt au moins ce que dit
Hunibald trés-ancien Autheur rapporté par *Trithème.* *Le Roy Clodion, dit-*
il, combattant avec trop peu de precaution fut tué par les Romains. Il laiſſa
deux fils, dont l'Aiſné Helenus n'avoit que vingt ans, & Richimer le Cadet n'en
avoit que dix-huit. Et par la loi des Francs il étoit défendu que perſonne ne fut
avancé au Trône avant l'âge de vingt-quatre ans. Et c'eſt ce qui fut cauſe
que ni l'un, ni l'autre des fils de Clodion ne pût parvenir au Royaume ; mais
on donna la Couronne à Edomer leur Oncle. Il eſt vray qu'on voit dans ces
ſiécles là quelques Princes mineurs élevez au thrône : mais cela ſe faiſoit
par diſpenſe de la Loy. Aujourd'huy comme de plein droit on nous
donne pour Rois des enfans au berceau, ſous les longues minoritez
deſquels il faut que la Cour & le Royaume ſe voyent diviſez par mille factions & opprimez par autant de Tyrans.

2. Autrefois quand un Roy de France abuſoit de ſon authorité, on le
pouvoit dépoſer, & on le depoſoit en effet. Aujourd'huy quelque laſ-
cif, cruel, avare & perfide que ſoit un Roy, on nous dit qu'il faut le
ſouffrir, le reſpecter comme le bras de Dieu, & ne ſe pourvoir contre luy
que par des trés-humbles prieres au Ciel.

3. Autrefois la Nation avoit ſes Etats & ſes Parlemens libres qui partageoient la Souveraineté avec les Rois, qui ſervoient de frein à la Tyrannie. Aujourd'huy on n'entend plus parler ni d'Etats, ni de Parlements.
Et il ne reſte plus aucun veſtige de la liberté des Peuples.

4. Aujourd'huy les Rois ordonnent les vérifications de leurs Edits avec
une pleine & ſouveraine authorité, quelques injuſtes, cruels & ſanguinai-
res qu'ils puiſſent être, & les Parlements ſont forcez d'y obeïr. Mais autrefois les Parlements étoient, en attendant la tenuë des Etats Géneraux, les
Dépoſitaires des droits du Peuple, & ne pouvoient être contraints à vérifier des Edits injuſtes.

5. Autrefois les Rois ne diſpoſoient de rien ſans l'avis, le conſeil & le
conſentement des Grands du Royaume. Aujourd'huy les Rois ne compoſent leur Conſeil Souverain que de quatre ou cinq Eſclaves de leurs paſſions,
qui ſuivent aveuglement les deſordres du Prince, & qui n'ont aucun droit de
s'y oppoſer quand ils les condamneroient.

6. Aujourd'huy les Grands sont dans une extrême oppression; toutes leurs Dignitez sont éclipsées & tous leurs Priviléges abolis. Les titres de Pairs, de Ducs, de Comtes & de Barons, sont des vains noms & des Fantômes creux qui ne signifient rien, que ce qu'il plaît à un Maître imperieux. Mais autrefois ces Dignitez étoient ou Souveraines, ou dans une dépendance bornée par les Loix & munie de Priviléges inviolables.

7. Aujourd'huy le Roy est Maître Absolu des biens, de la vie & de la liberté de tous ses Sujets, de quelque qualité & condition qu'ils soyent. Mais nous avons prouvé qu'autrefois personne ne pouvoit perdre ses avantages, qu'il n'eût été convaincu dans les formes d'avoir violé les Loix. Des Esclaves de la Cour, qu'on appelle des Intendants, mettront la tête sur l'échaffaut du plus distingué Seigneur d'une Province; mais autrefois un Paysan ne pouvoit être jugé & condamné que par le Comte & les Barons de la Province; & pour les Gentilshommes & Barons ils ne pouvoient être jugez que par leurs Pairs, non plus que les Comtes & les Ducs.

8. Autrefois les Rois sans leur Parlement ne pouvoient, ni faire des nouvelles Loix, ni alterer & casser les anciennes, & eux-mêmes se croyoient soûmis aux Loix. Aujourd'huy les Rois de France se disent audessus de toutes les Loix. Ils les font, ils les changent & les cassent seuls, avec une Puissance Absoluë.

9. Aujourd'huy la Noblesse prétend à la verité avoir de certains priviléges & exemptions qu'elle n'avoit pas autrefois; mais dans le fonds son Esclavage est beaucoup plus grand, car on ne met plus de distinction entre le Noble & celuy qui ne l'est pas, & l'on trouve moyen d'accabler tout le monde également; les Priviléges qu'on luy avoit accordez sont évanouïs, & on les élude par des restrictions de mauvaise foy.

10. Autrefois les Villes étoient Maîtresses de leur Domaine: on pouvoit traiter avec elles avec sureté & leur confier de l'argent. Aujourd'hui le Roy s'est rendu Maître de tous les deniers publics, & il en frustre les Particuliers quand il veut avec la derniere injustice.

11. Chacun étoit libre autrefois & possedoit son bien indépendamment des Rois en observant les Loix. Aujourd'hui toute possession est si incertaine, qu'elle semble être dépendante de la volonté du Prince. Et toutes les fois qu'il plaît au Roy d'expulser un homme de son bien, sous quelque prétexte, quelque faux qu'il soit, il n'y a aucun moyen de se pourvoir. Mais autrefois on pouvoit se pourvoir contre le Roy luy-même, & l'Assemblée des Etats ou Parlement étoit Juge entre les Roy & les Sujets.

12. Autrefois les Prêts, qui étoient faits au Roy, étoient aussi sûrs que ceux qui se faisoient aux Particuliers. Aujourd'huy le payement de ce que le Roy doit à ses Sujets, dépend de sa volonté; en sorte qu'il cesse de payer tout aussi-tôt qu'il le trouve bon, sans être obligé d'en rendre conte à personne.

13. Autrefois les Rois de France ne pouvoient faire la Guerre sans assembler leurs Comtes & leurs Barons, & sans avoir leur consentement. Aujourd'huy les Rois, uniquement pour satisfaire leurs passions & servir à leur ambition, engagent leurs Sujets dans des Guerres qui ruinent l'Etat & qui ont de funestes suites; sans consulter personne & avec une Puissance Absoluë.

14. La France avoit autrefois divers Souverains tous Vassaux à la vérité du Roy, mais avec le Privilége de se pouvoir garentir de l'oppression par les armes. Mais aujourd'huy tout Seigneur souffrant la derniere oppression, qui seroit trouvé remüant pour s'en garentir par les armes, seroit traité de Rebelle & perdroit la vie. Il n'y a plus qu'un seul Seigneur qui a dépoüillé tous les autres.

15. Les Peuples étoient si libres, qu'on ne pouvoit tirer aucun Tribut d'eux que de leur consentement. Le Roy n'avoit aucun Droit de faire des Impôts de sa seule authorité; aujourd'huy le Roy croit être en droit d'imposer tout ce que bon luy semble.

16. Autrefois l'argent provenu des impôts ne pouvoit être employé qu'à la défense du Royaume: aujourd'huy on l'employe à satisfaire toutes les folles passions du Prince.

17. Autrefois les Impôts étoient levez & l'argent administré par des Officiers nommez par les Etats, & ils étoient obligez d'en rendre conte aux Etats mêmes: Aujourd'huy les Rois établissent des gens absolument dépendans de la Cour pour lever les Tributs & administrer les Finances. On met les Tributs en Parti, on les loüe, on les afferme à des Harpies, qui font du pis qu'ils peuvent, c'est à dire, qu'on vend le sang, la liberté & la vie du Peuple.

11. Enfin les Rois n'avoient point de Troupes Reglées autrefois, même point de Gardes. Ils ne levoient des Soldats qu'en tems de guerre. Aujourd'hui la Terre & la Mer, les Frontieres & le Cœur du Royaume sont couverts de Troupes au milieu de la Paix, pour opprimer les Sujets & établir la Puissance Absoluë.

On pourroit trouver encore beaucoup plus d'Articles de differences & d'oppositions entre l'Ancien Gouvernement & celuy d'à présent. Mais c'en est assez pour faire voir qu'autrefois nous étions Peuples libres sous nos Rois; & qu'aujourd'huy nous sommes le Peuple le plus esclave de l'Europe.

Fin du Onziéme Memoire.

A AMSTERDAM,
le 1. de Juin 1690.

CATALOGUE DES LIVRES NOUVEAUX.

Dlſcours de la Beauté de la Providence, par le R.P. en Dieu Jean Wilkins Evêque de Cheſter, Traduit de l'Anglois, à Amſterdam chez Pierre Brunel 1690. 12. pag. 60.

Lettre écrite de Suiſſe en Hollande, pour ſupléer au défaut de la Réponſe, que l'on avoit promis de donner à un certain Ouvrage, que M. Peliſſon a publié ſous le nom d'un nouveau Converti, touchant les récriminations qui y ſont faites aux Reformez, des violences que les Catholiques employent pour la Converſion de ceux, qu'ils appellent Heretiques, à Dordrecht chez Theodore Goris 1690. 12. pag. 118.

Recueil des pieces Autentiques concernant l'Election des Echevins de la Ville d'Amſterdam & de pluſieurs autres piéces, à Cologne chez Pierre Marteau, 1690. 12.

Traité de la Religion Chrétienne par raport à la vie Civile où l'on fait voir que l'Egliſe n'eſt point un Etat, & que la puiſſance des Princes ne va pas juſqu'à dominer ſur la Foi. Ouvrage compoſé en Latin par M. Samuel Pufendorf, & mis en François par M. de Saint Amant, à Utrecht chez Antoine Schouten 1690. 12. pag. 235.

Avis Important aux Refugiez ſur leur prochain retour en France, donné pour Eſtrennes à l'un d'eux en 1690. par Mr. C. L. A. A. P. D. P. à Amſterdam chez Jaques le Cenſeur, 1690. 12. pag. 412.

Hiſtoire Secrete des Régnes des Rois Charles II. & Jaques II. traduit de l'Anglois, à Cologne chez Pierre Marteau, 1690. 12. pag. 366.

Le Salut de la France à Monſeigneur le Dauphin. A Cologne chez Pierre Marteau, 1690. 12. pag. 234.

Hiſtoire de la Religion des Egliſes Reformées, dans laquelle on voit la ſucceſſion de leur Egliſe, la perpétuité de leur Foi, principalement depuis le 8. Siécle, l'établiſſement de la Reformation, la perſeverance dans les mêmes dogmes depuis la Réformation juſques à preſent, avec une Hiſtoire de l'origine & du progrés des principales erreurs de l'Egliſe Romaine, pour ſervir à l'Hiſtoire des Variations des Egliſes Proteſtantes, par M. Boſſuet Evêque de Meaux, &c. par M. Basnage, Miniſtre du S. Evangile, à Rotterdam chez Abraham Acher 1690. 8. 2. vol. pag. 546. & 608.

Le Martyre de Theodore & de Didyme, à Utrecht chez Guillaume Van de Water 1690. 12. pag. 151.

Le Tableau du Socinianiſme, où l'on voit l'Impureté & la Fauſſeté des Dogmes des Sociniens, & où l'on découvre les myſtéres de la Cabale de ceux qui veulent tolerer l'hereſie Socinienne, diviſé en deux parties, & en diverſes Lettres aux vrais Fidéles, premiére Partie, par Mr. Jurieu, à la Haye chez Abraham Troyel 1690. 12. pag. 48.

Reflexions ſur l'Explication de l'Apocalypſe de M. l'Evêque de Meaux, à Amſterdam chez Pierre Brunel, 1690. pag. 88.

LES SOUPIRS

DE LA

FRANCE ESCLAVE,

Qui aspire aprés la Liberté.

XII. MEMOIRE.

Du 15. de Juin 1690.

Premiére Raison pourquoi les François doivent pen-
ser a ramener la Monarchie à sa forme an-
cienne :   C'est qu'elle court risque d'être ruinée
si elle n'est reformée.   Digression sur la condui-
te des Cours de France & de Rome à l'égard
l'une de l'autre.

DANS le commencement de cet Ouvrage, nous nous sommes
proposez de faire quatre choses, la premiere de voir jusqu'où
va la Tyrannie de la Cour de France, & jusqu'où elle pousse l'exercice de sa Puissance Despotique.   La seconde de montrer les moyens par lesquels elle exerce cette Puissance & la conserve.   La
troisiéme de prouver que la Monarchie Françoise n'a point été fondée sur
le pied de cette Puissance Arbitraire, Et cela pour répondre aux Flateurs

A a

de

de la Cour qui difent que nôtre Monarchie a de tout temps reconnu une Puiffance fans bornes dans fes Monarques : pour refuter cela, nous avons en fix grands Chapitres donné l'idée des Droits du Peuple & du Monarque, & une defcription exacte de l'ancien Gouvernement de la Monarchie. Nous avons fait ces trois chofes, il en refte une quatriéme que nous avons auffi promife. C'eſt de voir s'il y auroit des moyens poffibles & legitimes de ramener la Monarchie à fon ancienne forme, pour contenir les Rois dans les juftes bornes de leur Puiffance. Ce que nous avons à dire là-deffus fe reduit a ces trois articles. I. Que cela eft neceffaire. II. Que cela eft jufte. III. Et enfin que cela n'eſt pas impoffible.

Pour ce qui eft de la neceffité, il ne paroît pas qu'il foit fort neceffaire de nous y étendre, car elle eſt fenfible. Il ne faut que repaffer la vüe fur les premiers Chapitres de cet Ouvrage pour la comprendre. On y verra un portrait des miferes où eſt reduit le Royaume par cette efpece de Gouvernement. Mais il eſt encore plus feur de jetter les yeux fur le Royaume même, pour voir par foy-même l'état où il eſt reduit : les Provinces font épuifées de longue main par des Impôts prodigieux. Le Peuple y eſt reduit à ce qu'on appelle les dernieres extremitez ; fans bien, fans argent, fans vétemens, fans vivres, denué de tout ce qui eſt neceffaire pour la fubfiftence : ceux qui ont du bien, fe trouvent chargez de ce que leurs fonds leur rapportent ; les uns bleds & les autres vins. Mais avec une fi étrange difette d'argent, que ceux qui ont du vin n'ont pas dequoy achêter du bled, & ceux qui ont du bled n'ont pas dequoy achêter du vin. Parce que la fource du fimple Peuple eſt épuifée, on eſt allé ouvrir la Bourfe & les Cabinets de ceux qui pouvoient avoir quelque argent en referve. On a tiré cet argent des lieux où il étoit par diverfes machines. Partie par rufe & partie par violence. Par violence on a impofé des taxes fur tout ce qu'il y a de Charges dans le Royaume, grandes & petites. Il y a tel petit Officier dans les Elections de France qui a été obligé de vendre fes meubles & d'engager fes fonds pour payer les taxes qui luy ont été impofées. On impofe aux Convents des taxes qui vont bien-loin au delà de leurs revenus : on a proprement pillé l'argent des Eglifes & leurs tréfors. Ces Biens ont toûjours été reputez facrez, & au moins on n'a jamais entrepris d'y toucher qu'avec la permiffion du Chef de l'Eglife qui eft affis fur le Saint Siege. Mais la Cour qui fait toute chofe de hauteur, & qui fuit fes maximes, n'a confulté là-deffus ni l'Eglife Romaine, ni l'Eglife Gallicane. Conduite qui a quelque chofe de furprenant dans les circonftances prefentes. Puis que l'Imprimeur a trouvé bon de partager & de couper en pieces, cet Ouvrage qui étoit deftiné à paroître entier ; il nous fournit les moyens de faire entrer deformais quelques reflexions fur les évenemens arrivez depuis que les premieres feüilles paroiffent. C'eſt ce que

nous

nous ferons quand les occasions s'en rencontreront. Et trouvant dans nôtre chemin la conduite de la Cour de France à l'égard de l'Eglise & celle
de la Cour de Rome à l'égard de la France, nous nous y arrêterons un
peu avant que de retourner à nôtre principal but. Nous disions donc que
le Roy s'est bien oublié dans le dessein qu'il a d'appaiser le Pape, &
que ce n'est pas le temps de faire de nouvelles entreprises contre son authorité. Car depuis quelque temps on voit le Roy s'humilier jusqu'à la
bassesse devant le Saint Siége. Et aprés avoir fait paroître tant de fierté, ou
comme on l'appelloit, tant de fermeté sur les affaires des Franchises, de la
Regale & des autres démêlez sous le Pontificat d'*Innocent XI.* on abandonne tout quasi sans façon au Pape *Alexandre VIII.* On le prie à genoux
d'être content ; on luy demande seulement qu'il donne, ou qu'il laisse
donner des couleurs, afin que la retrogradation ne soit pas si honteuse.
On est prêt à luy abandonner les Libertez de l'Eglise Gallicane, dont on
a fait tant de bruit dans les siecles passez. C'est dommage qu'il n'y ait encore aujourd'huy une Pragmatique Sanction, comme du temps de *Louïs*
XI. dont on luy pût faire un sacrifice comme on fit alors. Si les choses
vont en empirant pour la Cour de France, il n'y a pas lieu de douter que
le Saint Siége obtiendra une retractation formelle des Decrets de l'Assemblée du Clergé de 1682. On avouera que le Pape est infaillible, qu'il est
au dessus du Concile, qu'il peut excommunier les Rois & dispenser les
Sujets du Serment de fidelité. Il vaudroit mieux ne se pas tant hâter de faire
les choses, que d'être obligé ensuite à se dédire d'une maniere si peu honnête. C'est une obligation, quoy qu'on dise, que le Saint Siege a aux Calvinistes. Car si les Anglois & les Hollandois n'avoient causé la revolution que
nous voyons, l'Empereur seroit encore seul à soûtenir le fardeau de la guerre
contre la France & contre le Turc, & les droits du Pape seroient combat-
tus en France, avec autant de violence que jamais. D'où vient ce changement de conduitte qui nous fait si peu d'honneur? Comment la Cour de France
est-elle devenuë si devote, ne voulant plus avoir de demêlez avec le Pere
commun des Chrêtiens ? elle qui a fait de si grands outrages au precedent
Pape reconnu par tout pour être le meilleur Pontife qui ait occupé le Saint
Siege depuis plusieurs siecles ? On voit clairement que la Religion de la Cour
de France est un pur interêt: quand elle s'étoit renduë la terreur de ses voisins,
elle ne menageoit personne, le Roy ne faisoit rien que pour ce qu'il appelloit
sa gloire & sa grandeur : Catholiques & Heretiques, Saint Pontife, Eglise,
& tout ce qu'il vous plaira, étoit immolé à son grand orgueil. Il faloit que
tout fût reduit en poudre sous ses pieds. On alloit le grand chemin de mettre
en France les Droits sacrez du Saint Siege au même état que les Privileges
accordez aux Calvinistes. Mais depuis que les affaires de l'Europe ont changé de face, la pieté du Roy l'a emporté sur tout ; il ne peut plus se resoudre de

vivre

vivre en division avec la Cour Sainte :   on luy accorde tout ; on luy rend. Avignon & tout ce qu'on luy avoit enlevé ; on luy veut rendre tous les hommages qu'on luy refusoit autrefois ; on renonce absolument aux Franchises.   Pour la Regale, on s'en tiendra aux Decisions du Concile de. Lion :   enfin on sera si sage deformais que jamais le Pape n'aura sujet de se plaindre du Roy.   C'est quelque chose que de profiter de chatiment : Mais je voudrois bien que le Pape & les Princes de l'Europe fissent sur ce change-ment de conduite quelques reflexions.

Premiérement je croy que la Cour de Rome ne se doit pas extreme-ment feliciter de la repentance du Roy & de son changement.   Car ce ne sont pas ses verges spirituelles qui l'ont operé ; s'il n'y avoit point eu d'autres armes dans l'Europe que celles du Vatican, on ne s'en feroit pas fort allarmé en France.   On alloit pousser les affaires bien loin sur le mé-pris des foudres spirituelles & des excommunications.   Pour avoir ex-communié *Lavardin* Ambassadeur de France à Rome, déja on auoit fait re-volter l'Eglise Gallicane en corps & même les Communautez Religieuses qui. font plus soûmises au Pape que les autres Corps de l'Eglise.   Et qu'est-ce que le Saint Siége doit conclure de là ?   C'est que tout aussi-tôt que le. Roy se verra la verge levée de dessus le dos ,   tout aussi tôt qu'il se sera fait procurer la paix par l'entremise du Pape , il retournera à sa premié-re fierté, il reveillera toutes ses prétentions & revoltera contre luy l'Eglise Gallicane comme il a fait.   Car la cause cessant , les effets cessent : la rai-son , du Roy & son humiliation ne viennent que des grandes affaires qu'il se voit sur les bras.   Quand cela cessera, on verra cesser aussi toute sa com-plaisance.   Et même de la maniére que le cœur du Roy est tourné, on peut être assûré qu'il reviendra à la charge contre le Saint Siége plus violem-ment que jamais.   Car il voudra se vanger de la violence qu'il se fait au-jourd'huy.   Il sçait bien que toute l'Europe regarde avec étonnement sa conduite avec la Cour de Rome , & admire comment d'un ton si fier on puisse descendre à tant de bassesse.   Cette reflexion le fait souffrir , & il ne manquera pas de se vanger aussi-tôt qu'il pourra contre une autho-rité sous laquelle il s'humilie aujourd'huy au dépends de son honneur & de sa reputation.   De plus il voit par experience combien l'authorité du Saint Siége est un grand poids dans la balance , & combien celle d'*In-nocent* XI. a eu de force sur les Princes Catholiques pour les obliger à. rompre avec la France.   Pour n'être plus exposé, s'il luy est possible, à ce malheur, il ne manquera pas d'abaisser & de ruiner, s'il peut , le Saint Siége , & son authorité , pour l'empécher de luy faire du mal une autre fois.   Ces considerations me font dire que comme *Innocent* XI. étoit en-tré dans ses veritables interêts , & les avoit bien connus quand il avoit travaillé à liguer les Princes Chrétiens contre la France , *Alexandre VIII.* est entiérement sorti de son veritable interêt en rentrant en alliance avec

le

le Roy. S'il n'eſt pas encore tout à fait engagé, il ne ſçauroit prendre un meilleur conſeil que celuy de ne paſſer pas plus avant. La Cour de France eſt l'ennemie naturelle du Saint Siége & de ſes droits, & une ennemie irreconciliable aprés tout. Car les principes de la Theologie de l'Egliſe Gallicane, qui vont ſi droit à la ruine de l'Egliſe Romaine & de ſes droits, peuvent bien dormir pour quelque temps, mais ils ne peuvent jamais mourir. Et la Politique des Rois de France les reveillera toûjours quand elle en aura beſoin. Si le Saint Siege pouvoit perir, il periroit par là. Car la Theologie de l'Egliſe Gallicane ne vaut pas mieux à cet égard que celle de Calvin, puis qu'elle ne donne au Pape qu'une primauté d'ordre de droit Divin ſur les autres Evêques : elle dit aujoud'huy que de droit il n'eſt Evêque que de la Ville de Rome, & des Villes qu'on appelloit autrefois Suburbicaires ; c'eſt à dire du Pays qui eſt depuis le Royaume de Naples juſqu'au Duché de Milan : elle pretend que toutes ſes preéminences, ſa juriſdiction ſur l'Egliſe univerſelle, ſon droit de juger des Apellations, celuy de conferer les Benefices, ou d'en confirmer la collation par les Balles, ſa preſidence ſur les Conciles, & autres ſemblables, ne ſont que des conceſſions des Conciles, & ne ſont fondées par conſequent que ſur un droit humain poſitif. Droit humain poſitif qui n'ayant autre fondement que la volonté des diverſes Egliſes, dont l'Egliſe univerſelle eſt compoſée, peut auſſi être revoquée & aneantie auſſi-tôt qu'il plaira aux diverſes Egliſes qui ſont ſoûmiſes à l'Egliſe Romaine. Principe abſolument ruïneux à l'authorité du Saint Siege. Et pour ce qui eſt du droit d'excommunier & de depoſer les Souverains, d'aſſembler des Conciles generaux de plein droit comme leur Superieur, de reformer ce qui a été fait dans les Conciles, de pouvoir diſpenſer des Canons, de pouvoir mettre en interdit les Royaumes, & de pouvoir juger infailliblement les Controverſes, l'Egliſe Gallicane les refuſe abſolument à l'Egliſe Romaine. Or ce ſont pourtant là les plus beaux de ſes privileges. C'eſt ce qui l'a élevée au point de grandeur où elle eſt, car ſi elle n'eût jamais exercé aucun pouvoir ſur le temporel des Rois, elle ne les auroit jamais tenus dans la legitime obeïſſance qu'ils luy doivent. Je ſuis bien de ceux qui croyent que la juriſdiction temporelle eſt naturellement bien diſtinguée de la juriſdiction ſpirituelle, & peut être qu'à l'égard des veritables libertez de l'Egliſe, je ſuis auſſi bon François qu'un autre. Mais je comprens pourtant bien, qu'il eſt neceſſaire pour la conſervation de l'Egliſe que l'authorité du Saint Siege demeure en ſon entier comme elle eſt. Le Pape n'eſt pas de droit Divin Superieur des Rois pour le temporel, je l'avoüe ; mais ſa poſſeſſion là-deſſus eſt ancienne ; il eſt perilleux de remuër les bornes de nos Ancêtres. Et il y a beaucoup plus de danger pour l'Egliſe de diminuer l'authorité de ſon Chef, que de l'augmenter. A quoy j'adjoûte que les mou-

vemens de nos François là-dessus n'ont point du tout pour principe l'amour
de la verité ; mais la politique & l'esprit de sedition. Car l'Eglise Gallicane
s'éleve là dessus , & s'appaise uniquement selon les inspirations de la Cour, &
pour servir à ses desseins ambitieux & à ses passions. Et quoy qu'elle fasse, il
est certain qu'elle a conservé toûjours un cœur ennemi de la legitime authorité des Papes.   Ainsi la Cour de Rome doit penser que n'ayant pas de plus
grand ennemi que la France : elle est aussi de toutes les Puissances de la Chré-
tienté , celle qui est la plus interessée à l'abaisser.   Car pour les autres Puissances,quand la France ne descendroit pas bien-bas dans les affaires presentes,
au moins on la mettra en état de ne pouvoir rien entreprendre , & on l'obli-
gera bien de renoncer à ses pretentions.   Mais pour le Saint Siege, s'il ne se
prevaut de cette occasion pour étouffer entierement les semences de la rebellion qui sont dans le cœur des Theologiens François & de la Cour de France,
il n'y reviendra jamais.   Et comme il est desarmé & incapable de se soûtenir contre les efforts d'une si grande Puissance , dans une paix qui se feroit à
present il ne pourroit prendre de suffisantes precautions pour l'avenir.   Ainsi
le veritable interest du Saint Siege,c'est de laisser subsister la Ligue, & de la
fortifier jusqu'à ce que la France soit reduite, à renoncer dans toutes les formes, & par un Concile general de la Nation à cette Theologie si fatale à la
legitime authorité des Saints Pontifes ; Theologie de rebellion , qui a pris
son origine dans les Conciles de Constance & de Bâle, & dont on s'est servi
pour combattre les Papes depuis le regne de *Charles VIII.* Roy de France.
Aprés avoir obtenu de l'Eglise Gallicane cette revocation , avant que de quit-
ter les armes il faudroit faire confirmer dans un Concile general la renontia-
tion de l'Eglise Gallicane à ses pretendus privileges.   Afin que cette revolte
qui a pris naissance à l'occasion du Concile general de Constance fût aussi
aneantie dans un Concile general.   C'est là, dis-je, le veritable & l'unique interét de la Cour de Rome.   Au lieu de cela nous voyons qu'elle se laisse flatter par nos humiliations , elle fait des faveurs à nos Ambassadeurs , elle nous accorde des Chapeaux, elle promet son entremise pour nous procurer la paix.   Elle nous accorde même des preferences.   En verité on
peut dire qu'elle s'aveugle & ne sçait ce qu'elle fait.   Elle verra comment
il luy en prendra ; les exemples des siecles passez la devroient rendre sage.
Et sans aller bien-loin : parce que les Jesuites François il y a trente ou quarante ans,avoient besoin de la faveur du St. Siege pour condamner les Disciples de Jansenius & de St. Augustin ; quelle bassesse ne fit-on pas à la
Cour & dans la Sorbonne ? & ne renonça-t'on pas presque formellement aux dogmes qui mettent le Pape au dessous des Conciles , qui le
soûmettent aux Canons , & qui luy ôtent son infaillibilité ? On bannit
plusieurs Docteurs de Sorbonne qui s'obstinerent à maintenir les anciennes maximes de la Faculté.   Que ne fit point le Cardinal de *Richelieu* contre

tre les libertez de l'Eglife Gallicane au fujet des appellations , & pour faire condamner par le Pape des Evêques qu'il vouloit perdre , fans qu'ils fuffent jugez par leurs Comprovinciaux. Mais on s'eft bien relevé de tout cela, depuis que l'on a crû n'avoir plus affaire du Pape. Le Pape *Alexandre VIII.* peut bien auffi s'affurer que l'on fe moquera de tout ce qu'on fait aujourd'huy quand le temps fera changé , & qu'on n'aura plus affaire de luy. Il me femble que le Saint Pere devroit bien fentir qu'on le veut tromper, car à quoy tendent ces longues négociations des Miniftres de France à la Cour de Rome ? On effaye de faire paffer le Pape au moins qu'il fe peut : on luy offre une lettre de foûmiffion de cinq ou fix Evêques & d'autant d'Abbez qui ont befoin de bulles. Dans ces foûmiffions on donnera au Pape du Galimathias ; peut être que la prochaine Affemblée du Clergé entrera auffi là dedans. Mais que fera t'elle ? Elle fera tout ce que la Cour voudra. Mais la Cour n'eft pas encore affez effrayée pour retourner tout droit fur fes pas & pour caffer tout ce qu'elle a fait depuis l'an 1682. Si le Pape fe contente de je ne fçay quelle foûmiffion ambiguë , il fe rendra le mépris de toute l'Europe , & l'objet même de la hayne de toute l'Eglife. Parce qu'on fera une oppofition de fa conduite avec celle de fon Predeceffeur, ce grand Pontife *Innocent XI.* Dont la conduite a été fi ferme, fi vigoureufe, & a fait tant d'honneur au faint Siege. Le Pape doit donc tenir ferme & refufer la mediation pour la Paix qu'on luy veut mettre en main , jufqu'à ce qu'on ait rayé & biffé tous ces actes infolents du Parl. de Paris, de l'Affemblée de 1682. tous les appels au Concile qu'on a fait ratifier par les Evêques, par les Chapîtres, & par les Maifons Religieufes. D'une doctrine tout au plus problematique, qui eft la fujettion du Pape au Concile, & qu'il eft capable d'errer, le Roy a voulu faire un article de Foy , ordonnant à toutes les Univerfitez de la faire enfeigner à leurs écoliers fous peine de châtiment. Il ne fe peut rien de plus injurieux. Et par confequent le Pape ne peut oublier une telle injure, qu'on ne l'ait reparée par des actes tout-à-fait folemnels , & dans lefquels il n'entre point d'équivoque : fi la guerre continuë il obtiendra là-deffus tout ce qu'il pourroit demander.

Il eft certain que les Princes Catholiques qui ont leurs Miniftres à Rome, ne doivent jamais fe laffer de reprefenter au Pape ces veritez , afin qu'il ne continuë plus à fe relâcher comme il a fait, & qu'il revienne bien-tôt à la conduitte de fon Predeceffeur. Mais quand le Pape continueroit à fe laiffer flatter par la France , & entreprendroit de porter les Princes Catholiques à fe détâcher de la Ligue , ils ne devroient pas l'en croire ; parce qu'il eft Venitien , & qu'il agiroit en cela felon les Principes de fa Nation & de fa Patrie. Quelque union qu'il y ait aujourd'huy entre la Republique de Venife , & la maifon d'Autriche pour leur commune défenfe contre le Turc, cependant elle craint l'aggrandiffement de cette Maifon , son, & souhaite de la tenir-bas & dans la mediocrité. L'Espagne borne cette Republique par la Duché de Milan : elle est voisine de l'Empereur du côté de l'Allemagne & de la Dalmatie : Ainsi elle ne sçauroit voir augmenter cette Puissance sans jalousie. C'est pourquoy les Venitiens seroient fort aises que les forces de l'Empereur & de l'Empire diminuassent du côté du Rhin ; ils voudroient que le Roy fût toûjours assez puissant pour tenir l'Empereur en allarme, afin qu'il n'entreprît rien sur ses voisins. C'est pour cela qu'ils souhaiteroient que l'Union des Alliez se rompît, afin que la France demeurât dans toute la grandeur où elle est à present. Outre cela ils ont encore un interêt considerable à faire la Paix sur le Rhin, c'est qu'ils voudroient que l'Empereur fût en état d'agir de toutes ses forces contre le Turc, afin que pendant qu'il s'occuperoit à gagner des batailles dans les deserts de la Bulgarie, leur Republique pût achever la conquête du plus beau & du meilleur Pais qui soit dans l'Europe, c'est la Grece, Candie & toutes les Isles de l'Archipel. Aprés quoy Venise deviendroit redoutable à l'Orient & à l'Occident. Il est à remarquer que jamais Venitien, même quelque disgracié qu'il soit, n'abandonna les maximes & les interêts de son Pais. Et par consequent à plus forte raison le Pape *Alexandre VIII.* qui a receu tant d'honneur & tant de faveurs de la Republique depuis son élevation au Pontificat, ne sçauroit manquer d'être bien avant dans ses interêts. Il y est soûtenu par les Ministres de Venise qui sont à Rome, qui ne manquent pas de le faire ressouvenir des maximes qu'il pourroit avoir oubliées pendant son sejour hors de Venise.

Il faut même observer que les Venitiens ont des maximes tout à fait opposées à la grandeur du saint Siege. La Theologie de *Fra Paolo* n'y est pas entierement éteinte, ils n'ont pas oublié le chagrin que le Pape *Paul V.* leur fit, & comment il mit leur Republique sous l'interdit. Ils ne voudroient pas se dédire de la fermeté qu'ils firent paroître alors au prejudice de l'authorité du saint Siege. Ils ne veulent point dans le Pape, d'une Puissance sans bornes pour le spirituel, parce que cela seroit propre à faire revolter leurs Ecclesiastiques qui sont immediatement soûmis au saint Siege, ils ne veulent non plus dans le Pape une grande Puissance temporelle, parce qu'ils ne veulent pas qu'il soit en état de les troubler dans leurs desseins, & d'entreprendre sur leur Etat de terre ferme. Ainsi toutes les maximes de la Republique vont à tenir le Pape fort bas ; & par consequent leurs Conseils n'iront jamais à inspirer au Pape une veritable vigueur pour la gloire du saint Siege, & pour l'abbaissement de la France. S'ils êtoient assurez d'avoir toûjours un Pape Venitien & qui fût dans leur interêt, comme celuy-cy, ils se mettroient moins en peine de ce qui arrivera des demêlez de la Cour de Rome avec la Cour de France. Mais comme ils sont persuadez qu'ils n'auront jamais de Pape de leur Nation, ils ne travailleront pas sous ce Pontificat qui ne peut être long, à

augmen.

augmenter une Puissance qui leur donneroit de l'ombrage & les incommoderoit aussi-tôt qu'elle seroit passée en d'autres mains. Toute l'Europe a vû avec étonnement un Venitien monter sur le Siege des Souverains Pontifes. Car tous ceux qui ont écrit sur la matiere, pour nous marquer entre les Cardinaux ceux qu'on jugeoit capables, ou ceux qui ne l'étoient pas, ont toûjours regardé la naissance d'un Cardinal Venitien comme un peché originel, qui étoit un obstacle insurmontable à son élevation au Pontificat, à cause des maximes de cette Republique, qui ne sont pas moins ennemies de la Grandeur du Saint Siege que celles de France. La circonstance des affaires presentes a surmonté ces obstacles. Il n'y avoit pas moyen de prendre un Cardinal qui fût ou Genois, ou Milanois, ou Napolitain, ou Italien dans les interêts de l'Espagne, parce que la France luy auroit donné l'exclusion. Encore moins étoit il possible d'élever un Cardinal François, ou du Parti de la France : Car l'Espagne ne l'auroit jamais souffert. De sorte que le College des Cardinaux a été obligé de prendre ce qu'il a trouvé ; c'est un Cardinal Venitien, auquel les Couronnes ne pussent raisonnablement donner l'exclusion. Et on s'y est porté avec d'autant plus de facilité que le voyant vieux on a esperé, que quand il suivroit les maximes & les inspirations de sa Republique, il ne pourroit pourtant pas faire grand mal au Saint Siege, parce qu'il vivroit peu. Mais sa vieillesse qui a été la cause de son élection, est une des raisons qui doit rendre sa conduite suspecte aux Alliez Catholiques, & les doit empêcher d'y avoir égard. Car son âge le rend plus propre à suivre les inspirations d'autruy, & à faire de fausses demarches par foiblesse. Ainsi étant possedé par ses Neveux & par les Ministres de Venise il sera sans doute poussé à se contenter de ce que la Cour de France luy voudra accorder de satisfaction, quelque petite qu'elle soit ; il ne soûtiendra pas les Droits du Saint Siege avec vigueur, parce que ce n'est pas l'interêt des Venitiens que les Papes ratrapent toute l'authorité qu'on leur a ôtée, puis qu'on ne sçauroit condamner les maximes de l'Eglise Gallicane qu'on ne fasse le procés à la conduite de la Republique sur l'affaire de l'Interdit de *Paul V.* Enfin *Alexandre VIII.* pourra être induit à se rendre Mediateur de la Paix pour détacher les Princes Catholiques de la Ligue : parce qu'il y a plusieurs interêts spirituels & temporels qui engagent le Senat de Venise, la Republique & tous les Venitiens à faire la Paix entre le Roy & le Pape, & ensuitte à pousser le Pape à se rendre Mediateur entre le Roy & les Princes Catholiques qui sont entrez dans la Ligue. Mais les Princes Catholiques pour toutes les raisons que nous venons de rapporter, ne doivent pas croire là dessus un Pape Venitien, possedé par des Neveux & des Ministres Venitiens. Enfin qu'est-il besoin de raisonner en cet en-

B b

droit

droit aprés ce qui vient d'arriver ? & n'est-il pas clair qu'on doit tout craindre de l'Esprit Venitien quelque part qu'il regne, soit à Rome, soit ailleurs.   On soupçonne cette Republique d'avoir trahi le Duc de Savoye de la maniere du monde la plus cruelle & la plus mal-honnête. Ce Prince vouloit rompre les fers sous lesquels la France le tient depuis si long-temps. Il avoit pour cela fait une partie bien concertée avec l'Empereur & le Roy d'Espagne. Il devoit recevoir d'eux des trouppes suffisantes, & pour attaquer & pour se défendre.   On peut juger dans quel embarras la France se seroit trouvée si elle avoit eu à soûtenir les efforts d'une puissance armée d'un côté où elle n'a ni remparts, ni forteresses.   Mais on acuse la Republique de Venise d'avoir crocheté le secret de cette negotiation ; par le moyen d'un Moyne & de l'Abbé *Grimani*, qui luy ont livré la copie du Traitté. Ils l'ont mise entre les mains de Monsieur de *Rebenac*. Monsieur de *Rebenac* faisant des reproches au Duc, qu'il entroit en Traité avec les ennemis de son Maître ; & le Duc le niant, *Rebenac* luy produisit la copie du Traitté. L'affaire étant découverte, & le secours des Alliez n'étant pas prés, le Duc a été obligé de se livrer poings & pieds liez à la France.   On fait même courir le bruit à l'heure que j'écris qu'il a receu garnison Françoise dans Turin & dans Veruë. C'est-à-dire que le voilà dépouillé : Il peut bien, si cela est vray, aller manger une pension à Rome, s'il ne veut être bientôt prisonnier.   Aprés un tel exemple qu'on se fie à l'Esprit Venitien aujourd'huy regnant à Rome.   Desormais donc tous les Offices que le Pape pourra faire pour faire la paix, sous le prétexte de la Religion & du bien public doivent être suspects.   Et bien loin d'y avoir égard, les Alliez doivent être sur leurs gardes : Car ces propositions de Paix n'auront autre but que de les desunir, de rompre l'Alliance des Princes Catholiques avec les Protestans, & de les exposer en proye à la puissance de la France, qui est armée d'une maniére si extraordinaire, & qui la rendra maîtresse de toute l'Europe, si les Alliez se separent & mettent les Armes bas.   La France joüe de son reste : Elle fait des efforts prodigieux pour se défendre.   Mais elle se servira de ce redoutable Armément destiné à la défensive pour aujourd'hui.   Elle s'en servira, dis-je, pour attaquer aussi-tôt qu'on ne l'attaquera plus.   Et qui pourra alors lui resister, quand elle n'aura à vaincre que quelques Puissances particulieres ?

Voici une longue digression ; mais nous n'avons pas pourtant perdu la memoire, de l'endroit où nous en étions, car nous avions dessein de faire voir à nos François la necessité où ils sont, de pourvoir bien-tôt aux desordres de la Monarchie, pour la remettre sur l'ancien pied. Cette necessité paroît premierement par le déplorable état où le Royaume est

réduit

réduit ; il s'en va devenir une vaſte ſolitude , comme tant d'autres Pays que la Puiſſance Arbitraire a entierement deſolez & rendus deſerts. C'eſt le premier peril où il eſt. Le ſecond c'eſt qu'il ne peut manquer d'être bien-tôt diviſé au dedans , & par conſequent déchire dans ſes entrailles par ſes propres enfants. Car enfin le nombre des Mécontents eſt infini, & le mécontentement n'eſt pas médiocre, il eſt extrême. La patience de la Nation eſt dans un état violent & qui ne peut pas être de durée. Elle ne peut manquer de faire éclater ſon mécontentement à la premiere occaſion. Mais cette occaſion ne ſe trouvera pas, dira-t-on, ſi le Roi eſt toûjours heureux comme il a été juſqu'ici ; il y a apparence qu'en effet cette occaſion ne ſe preſentera pas ſi-tôt : pendant qu'on aura quatre cens mille hommes armez dans le Royaume, il ne paroît pas qu'on ait rien à craindre des Mécontents. Mais ſi le Roi ceſſoit d'être heureux , s'il venoit à perdre une Bataille ou deux, croit-on que tout le Royaume demeurât dans la ſituation où il eſt ? y a-t-il quelqu'un qui ne ſoit parfaitement convaincu, que la crainte ſeule oblige nos François à ſupporter les horribles Fardeaux dont on les accable ? Et quand ils ceſſeront de craindre, n'eſt-il pas évident qu'ils ceſſeront auſſi de ſouffrir leur inſupportable Joug ? Or quel lieu y a-t-il d'eſperer que le Roi ſera toûjours heureux & toûjours victorieux ? Ce ſeroit une choſe ſans exemple , qu'un Prince ſoit toûjours Vaniqueur & jamais vaincu. Cela n'eſt arrivé qu'à ce petit nombre d'hommes, que la Providence deſtinoit à bâtir les grands Empires qui ont occupé l'Univers; un *Cyrus* , un *Alexandre*, un *Ceſar*, & peut-être quelques Empereurs Turcs. Mais encore ces hommes extraordinairement protegez du Ciel, en ont été quelquefois abandonnez. *Cyrus* fut vaincu par la Reine des *Scythes* , *Ceſar* perit ſous l'épée de ſes propres Amis. Le fier ; l'orgueilleux & l'heureux *Bayazeth* fut vaincu par *Tamerlanes*. Vingt-cinq années de Proſperité ſemblent plus que ſuffiſantes pour épuiſer une étoille de ſes benignes influences, on a ſujet aprés cela d'en attendre de malignes. On peut bien ajoûter à cela ſans trop faire le Prédicateur, qu'aprés les horribles violences qui ont été commiſes & les maux qu'on a faits , il n'y a gueres d'apparence que le Ciel continuë à prendre nôtre party; puis que nous avons ſi fort negligé ſes Loix & ſes Ordres. Suppoſez donc ce qui eſt apparent : qu'enfin la Puiſſance du Roi ſuccombera ſous les efforts de tant d'Ennemis Liguez enſemble ; on ne verra pas plûtôt le Royaume expoſé en proye , que tant de gens du dedans qu'on a épuiſez par tant d'extorſions , ſe jetteront ſur ce qu'ils pourront attrapper pour recouvrer une partie de ce qui leur a été ravi. Le Royaume ſera diviſé en cent factions, & peut-être alors verra-t'on la fin de la Monarchie. Mais ſuppoſez que le Roy ne ſoit jamais malheureux ; au moins ſera-t'il quelque jour vieux. Alors il cessera d'étre craint & redouté , car les Princes voyent déchoir leur authorité avec les forces de leur corps & de leur esprit.   Et ce sera aux mécontens un moyen de lever la tête, & d'allumer dans l'Etat une guerre civile.   Guerre dont les suittes feront bien plus funestes que celles des mouvements qu'on voit quelquefois dans les Etats , excitez uniquement par l'ambition & par les ressorts des Grands.   Il n'arrive guere que ces sortes de guerre durent long-temps ; parce que les Peuples qu'on a trompez & engagez dans un mauvais Parti , reconnoissent bien-tôt les suittes de leurs engagements , & sentent bien qu'on n'a pas d'autre but que de se servir d'eux pour ruiner une tyrannie en faveur d'une autre tyrannie.   Et ils se retirent en abandonnant ceux dont ils avoient soûtenus les interêts.   Mais quand le Peuple entre dans une affaire par ses propres interêts , & parce qu'il se voit ruiné ou persecuté , il la soûtient comme sa propre affaire & y persevere.   Cela se voit dans les guerres civiles du siecle passé qui durerent prés de quarante ans , & qu'on soûtint de part & d'autre avec opiniatreté.   S'il n'y avoit point eu d'autres ressorts que l'ambition des Maisons de *Guyse,* de *Bourbon* & de *Coligny* , la machine n'auroit pas remué si long temps. Mais d'un côté les Calvinistes se trouverent engagez dans la partie pour leur propre conservation , puisqu'on en vouloit à leur vie.   Et les Catholiques pour la conservation de leur Religion , que les Calvinistes vouloient détruire.   Si donc une fois la guerre civile s'allumoit en France , ce ne seroit point pour l'interêt des Grands , ce seroit uniquement pour celuy des Peuples , lesquels par consequent ne cesseroient pas d'agir, ou qu'ils ne fussent entierement abbatus , ou que l'on ne les eut parfaitement satisfaits.   Ainsi les François ont un grand interêt à faire cesser une Puissance qui les accable , & qui dans la suitte sera occasion de tant de desordres.   On dira sans doute que c'est se jetter dans l'eau pour éviter la pluye : que l'on ne sçauroit entreprendre de diminuër l'authorité du Roy , sans se jetter necessairement dans une guerre civile.   Ainsi ce seroit proprement entrer dans une guerre civile tres-certaine pour en éviter une autre fort incertaine.   Je réponds que je n'en suis pas encore aux moyens dont on se pourroit servir pour rétablir la Monarchie Françoise dans son premier état.   C'est pourquoy je ne suis pas obligé à present de m'ouvrir de mes pensées là-dessus.   Mais on peut être assuré qu'elles ne vont ny à exciter une guerre civile , ny à livrer le Royaume aux Etrangers.   Si nos François vouloient entrer d'une maniere unanime dans des moyens legitimes de reformer l'Etat , comme la Nation Angloise est entrée dans le dessein de favoriser les desseins du Prince d'Orange , quand il entra en Angleterre , il ne seroit pas necessaire d'aller justement aussi loin que les Anglois ont fait.   Mais

on

on pourroit donner des bornes à une Puiſſance qui n'en veut point, ſans répandre du ſang & ſans brûler des Villes & déſoler des Provinces, & même ſans faire deſcendre perſonne du thrône.

Bien loin que mes penſées aillent à ruiner la Monarchie, elles tendent à ſa conſervation. Et c'eſt une des raiſons qui me font dire qu'il eſt d'une neceſſité abſolüe de pourvoir au retour de nôtre ancienne liberté : parce qu'il n'eſt pas poſſible que l'Etat ſe conſerve ſi le Gouvernement ne change au dedans. Il eſt aujourd'huy evidemment expoſé au peril de paſſer dans les mains des Etrangers & d'être démembré. Car nous avons obſervé d'une part qu'à juger ſelon les apparences, le Roy ne peut demeurer Maître dans l'Affaire preſente ; il ſuccombera ; & d'autre part nous avons remarqué, que ſi le Roy ſuccombe, les Peuples ſe prevaudront de ſa foibleſſe, pour ſe vanger de luy & des tyrans qui ont abuſé de ſon authorité, pour les reduire dans un ſi triſte état. Suppoſons donc que ces deux choſes arrivent comme elles doivent vray-ſemblablement arrriver, que les ennemis entrent dans le Royaume par divers coſtez, & que les Peuples ſe ſoulevent au dedans ; que deviendra la Monarchie ? il eſt clair qu'elle ſera la proye du premier occupant. Les Eſpagnols ne ſe contenteront plus des Provinces qu'on leur a enlevées ; ils joindront la Duché de Bourgogne à la Comté. La Picardie eſt ſi fort à leur bienſeance & ſi voiſine de l'Artois & du Hainaut, qu'ils reprendront comme leur ancien domaine, que ſans doute ils ſe l'attribuëront par le droit de bienſeance. Les Allemands, ayant paſſé le Rhein & la Moſelle reprendront la Lorraine ; mais ils inonderont auſſi la Champagne qui les conduira juſqu'aux portes de Paris. Les Anglois ſi une fois mettent le pied en terre ferme, feront reſſuſciter tous leurs anciens droits, & ne manqueront pas de ſe ſaiſir des Provinces maritimes, de Guyenne, de Xaintonge, & peut être de la Normandie & de la Bretagne. Les Hollandois ſont moins propres pour des conqueſtes parce qu'ils ſont Republicains : Et qu'ordinairement les Republiques ne cherchent qu'à ſe conſerver & non à s'aggrandir. Et ç'a été particuliérement l'eſprit de certe Republique juſqu'icy. Mais qui répondra qu'elle ne pourra pas changer de goût à cet égard ? ſeroit ce la premiere Republique qui ait pouſſé loin des conqueſtes. Juſqu'où ne s'eſt point étendüe Rome pendant qu'elle étoit encore Republique ? Et ſans aller ſi loin la Republique de Veniſe n'a-t-elle pas autrefois poſſedé toutes les côtes de la Mediterranée depuis le Golphe juſqu'à Conſtantinople ? Ne fait-elle pas aujourd'huy des conqueſtes ? N'a-t-elle pas pris la Morée ? N'a-t-elle pas un pied dans la Grece, & croit on qu'elle a pris tant de Pays à deſſein de les rendre. On s'imagine que l'eſprit de conqueſte &

celui

celui du Commerce sont entierement incompatibles ; & c'est sur cela qu'on établit la confiance que les Hollandois ne pourront & ne voudront jamais contribuer à ruiner la Monarchie Françoise. Leur interêt, dit-on, & leur veüe est simplement de tenir la balance égale entre les Maisons dominantes dans l'Europe, celle d'Angleterre, celle de France & celle d'Autriche, afin de se conserver eux-mêmes dans cette égalité. Ainsi quand il n'y auroit que les Hollandois, on pourroit être seur que jamais la Monarchie Françoise ne sera démembrée : parce qu'ils s'y opposeront toûjours, & qu'ils seront toûjours assez forts pour l'empécher. Ce raisonnement qui paroît si fort, peut être forcé par bien des endroits. On se trompe beaucoup quand on croit qu'il y a une si grande incompatibilité entre l'esprit de Conqueste & l'esprit de Commerce. La Republique de Venise étoit autrefois dans l'Europe, ce qu'est aujourd'hui la Republique d'Hollande à l'égard du Commerce & quelque chose de plus. Car elle étoit Maîtresse de tout le Commerce du Monde, de l'Asie, de l'Afrique, de l'Egypte : tout passoit par son Canal, excepté ce que pouvoient faire les Villes de Genes, de Florence & quelques autres d'Italie. Mais c'étoit peu de chose en comparaison de ce que faisoit cette Republique toute seule. Cependant cette Ville toute Marchande de profession qu'elle étoit, ne laissoit pas de faire la Conquerante. Et l'on sçait combien sa Domination s'est étendüe avant que les Turcs fussent devenus les plus forts dans l'Europe. Je voudrois bien sçavoir pourquoi les Hollandois qui se sont fait aux Indes un établissement qui vaut bien l'Etat qu'ils ont en Europe, qui y ont des Villes, des Provinces, des Ports de Mer, des Forteresses, des Flottes & des Armées, ne pourroient pas faire la même chose dans les Côtes qui sont si voisines d'eux ? Ils sont Marchands, mais ils sont pourtant Conquerants, comme il paroît par les grandes Conquêtes qu'ils ont faites en Orient. Mais, dira-t-on, s'ils ont fait des Conquestes, c'est dans la veüe d'établir leur Commerce. Mais je voudrois bien sçavoir si plusieurs bons Ports de Mer sur nos Côtes, tant sur l'Ocean que sur la Mediterranée, plusieurs bonnes Citadelles bâties sur la Mer dans ces Côtes, ne favoriseroient pas extrêmement leur Commerce & en Angleterre & en France, & aux Smirnes ? Il faut donc se défaire de cette imagination que les Hollandois ne peuvent jamais entrer en partage du gâteau, en cas qu'on trouvât une belle occasion de le partager. Assûrement & eux & les Anglois trouveroient des grandes commoditez à être Maîtres des Côtes de France, pendant qu'ils laisseroient les Provinces interieures à qui les pourroit occuper. Je soûtiens donc qu'on peut craindre la ruine de la Monarchie, & son démembrement par les Etrangers, si on n'y donne ordre en faisant cesser tous les mécontentemens du dedans. Il y a bien encore du chemin à faire d'ici là, dira-t-on ? Pas tant que l'on pourroit s'imaginer : je tombe d'accord que pendant que la France sera bien unie, il ne sera pas aisé d'en venir à bout avec toutes les forces, dont

elle

elle est attaquée; Mais si l'union des Ennemis de dehors subsiste, que leurs Armes soient heureuses, & que la division se mette au dedans, non-seulement il est trés-probable que la Monarchie tombera; mais on ne voit pas comment elle pourra éviter de tomber. Si les Ennemis & les Voisins de la France l'eussent attaquée avec le même concert qu'aujourd'hui, dans le Siécle passé, quand les Factions des Calvinistes, des Guyses & des Bourbons la déchiroient, il est indubitable que la Monarchie auroit été démembrée. Mais on sçait comment Dieu gouverne les affaires. Une Armée d'Allemands ou d'Espagnols entroit en France pour favoriser l'un des Partis. Mais ce Parti se soûtenoit par une Ligue avec d'autres Etrangers. Les Voisins de la France n'avoient entr'eux ni Ligue, ni union, ni desseins concertez d'abatre la Monarchie. Chacun favorisoit ses Amis. L'Espagnol travailloit pour ses interêts, & vouloit peut-être joindre la France à ses Domaines. Mais l'Anglois s'y opposoit fortement, & les Allemands ne concouroient pas au dessein des Espagnols. Aujourd'hui que l'Empire, l'Angleterre, l'Espagne, & la Hollande sont dans les mêmes interêts, si la France retournoit par ses divisions internes à l'état où elle étoit dans le Siécle passé, sa ruine seroit inévitable. Or encore une fois les divisions internes ne peuvent manquer d'arriver aussi-tôt que le Roi aura soufert quelque grand échec. D'où il est clair que tous ceux qui aiment la Monarchie & sa conservation, doivent concourir à moderer la puissance du Monarque qui jette dans l'esprit de la Nation un mécontentement universel, & plante les racines d'une division & d'une ruine prochaine.

Nous avons encore plusieurs autres raisons pour prouver à nos François qu'il est tems de penser à la reformation de l'Etat, sans pourtant travailler à le renverser, & sans faire aucun préjudice à la Famille Régnante, ni même au Roi. Mais elles sont trop importantes pour les proposer legerement & en peu de mots. C'est pourquoi nous les remettrons à une autre fois.

Fin du Douziéme Memoire.

A AMSTERDAM,
le 15. de Juin 1690.

CATALOGVE DES LIVRES NOVVEAVX.

TRaité de la Lumiere, où font expliquées les Caufes de ce qui lui arrive dans la Reflexion, & dans la Refraction, & particuliere-ment dans l'étrange Refraction du Criftal D'Islande. Par MR. CHRISTIAN HUYGENS, Seigneur de Zeelhem. Avec un Difcours de la Pefanteur, à Leyde chez Pierre Van Deraa, 1690. in 4. pagg. 180.

Le Tableau du Socinianifme, où l'on voit l'Impureté & la Fauffeté des Dogmes des Sociniens, & où l'on découvre les Myftéres de la Cabale de ceux qui veulent tolérer l'Herefie Socinienne; divifé en deux Par-ties, & en diverfes Lettres aux vrais Fidéles, deuxiéme Lettre, par MR. JURIEU, à la Haye chez Abraham Troyel, 12. pagg. 48.

Les Lauriers du Magnanime Prince Guillaume de Naffau Roi d'Angle-terre, de France, d'Ecoffe, & d'Irlande : Où l'on voit en racour-ci le bien qu'il fait à la Hollande, à l'Angleterre, à l'Empire, à l'I-talie, & en général à toute l'Europe, à Amfterdam 1690.

La Vie D'Innocent XI. Pape de Rome, écrite par D. G. B. P. à l'Il-luftre Seigneur, le Baron Giovanelli, Coufin de Sa Sainteté. Tra-duit de l'Italien, fur la copie de Venife, chez Leonardi Pittoni 1690. in 4. pagg. 16.

Hiftoire des Révolutions arrrivées dans l'Europe en matiére de Reli-gion, par MR. VARILLAS. Tome V. & VI. fuivant la copie impri-mée à Paris chez Claude Barbin 1690. in 12. pagg. 324. 360.

Les plus Belles Lettres des meilleurs Auteurs François, avec des notes, par Pierre Richelet à Amfterdam chez Henri Wetftein 1690. In 12. pagg. 377.

Critique des Hiftoires des Variations des Eglifes Proteftantes par Mr. de Meaux, où il eft parlé de l'Eglife Anglicane avec quelques Réflexions fur l'Hiftoire du divorce de Henri VIII. par Mr. Le Grand. Traduit de l'Anglois de Mr. BURNET Docteur en Theologie, à Amfterdam chez Abraham Wolfgang 1690.

Vita d'Innocenzo Undecimo Pont. Ottimo Maffimo defcritta da D. G. B. P. All'Eccellenza, del Principe D. Livio Odefcalchi Digniffimo Ni-pote di fua Santita. Venezia, Preffo Leonardo Pittoni 1690. & fe trou-ve à Amfterdam chez Pierre Brunel.

LES SOUPIRS
DE LA
FRANCE ESCLAVE
Qui aspire aprés la Liberté.

XIII. MEMOIRE.
Du 1. d'Aouſt 1690.

Nouvelles preuves de la neceſſité qu'il y a de reformer l'Etat. Les Dominations violentes ne ſçauroient être de durée. La gloire & la reputation d'un Etat ne dépend pas de la Puiſſance Arbitraire de ſon Souverain : la reputation de la France eſt perduë.

NOUS avons deſſein de faire ſentir à tous les bons François combien il eſt neceſſaire de ſe reveiller pour travailler au Salut de la Nation : Et de leur faire connoître qu'il eſt impoſſible d'y travailler avec efficace que par une reformation du Gouverne-

B b

ment

ment. Nous avons déja fait voir que la tyrannie qui s'exerce aujourd'huy en France, met le Royaume dans un péril évident de desertion par les terribles charges, dont le Peuple est accablé, de division & de guerre civile par la multitude infinie de mécontents, & enfin d'être partagé entre les Etrangers par l'union de tant de Puissances qui concourent aujourd'huy à sa ruine. A ces raisons qui prouvent la necessité d'une prompte réformation, nous en avons d'autres à adjoûter aujourd'huy.

Sans avoir égard aux circonstances du temps present qui meritent pourtant qu'on y face attention on peut dire que l'excés où le gouvernement est monté en France depuis un siecle, & particulierement sous ce dernier Regne menace la Monarchie d'une prompte ruine : parce que les choses violentes ne peuvent être de durée. Un gouvernement pour se conserver doit être moderé : puis que les Sujets doivent concourir à la conservation d'un Etat; & ils n'y peuvent être engagez que par la persuasion où on les fait entrer que la felicité du Peuple dépend de la conservation du Gouvernement dans l'état où il est. Mais comment seroit-il possible qu'une Nation entiere pût entrer dans la pensée que le Gouvernement Despotique tel qu'il s'exerce aujourd'huy en France fût le meilleur pour la felicité du Peuple & des Sujets ? Les plus prévenus, & les plus aveuglez Partisans de la Cour de France tombent d'accord que les Sujets du Royaume sont dans la servitude, qu'ils n'ont rien à eux, que leurs biens & leurs vies sont toûjours comme en l'air, dependants du caprice d'un seul homme ; que les particuliers sont ruinez, & que rien n'est asseuré que leur misere presente, & celle qui est à venir, à moins qu'un changement n'arrive. Il est vray que pour les consoler on leur represente que si le Gouvernement arbitraire a ses incommoditez il a ses avantages qui prevalent. On leur fait remarquer la promptitude des expeditions de la France qui a si souvent achevé ses desseins & ses conquestes avant la saison ordinaire de mettre les Armées en Campagne, & qui est toûjours prête à tout : au lieu que ses ennemis sont lents, prenent mal leurs mesures, concertent mal leurs desseins & les executent avec une lenteur qui les rend inutiles. Cela vient, dit-on, de ce que les ennemis ne sont pas maîtres chez eux, & de ce que leurs resolutions dependent de tant de têtes : au lieu que le Roy étant Maître absolu il n'a qu'à commander, & l'execution suit. Mais les Peuples ne trouvent là dedans qu'un trés-miserable secours pour soûtenir la pesanteur de leur joug. Premiérement ils disent que la promptitude avec laquelle le Roy execute ses desseins ne vient pas tant de ce pouvoir absolu avec lequel il commande à ses Généraux & à ses Officiers que de l'abondance de l'argent qu'il a eu jusqu'icy. Car sans argent il auroit eu beau commander, il n'au-

roit

roit pû faire ces Campagnes avancées & souvent au cœur d'hyver qui coûtent le double des autres. Mais cette abondance d'argent qui donne au Roy tant de facilité pour l'accomplissement de ses desseins est ce qui fait la desolation du Royaume. Car c'est le sang du Peuple, on l'a tiré de ses veines, le corps demeure donc asseché. Le Roy a tout; les Peuples n'ont rien. Or il faudroit refondre les hommes pour les amener à ce point de desinteressement de souffrir sans murmure d'être dépoüillez de leurs biens parce qu'il en revient de la gloire & du plaisir au Souverain. De plus ils disent que ces victoires du Roy & la facilité qu'il trouve à executer ses desseins ne venant que de ce que par une puissance absoluë il exige des Sujets tout ce qu'il lui plaît, quand il aura tout exigé & qu'il n'y aura plus rien, il faudra nécessairement que luy-même demeure dépourvû & soit exposé à un revers de fortune. Alors n'ayant plus ce ressort qui fait mouvoir, il ne sera plus si promptement obéi, & le Royaume aprés avoir été épuisé par le Maître se trouvera exposé à être mangé par les ennemis. Enfin le Peuple dit qu'il est fort peu interessé dans la gloire d'un homme lequel ne bâtit cette gloire que sur les ruines de leurs maisons : que les Provinces du cœur du Royaume qui composent l'Etat, n'en sont pas mieux parce que le Roy étend ses frontieres: qu'au contraire plus le Roy devient puissant, plus il aggrave le joug, & plus il est en état d'affermir la tyrannie. Il est vray qu'il y a bien des gens dans l'Estat & dans les Armées qui gagnent avec le Roy, & qui par consequent ont interest à le soûtenir dans la réputation de Conquerant. Mais ces personnes ne pensent pas que leurs familles & leurs enfants se verront ravir par le Successeur & par le fils ce qu'ils auront acquis sous le Pere. De plus ceux qui servent le Roy dans ses Armées, & qui par consequent font les principaux Ministres de ses Conquestes n'y acquerent pour leurs maisons qu'une vaine réputation, mais ils y ruïnent leurs enfants. Il faut conter & voir s'il y a beaucoup de grandes Maisons qui se soient faites par la Guerre : On en trouvera tres peu; au contraire on en voit un grand nombre qui s'y sont ruïnées. Les fortunes qui se font par les Finances sont à la verité plus seures & plus communes; mais on voit pourtant à quelles révolutions elles sont sujettes. On verra avant que le Regne présent soit fini s'il restera beaucoup de richesses dans ces maisons qui s'étoient faites sous les Ministeres de *Richelieu* & de *Mazarin*. Et dans le Regne suivant on verra si les maisons qui se font aujourd'huy sous *Louis XIV.* auront le bonheur de se conserver sous *Louis XIV.* Et ainsi à bien conter tout, on ne voit pas que les Financiers & les Gens d'Espée ayent un grand interêt à conserver le Gouvernement dans ce degré de puissance absoluë où il est aujourd'huy. Mais

sup-

supposons que les Financiers & quelques Officiers d'Armée ayent interêt à conserver la puissance absoluë; le Peuple & le reste des Sujets peuvent-ils entrer dans ces interêts ? Que leur importe que le Roy soit Maître de la Lorraine, des Pays-bas, de la Franche-Comté, qu'on luy conte cinq Provinces & plus de cent places soûmises à sa domination ? en sont-ils moins miserables ? Il est vray les Peuples à l'abord se laissent surprendre par la gloire du Roy, ils content qu'ils ont part à cette gloire, & l'on se fait un plaisir d'être membre d'un Estat qui prend le dessus par dessus ses voisins d'une si grande hauteur, mais comme c'est un plaisir purement chimerique & d'imagination, le charme ne dure pas long-temps. Il pourroit durer si tous les avantages qui reviennent proprement au Roy ne coûtoient rien aux Sujets. Mais quand un Peuple se voit reduit à la derniere calamité & privé de tout ce qui fait les douceurs de la vie, il perd bien-tôt le goût des plaisirs imaginaires que la grandeur du Prince luy donne. Tout cela fait voir que des Sujets ne sçauroient jamais être contens s'ils ne sont heureux. Et cela me conduit où je veux aller, c'est qu'il est absolument impossible qu'un Gouvernement subsiste long-temps quand il est violent. Parce qu'un Etat ne peut-être conservé que par le concours unanime de tous ses membres pour sa conservation; Quand il y a un si grand nombre de mécontens quelque peu considerables qu'ils soient chacun en particulier, ils sont toûjours à craindre, & il est impossible qu'ils ne causent la ruïne & la dissipation d'un Etat par quelque côté. Au lieu que les Gouvernements moderez réünissent tous les cœurs, réjoignent tous les interêts, & font que tous les membres du corps sont prêts à se sacrifier pour conserver ce Gouvernement qu'ils éprouvent si heureux & si doux. Il est impossible qu'un Etat ne soit quelque fois troublé par des esprits inquiets & turbulents; mais ces esprits sont incontinent & reprimez & accablez par la multitude. Qui est-ce qui fait la seureté de la Republique de Venise, & qui la fait subsister depuis mille ou douze cents ans au milieu de tant d'ennemis & de tant de jaloux ? C'est son union; car il n'y a jamais eu d'Etat dont les membres soient si parfaitement unis, & où les rebellions & les conjurations soient si rares. Et d'où vient cette union ? Elle ne vient que de la douceur du Gouvernement : chacun s'interesse à conserver un Etat où sa prosperité & son bonheur trouvent un port asseuré. On ne peut nier que les Anglois ne soient assez remuants; cependant leur Monarchie subsiste & se conserve bien, par cette raison; c'est que leur Gouvernement est si doux & si propre à conserver aux Sujets la tranquillité & les biens, que tous s'interessent à la conservation commune de ces douces loix, malgré les differents interêts où ils peuvent être d'ailleurs

leurs. Y a-t'il un Etat plus ancien & qui se conserve mieux que la Pologne, quoy qu'environné de Turcs, de Tartares, de Cosaques & de tant d'Ennemis barbares? sa conservation vient de cela même, c'est de la liberté des Peuples. Il est vray que ce qu'on appelle la lie du Peuple, bien loin d'y être libre y est esclave; mais ce n'est pas cette lie du Peuple qui fait la force de l'Etat. D'ailleurs ce qu'il y a de Nobles, de Riches, & de ce qu'on appelle bons Bourgeois & honnêtes Gens sont dans une raisonnable indépendance & sous des loix qui les mettent à l'abry des insultes de celuy qui porte le nom de Roy.

Au contraire nous voyons que les Monarchies où le Gouvernement est Despotique, & où la Puissance est Arbitraire ne peuvent durer. L'Empire des Caldéens n'a pas duré cents ans dans sa grandeur. Car depuis *Ciaxares* ou *Nabopolassar* qui ravirent l'Empire aux Assiriens jusqu'à *Darius de Mede* qui fut le dernier Roy Babylonien, on ne conte qu'environ 70. ans; depuis l'an du Monde 3380. jusqu'à l'an 3450. ou un peu plus. *Cyrus* dans ce temps-là se rendit Maistre de tout l'Orient par la conquête de l'Empire des Caldéens & des Medes. Mais ce grand & vaste Empire ne subsista gueres plus de deux cents ans; & *Alexandre* passant en Asie l'an du Monde 3666. le détruisit en peu d'années. Mais cet Empire des Grecs luy même ne dura pas cent cinquante ans dans quelque éclat. Les Successeurs d'*Alexandre* se consumerent les uns les autres. Plusieurs Peuples reprirent leur liberté; les Parthes enleverent aux Grecs tout ce qu'ils avoient au-delà de l'Euphrate, & les Romains se rendirent Maîtres des Royaumes des Seleucides & des Ptolomées, en moins de cinq ou six cens ans. Voilà trois ou quatre Empires passez. Pense-t'on que cette petite durée venoit uniquement de la puissance des Conquerants, *Ciaxares* ou *Nabopolassar* ruïna l'Empire de Ninive & des Assiriens parce qu'il fut le plus fort. *Cyrus* abbâtit l'Empire des Caldéens, parce que son Etoile fut superieure à celle de *Babylon*. Les Grecs viennent & détruisent l'Empire des Perses, parce qu'ils sont ou plus braves ou plus heureux. Les Romains viennent & se rendent Maîtres des Biens des Successeurs d'*Alexandre*, parce que les Grecs perdirent leur ancienne valeur par leur commerce contagieux avec les Asiatiques, & par l'usage des delices de l'Asie. C'est bien là une partie de la verité, mais ce n'est pas tout. Et il est constant que ces grandes & promptes révolutions venoient de la disposition des Peuples. Ces Anciens Rois de Ninive, de Babylon, des Perses, & en general tous les Rois de l'Orient étoient des Tyrans sous lesquels les Peuples étoient Esclaves. Ce qui étoit cause que les Sujets ne s'interessoient pas dans la conservation de l'Etat. Tyran pour Tyran il ne leur importoit guere qui ils eussent. Au contraire comme le présent étoit tres-incommode, ils esperoient trou-

Bb 3

ver

ver mieux dans le changement & dans l'avenir. Il ne faloit en ce temps là que gagner deux ou trois Batailles pour subjuguer toute la Terre. Cela se feroit-il passé de cette maniere si les habitants d'un Pays opiniâtrez à se conserver sous leur ancien Maître s'étoient cantonnez & retranchez par tout, & avoient combâtu jusqu'à l'extremité? Ils l'auroient fait sans doute, s'ils avoient combâtu pour la Liberté. Mais puis qu'ils étoient destinez à avoir de fâcheux Maîtres, il leur importoit fort peu d'où ils vinssent, ou de Ninive, ou de Babylon, ou de la Perse, ou de la Grece, ou de Rome. Qu'est-ce qui a rendu les Conquêtes si difficiles aujourd'huy & qui les rend si rares? C'est cela. C'est que chaque Nation a ses Maîtres, elle s'en trouve bien, & ne s'en veut pas défaire.

Contre ce que nous venons d'établir, que les Monarchies où le Gouvernement Despotique a lieu, ne peuvent pas être de durée, on opposera sans doute, la Domination des Romains qui a duré si longtemps, & celle des Turcs qui dure depuis tant de siecles. Pour ce qui est de celle des Romains. Premierement elle n'a pas duré aussi longtemps qu'on pourroit le croire. Rome avoit six cents ans sur la tête que sa domination ne s'étendoit pas encore fort loin, & sa grandeur n'a pas duré plus de six cents ans. De ces six cents ans, il y en a environ deux cents sous la Republique & quatre cents sous les Empereurs. Ce n'est pas une durée qui approche de celle de nos Monarchies qui composent aujourd'huy le Christianisme. De plus il n'est pas vray que la domination des Romains quoy qu'étenduë fort loin, fût pesante aux Peuples conquis. Au contraire les Peuples vécurent plus heureux sous leurs nouveaux Maîtres qu'ils n'avoient fait sous les Anciens: les Gouverneurs des Provinces rendoient un conte exact de leur conduitte, ou au Senat, ou aux Empereurs. On n'y souffroit pas l'oppression. On voit encore dans les harangues de *Ciceron* comme il a défendu la cause des Provinces qui demandoient justice de la violence de quelques Gouverneurs. Les Romains établissoient par tout des Colonies, ils donnerent le droit de Bourgeoisie de la Ville, à tout ce qu'il y avoit d'illustre dans les Provinces de l'Empire. Ainsi toute la terre ne devint qu'une Ville, elle entra dans les mêmes interêts, eut part aux mêmes privileges, & jouissoit paisiblement d'une assez grande liberté sous la Ville dominante. Et enfin les Romains entretenoient dans les Frontieres de grandes Armées, & une autre auprés de la personne de l'Empereur quelque part qu'il fut: Ce qui supprimoit & empêchoit tous les mouvements. Ces circonstances ne se trouvent pas par tout. C'est pourquoy on ne doit rien conclurre de la durée de l'Empire Romain, en faveur des Monarchies d'aujourd'huy où la Puissance Despotique a lieu.

Pour

Pour ce qui est de l'Empire Turc, il est vray qu'il n'en est pas comme de l'Empire Romain. La Domination des Romains étoit assez douce pour faire aimer leur Gouvernement à leurs Sujets. Mais celle du Turc est violente, cruelle, & insupportable : comment donc cette Monarchie a-t-elle duré si longtemps ? Premierement il n'est pas vray que cette Monarchie ait duré fort longtemps : *Ottoman* le Fondateur de cet Empire ne commença ses conquêtes qu'au commencement du quatriéme siecle & mourut l'an 1328. avant cela les Turcs étoient des voleurs qui étoient partagez en plusieurs bandes, qui pilloient l'Orient. De plus la subsisten-ce de cet Empire violent ne peut être tirée à consequence ; parce que c'est évidement une œuvre de la Providence qui veut affliger les Chrêtiens & mortifier l'Eglise. Car autrement il semble que si Dieu laissoit aller les choses dans leur cours naturel, cet Empire n'auroit pû durer longtemps à cause des séditions & des révoltes, qui y sont, & plus terribles & plus fre-quentes que dans aucun autre Etat, qui fut jamais. De plus cet Empire s'est affermi par une voye qui affoiblit tous les autres, c'est en dépeuplant la terre de ses Habitans. Les Pais occupez par le Turc sont de vastes soli-tudes. Les Chrêtiens n'ont pas garde de secouër son joug, car ils n'ont pas de forces pour cela. Ceux qui sont restez sont dans un abbaissement inconcevable, sans biens, sans armes; esclaves, & dépoüillez de tous les aydes qui soûtiennent, ou qui relevent le courage. Outre cela le Turc s'est rendu seul Seigneur de tous les fonds : il les donne en Commanderies & en Timariots à ses Janissaires & à ses Spahis ; qui sont ses Soldats & ses Gens d'armes. Enfin le Turc domine; & sa domination dure par la violen-ce, parce que toutes les Provinces sont couvertes de grandes armées qui les desolent, qui les devorent & les retiennent dans l'esclavage. Ce n'est pas ainsi que les Rois Chrêtiens regnent & doivent regner. Les inclina-tions de leurs Peuples doivent être leurs principaux remparts. Aussi voit-on que les Monarchies Chrêtiennes sont bien plus anciennes que l'Empire des Ottomans. La Monarchie Françoise a douze cents ans & l'Empire Turc n'en a pas quatre cents. Et selon toutes les apparences il roule du côté de sa fin. Et il y a apparence qu'il servira bien-tôt de nouvelle preu-ve à nôtre these ; c'est que les dominations violentes ne sçauroient durer longtemps.

. Contre cela on opposera peut-être la Monarchie Françoise qui est si ancienne nonobstant la Puissance Despotique qui y est établie. Mais nous avons répondu à cela : en faisant voir que la Monarchie n'a pas subsisté sous ce Gouvernement, de son origine. Il n'y a pas quatre cens ans que la Na-tion Françoise étoit encore la plus libre qui fût dans l'Europe. Son escla-vage n'a proprement commencé que sous *Louis* XI. & n'a été porté à son

comble

comble que sous *Louis* XIV. Ainsi on ne doit conter tout au plus la durée de la tyrannie que depuis deux cens ans. Encore y a-t'il eu depuis ce temps-là des Regnes où la liberté a repris le dessus, ou par la bonté des Princes sages, comme fût *Louis* XII. ou par les Minoritez & la foiblesse des autres. Ma proposition demeurant ferme, c'est que les Monarchies d'une Puissance Despotique ne peuvent durer, tous les François qui aiment comme ils doivent cette Monarchie si glorieuse par ses actions, & si venerable par son antiquité, doivent pour sa gloire & pour sa conservation, ramener le doux Gouvernement sous lequel elle a subsisté tant de siecles. Il ne faut pas se persuader que toutes ces Provinces nouvellement conquises, puissent parfaitement s'unir & s'incorporer avec nous. Elles auront toûjours leurs interêts differents des nôtres, & des inclinations opposées à celles de nos Monarques. C'est pourquoy, sans avoir égard à conserver ses parties étrangeres & nouvellement cousuës au corps, il faut penser à la conservation du corps de l'Etat.

A tout cela, les Politiques ne manqueront pas d'opposer qu'un tel changement ne pourroit arriver sans faire beaucoup baisser la réputation de la Monarchie, que le Gouvernement Arbitraire est infinement plus propre pour la gloire de la Nation; que les particuliers en souffrent, mais qu'il est plus propre à faire des conquêtes & à les conserver. Mais je dis premierement là dessus, que cette gloire de la nation & cette réputation de la Monarchie est une vraye chimere. Supposé que la terreur qu'une Nation imprime dans les esprits de ses voisins, & la facilité qu'elle trouve de les soûmettre quand son ambition le veut, soit la gloire & le bien de quelqu'un? En verité ce n'est ni le bien, ni la gloire du Peuple & des particuliers, c'est uniquement le bien & la gloire du Monarque, qui par ce moyen régne sur ceux qui ne sont pas ses Sujets, & qui agrandit les bornes de sa Domination, & se rend maître du bien d'autruy. Mais je vous prie qu'en revient-il au Peuple? En est-il moins miserable? Son joug en est-il moins pesant? En a-t'il plus de biens & plus d'honneurs? Ne languit-il pas dans la misere & dans la bassesse, & par consequent dans la honte? Pour moy je n'ay pas encore compris qu'un Hollandois honnête homme, riche & vivant dans la joüissance de sa liberté fût moins heureux & dans un état moins glorieux, qu'un François miserable & esclave: à cause que le Souverain du Hollandois se contente de conserver l'Etat, & que celuy des François fait des conquêtes, & se pique d'être la terreur de ses voisins. Il est vray, c'est une maladie des petits esprits; un Soldat est tout fier des victoires que son General aura gagnées, pendant que luy aura été caché dans le bagage. Un Sujet se fait honneur de la gloire de son Prince, pendant que d'ailleurs il est dans la honte

de

de l'esclavage. Mais puis que c'est une maladie des petits esprits, les Géns sages s'en doivent garantir. Non seulement c'est la maladie des petits esprits, mais c'est une maladie d'esprit. Car c'est une vraye folie : elle est utile aux Princes, c'est pourquoy ils essayent de la nourrir dans les Peuples : Mais à cause de cela même nous devons nous en guerir & y renoncer, car c'est un des liens de nôtre esclavage.

En second lieu je soûtiens que quand même on supposeroit que ce qu'on appelle la gloire de la Nation devroit être contée pour beaucoup au lieu qu'on la doit conter pour rien ; cependant la raison de nos Politiques ne voudroit rien pour empêcher la reformation de l'Etat, & le rappel de la liberté Françoise depuis si long-temps exilée. Est-ce donc qu'il est impossible qu'une Nation soit libre & victorieuse & même conquerante en même temps ? la Republique Romaine n'a-t'elle pas jetté tous les fondemens de sa grandeur durant sa liberté ? N'étoit-elle pas Maîtresse de l'Asie, de l'Affrique & de l'Europe avant qu'*Auguste* l'eût reduite en Monarchie ? les Empereurs qui se rendirent si absolus n'ont servi qu'à ruiner l'Empire, & depuis *Trajan* il est toûjours allé en decadence jusqu'à sa totale ruine. La Republique de Venise toute libre qu'elle est n'a-t'elle pas porté & sa reputation & la terreur de ses armes jusqu'aux extremitez de l'Europe, & même jusque dans l'Asie ? La Nation Angloise, qui a toûjonrs conservé ce sage temperament de Monarchie & de liberté, n'a-t'elle pas porté autrefois la reputation de ses armes jusques dans la Terre Sainte ? & dans les Croisades les Anglois sous la conduitte de *Richard cœur de Lion* n'ont-ils pas fait des actions, qui vivront eternellement dans l'Histoire ? Ne s'est-elle pas veüe Maîtresse de la moitié de la France ? & même n'a-t'elle pas assujetti presque tout le Royaume sous *Charles VI.* & *Charles VII.* son credit & sa reputation diminuerent-elles quand *Cromvvel* la reduisit eu Republique il y a trente ou quarante ans ? Il est certain que cet homme fit trembler toutes les Puissances de l'Europe, & porta la gloire de la Nation Angloise plus loin qu'elle n'avoit été portée depuis plusieurs siecles.

Pourquoy ne veut-on pas qu'un Prince qui est de concert avec sa Nation & qui ne fait de grands mouvemens que de son consentement, soit moins propre à se rendre redoutable qu'un Prince qui fait tout de hauteur ? Les secours d'argent ne sont pas si prompts, dira-t'on, quand il les faut obtenir avec le consentement du Peuple. Cependant nous ne voyons pas que les Rois d'Angleterre ayent manqué d'argent quand il leur a plû de faire de grandes & prodigieuses sorties sur nos Provinces Maritimes. On les a vû venir quelquefois avec neuf cents Vaisseaux. Peut-être

que

que le Roy avec toute sa Puissance Absoluë auroit bien de la peine à faire un pareil Armement de Mer. Il y a des rencontres où l'argent ne vient pas si promtement quand il le faut tirer avec le consentement du Peuple. Mais ces occasions où la diligence est d'une souveraine necessité, sont rares. Des mesures qui sont prises de loin n'en sont que meilleures & plus seures. Et un Prince sage qui menage ses desseins & leur execution avec prudence, ne se trouve jamais dans l'embarras de manquer de secours dans ses entreprises ; parce qu'il a pourvû à tout quand il étoit temps. S'il s'agit d'attaquer, trois ou quatre mois employez à consulter la Nation & à luy demander de l'argent ne font pas un grand retardement à une entreprise. S'il s'agit de se défendre, ou bien on voit venir la nuée de loin, ou bien c'est un orage qui creve subitement. Si la nuée vient de loin, on à le temps d'y pourvoir sans se dispenser de rendre aux Loix ce qui leur est dû. Si l'orage se forme & tombe en même temps, alors la necessité met le Prince au dessus des Loix. Elle fait ce que faisoit la Sagesse des Romains : quand ils étoient pressez ; ils faisoient un Dictateur & mettoient le pouvoir souverain dans la main d'un seul. Un Prince qui se voit attaqué par une Puissance étrangere contre laquelle il n'a eu le temps de se pourvoir par les voyes ordinaires, est suffisamment authorisé de prendre en main toute la Souveraineté qui pouvoit être auparavant partagée, & d'obliger tout le monde à laisser les formes pour courir à la conservation de l'Etat : quand le feu est dans une maison il n'est besoin ni de formes, ni de Loix pour appeller les gens au secours & pour les obliger à éteindre le feu. Mais ces cas extraordinaires ne font pas de regle, & ne font aucun préjudice aux Loix d'un sage Gouvernement. Le Prince qui est la tête & l'œil de l'Etat, & qui est établi pour veiller sur luy, sçaura bien quand il faudra courir ou marcher à pas mesurez.

Si nous consultons l'Histoire de nôtre temps & les évenemens qui sont encore sous nos yeux, nous ne verrons pas que la Puissance Absoluë & le Pouvoir Arbitraire soyent toûjours necessaires, & pour la gloire des Princes, & pour l'execution de grands desseins. *Guillaume* Prince d'Orange aujourd'huy Roi d'Angleterre, n'étoit rien moins que Souverain en Hollande ; il n'étoit que le Gouverneur du Pays. Il n'avoit que sa voix dans l'Etat. Si les Droits de sa Charge de Gouverneur & de Grand Amiral luy donnoient quelque pouvoir de mettre dans une situation avantageuse les forces de Mer & de Terre, certainement il n'avoit aucun Droit de s'en servir sans le consentement, peut-être de plus de mille Têtes qu'il falloit consulter. Cependant ce Prince sans Authorité Absoluë est venu à bout de donner de la terreur à la France, qui jusques-

là en avoit donné à tout le Monde : Il a executé le plus grand deffein qui
foit jamais monté dans la tête d'un homme ; & enfin il a porté la reputation de la Republique de Hollande par ce coup, j'ofe dire, plus loin que
nôtre Monarchie n'a porté la fienne par fes Conquêtes depuis vint-cinq
ans. On verra peut-être par ce que ce Prince pourra faire à l'avenir,
qu'il n'eft pas neceffaire de fouler aux pieds les Privileges des Peuples &
les Loix Fondamentales d'un Etat pour fe rendre redoutable à fes ennemis & pour faire parler de foy. Il y a déja des Monarques qui le craignent avec toute leur Puiffance Abfoluë. Il n'eft donc pas neceffaire qu'un
Prince ait une Puiffance Abfoluë, & qu'un Etat foit dominé par un
Pouvoir Monarchique fans bornes pour acquerir & conferver de la reputation. On pourroit même dire quelque chofe de plus & prouver que la
décadence des Monarchies qui font aujourd'huy dans l'Europe, & la
chute de leur reputation, n'eft venuë que de ce que les Princes Souverains en ont violé les Loix, n'ont pas eu affez d'égard aux Privileges des
Peuples ; & de leur tête ont fait des coups qui ont ruïné leur Nation.
Je ne veux nommer perfonne, mais ceux qui ont de la comprehenfion
m'entendront bien. Je ne diray plus qu'un feul mot fur cet article ; c'eft
que fans fortir de nôtre Hiftoire & de nôtre Monarchie nous pouvons
trouver des preuves qu'on peut conferver la reputation d'un Etat fans
Puiffance Abfoluë. Car il me femble que la Monarchie Françoife a été
plus haut qu'elle n'eft fous la feconde Race de nos Rois. C'eft *Charlemagne* l'un de nos Rois qui eft le Fondateur de l'Empire d'Occident, &
qui avoit étendu fa Domination depuis l'Efpagne jufqu'à la Hongrie.
Il eft pourtant certain qu'il n'y eut jamais Prince plus religieux à conferver les Privileges de fes Peuples. Il ne paffoit prefque point d'année qu'il
n'affemblât fon Parlement. Et fans entrer dans un plus grand détail on
peut dire que durant prés de mille ans que nôtre Monarchie a duré depuis
Pharamond jufqu'à *Louis* XI. elle a fubfifté avec beaucoup de gloire & de
reputation fans le fecours de la Puiffance Arbitraire qui a été inconnuë durant tous ces fiecles. C'eft donc un vray Sophifme de Politique que d'avancer & de foûtenir qu'on ne fçauroit ramener le Gouvernement de nôtre Monarchie à fon ancienne forme fans diminuer fa reputation.

Il me femble que tout cela n'eft pas à méprifer, cependant je pen-
fe avoir encore quelque chofe de meilleur à dire là deffus. Tant s'en faut
que le retour de la liberté & le retabliffement des privileges du Peuple
foit contraire à la gloire de la Nation & à la reputation de nôtre Monarchie, qu'au contraire il faut neceffairement abbattre la puiffance
abfoluë, & renfermer l'authorité de nos Rois dans leurs juftes & an-

cien-

ciennes bornes si nous voulons rétablir la réputation de nôtre France. C'est une chose étrange que les Chrêtiens soient si peu Chrêtiens que de mettre toûjours aux mains leur Christianisme avec leur Politique; la Politique veut qu'un Etat soit toûjours redoutable à ses voisins, & qu'il les devore & les puisse devorer toutes les fois que les accés de son ambition le saisissent. Et dans quelle Morale a-t'on trouvé que la belle réputation consiste à être craint plûtôt qu'aimé & estimé ? Y a-t-il quelques loix ou quelque exemple dans l'Evangile qui authorise ces manieres violentes de se conserver ? Où sont les Conquêtes que le Peuple de Dieu a faites par son ordre & par sa permission ? Il est vray que Dieu chassa les Cananéens pour placer son Peuple. Mais une fois le tirant d'Egypte, il faloit le poser quelque part, & le poser en un bon Pays. Il n'y en avoit pas de proche qui ne fut occupé. Dieu qui est Maître de tout le monde peut fort bien arracher une Nation d'un lieu pour y en édifier un autre. Mais aprés avoir placé son Peuple dans la Palestine, luy a-t-il donné ongles & dents pour déchirer ses voisins ? Ne s'est-il pas contenté de le conserver contre leurs attaques & de l'empêcher d'être esclave ? Et si Dieu luy a quelque fois fait regarder comme un bien que ses voisins seroient frappez de terreur, c'est uniquement pour les faire vivre en seureté; & non pour augmenter la reputation de leur Etat. Qu'on fasse un peu d'attention à ce que les Prophetes nous réprésentent ces grands Empires qui devoient porter leur réputation si loin dans le Monde sous les noms & les figures des bêtes les plus redoutables ou les plus sales, *a* l'un a la figure d'un Lion avec des ongles d'Aigles, l'autre a la figure d'un Leopard, une autre ressembloit à un Ours, un quatriéme étoit tout cela ensemble, un Lion, un Ours, un Leopard; *Et elle étoit epouvantable, terrible & tres-forte, elle avoit des dents de fer, elle devoroit & fouloit à ses pieds les Nations b;* un autre est un Bouc. Voilà le portrait des Princes qui veulent conserver leur réputation & celle de leurs Etats. Cela n'est-il pas indigne de Princes Chrêtiens, qui doivent conserver leurs voisins comme eux-mêmes, & ne se conserver puissants que pour secourir ceux que les Etats plus puissants voudroient opprimer ? Dieu n'a pas voulu que les Nations dans lesquelles son Eglise a regné fussent Conquerantes, l'Empire Romain n'est devenu Chrêtien que quand Dieu a voulu luy ôter ce qu'il avoit ravi aux autres, & rendre à chacun le sien.

Il est donc necessaire selon les loix; je ne dis pas seulement du Christianisme, mais d'un honnête Paganisme, d'ôter à nos Rois le pouvoir sans bornes dont ils se servent à la ruïne de la gloire de la Nation. La véritable & légitime reputation d'un Etat c'est celle de la justice,

a *Daniel chap.* 7.   b *Daniel chap.* 8.   de

de l'équité & de la fincerité. *Per me regnant Reges*, dit la Souveraine
Sageffe ; qui eft la même que la Souveraine Juftice. Or nôtre réputation eft perduë fur ces trois articles , *Juftice*, *Equité* & *Sincerité* ;
par l'ufage que nos Rois font de leur puiffance arbitraire. Ils n'ont point
d'autre juftice que les loix de leur ambition. L'an 1667. le Roy fe fit
un manteau d'une juftice apparente de je ne fçay quel droit de Devo-
lution dans les Pays bas, & s'en alla envahir les Etats d'un Prince Mineur fon Beau-frere & fon Allié : contraint de lafcher prife de ce côté
là il fe tourne du côté des Hollandois, & fans avoir égard ni à la juftice, ni à la bonne foy, il envahit les Provinces Unies avec lefquelles la
Couronne avoit des Traittez auffi anciens que les fondements de la Republique. Et cela fans autre raifon ni pretexte, finon que les Hollandois avoient empêché l'invafion des Pays-bas Efpagnols par le Roy,
ne voulant pas avoir un fi fafcheux voifin. L'Efpagne étant entrée dans
la partie on luy enleve la Franche Comté & une grande partie de la
Flandre : on garde ces Conquêtes de haute lutte par la Paix : y a-t-il
de la juftice à tout cela. Avant la guerre fans autre forme on s'étoit em-
paré de la Lorraine, & on l'avoit proprement volée à fon légitime Souverain. Aprés la Paix faite on furprend Strasbourg fur l'Empire & on
luy enleve de grandes Provinces fous le titre de réünion. Y a-t il là dedans juftice, équité ou bonne foy ? On fait de nouvelles chicanes fur les
limites aux Efpagnols, on les engage par là dans une nouvelle guerre,
& on leur enleve la Ville de Luxembourg & le refte de la Province. Ne
voit-on pas là dedans autant de fraude que de violence ? Enfin eft-il
rien de plus criant que l'ouverture de cette derniere Guerre, & que
la maniere dont on la continue au prejudice de la foy des Traittés tout
nouvellement faits. On commence la Guerre en pleine Paix. On prend
Philisbourg, on s'empare de Heydelberg, de Manheim, de tout le Pa-
latinat, de Wormes, de Spire, de Mayence & de tout le Pays du
Rhein ; on traitte avec ces Villes, on les reçoit à capitulation, & en
fuitte on les brûle, on les rafe, on reduit tout en cendre & en folitu-
de, fans avoir égard ni aux loix de Dieu, ni à celles de la Guerre, ni
aux promeffes, ni aux fermens folemnels. Et l'on continuë à agir fur ce
pied là. En verité la réputation des François eft fi perduë qu'on ne les
regarde dans le Chriftianifme pas autrement que des Mahometans & des
Gens fans foy. La Puiffance Abfoluë de nôtre Monarque qu'on croit
être la fource de la réputation de nôtre Monarchie, eft donc une fource de honte qui ne s'épuifera jamais. Nous paffions autrefois pour une
Nation honnefte, humaine, civile, d'un efprit oppofé aux barbaries.
Mais

Mais aujourd'huy un François & un Cannibale c'est à peu prés la même chose dans l'esprit des voisins. Il est donc clair que si nous voulons
retablir la reputation de la Monarchie , il faut donner ordre que nos Monarques ne puissent pas faire des actions aussi honteuses que celles de ce
dernier Regne, Si cela continuë, il n'y aura plus de Nation qui veüille
faire des Traittez avec nous. Et en effet à quoy serviroient-ils puisque
nous n'y avons aucun égard ? Les plus relachez Machiavelistes en soûtenant que les Princes ne sont obligez à avoir ni Religion , ni bonne foy ,
& que la Souveraine Religion est l'interêt de l'Etat , avoüent pourtant qu'il est de l'interêt des Princes de paroître avoir de la bonne foy &
de la Religion , parce que c'est le fondement des Traittez & des Alliances , & que la reputation & l'apparence de la vertu dans un Prince sont
les liens de la fidelité des Sujets. Mais aujourd'huy nôtre Cour ne garde ni les apparences, ni les realités. Elle a renoncé à tout : Nous ferons nous donc un honneur de passer entre les Chrétiens pour des Bri-
gands , qui ont perdu toute honte ? Il me semble que quand les choses
sont montées au point où elles sont aujourd'huy , il est temps de penser
à retablir sa reputation entre les Etrangers.   Or certainement cela ne
se peut, que nôtre Gouvernement ne soit remis sur un autre pied. Car
pendant qu'un seul homme qui se conduit par le conseil de deux ou
trois autres qui ont depoüillé jusqu'à l'humanité , aura tout le pouvoir
en main , on peut être assuré qu'il n'y aura aucun changement dans la
conduite des affaires.

Tout cecy tend à faire voir la necessité qu'il y a à travailler à la reformation de nôtre Gouvernement, on en pourroit apporter plusieurs
autres preuves.   Mais je n'en produiray plus que deux ; encore me con-
tenteray-je de les indiquer,& de les laisser pousser aux Lecteurs qui auront quelque penetration. La premiere de ces deux dernieres raisons ,
c'est qu'on a déja trop tardé à remedier à ce mal.   Toutes les maladies deviennent incurables en vieillissant , particulierement celles des
Etats. L'amour de la liberté s'efface insensiblement dans les cœurs ,
les Peuples les plus mal-aisés à tenir en bride , peu à peu prenent l'habitude d'être esclaves : La possession chez les Princes est un grand titre : les Peuples ont beau dire que leurs droits ne se peuvent aliener &
ne se peuvent prescrire ; une tres-mediocre durée fait prescription dans
la Jurisprudence des Usurpateurs.   Cela signifie que la patience de la
Nation n'a déja que trop duré.   La diminution de sa liberté a commencé depuis long-temps , mais l'appesantissement du joug n'est que
de trois Regnes, du ministere du Cardinal de *Richelieu* , de celuy de *Mazarin* , & de la domination de *Louis* XIV. si cela se continuë plus long-
temps,

temps, il fera mal-aifé d'en revenir : fur tout fi l'on perd le temps prefent, on ne trouvera jamais des circonftances auffi favorables. *Louis* XIV.
a befoin de fes Peuples, c'eft le temps de le prier d'avoir quelques égards
pour fes Sujets & pour la Nation, s'il veut qu'on en ait pour luy.

Ma derniere raifon pour montrer qu'il eft temps de travailler à ce
grand ouvrage, c'eft qu'il y va de l'interêt de la Religion auffi bien
que de celuy de l'Etat. On perfuade au Roy que fon zele mal-conduit
a fait beaucoup de bien & d'honneur à l'Eglife par la fuppreffion des
des Edits autrefois accordez aux Calviniftes, & par les Miffions Dragon-
nes & violentes dont on s'eft fervi pour les convertir. Mais on l'abufe
cruellement : car la conduitte qu'on luy a fait tenir n'a fervi qu'à im-
primer à fa reputation une tâche de mauvaife foy & de cruauté qui
ne s'effacera jamais. Il n'a converti aucun Calvinifte, & il a fait une
infinité de mauvais Catholiques. Il a rempli l'Eglife Gallicane d'hy-
pocrites, & il a donné de l'horreur à plufieurs anciens Catholiques,
qui font prefentement dans des doutes & des prejugez favorables au
Calvinifme. Et pour l'Eglife, combien trifte eft l'efclavage où on l'a
reduite. Je l'ay montré & d'autres l'ont fait voir plus amplement avant
moy. Toute authorité Ecclefiaftique eft aneantie. On ne fçait ce que
c'eft que de Canons, que de Pape, que de Conciles, tout eft englouti
dans l'authorité d'un feul homme qui afflige l'Eglife felon les infpira-
tions qu'il reçoit d'une malheureufe Societé. Les chofes n'iront pas autrement jufqu'à ce que le Gouvernement ait été remis comme il étoit
autrefois entre les mains des Sages de la Nation, pour le partager avec
le Roy.

Fin du Treiziéme Memoire.

A AMSTERDAM,
le 1. d'Aout 1690.

LES SOUPIRS

DE LA

FRANCE ESCLAVE

Qui aspire aprés la Liberté.

XIV. MEMOIRE.

Du 1. de Septembre 1690.

Continuation des preuves de la necessité qu'il y a de penser à reformer le Gouvernement : Réflexions sur les Batailles de Mer & de Terre que nous avons gagnées ; & sur le Memoire du Roy au sujet des affaires de Savoye.

DAns le dessein que nous avons de faire renaître dans les cœurs des François l'esprit de Liberté que la Tyrannie a éteint, nous avons cy devant fait voir l'excés où est montée la Tyrannie, les moyens dont elle s'est servie pour s'établir & pour se conserver, combien elle

D d

elle s'est éloignée des anciennes Loix de la Monarchie Françoise, &
comment il est necessaire de ramener le Gouvernement à son ancienne
forme. A present nous en sommes à l'article de la justice de la cause que
nous plaidons, & des pensées que nous voulons inspirer aux Peuples. Car
nous nous sommes proposez de prouver que la reformation de l'Etat est
necessaire, qu'elle est juste, & enfin qu'elle n'est pas impossible si on s'y
prend bien. Nous avons prouvé qu'elle est necessaire pour la conservation, pour la gloire & pour l'honneur de la Monarchie. Il faut desormais prouver qu'elle est juste, & qu'on ne fera aucun tort au Roy & à la
Cour, en leur demandant qu'on rabbate de cette extrême hauteur avec laquelle on a gouverné depuis quelque temps un Peuple libre. Mais avant
cela nous nous trouvons obligez à répondre à des objections qui sont
toutes nouvelles & qui naissent des grands évenements arrivez depuis
nôtre dernier Memoire. Nous y prouvons que la prosperité de nôtre
Monarchie ne pouvoit être de longue durée, & que nous tendions à
nôtre ruïne si nous ne courions aux remedes, qui étoient de diminuer
le nombre des Mécontens qui sont dans le Royaume. Il semble que le
Ciel ait pris sur soy de nous réfuter. Voilà, dit-on, toutes les craintes
que nous voulions donner entierement dissipées. Nous represention
les ennemis du Roy comme terribles. Nous supposions qu'ils pourroient
bien tôt se faire une porte pour entrer en France ; nous supposions
aussi qu'ils y trouveroient un grand nombre de gens qui aspirent au
changement, & qui se trouvant trés-mal sous leur ancien Maître, ne
feroient pas fachez d'en essayer d'un nouveau. Mais voicy la Carte bien
changée, & nous nous trouvons, à ce que l'on croit, fort loin de nôtre conte. Voilà les ennemis battus par Mer & par Terre, la perte
de la Bataille de Fleuru les a mis aux abois. On ne craint plus la Ligue
ny les desseins des ennemis de la France. Une grande Bataille Navale
gagnée à dix jours delà met toutes nos Côtes en seureté, nous rend Maîtres de la Mer. Ainsi nous n'avons plus rien à craindre du dehors; rien
à craindre par consequent du dedans. Par consequent aussi voilà tous
les mauvais présages dissipez. Je suis bien fasché de n'être point en état
de me réjoüir beaucoup de tous ces grands avantages de la Couronne,
quoi que je prenne autant de part que qui que ce soit à sa conservation & à sa gloire. Mais quand nous aurions toute sorte de foy pour
tout ce qu'on dit de ces glorieuses victoires, je ne croy pas que le Royaume ait autant de sujet de s'en réjoüir que la Cour. Ce seroient les victoires du Roy : mais elles seroient remportées sur des Sujets de l'Etat
plus que sur ses ennemis. Ce seroient des moyens d'aggraver nôtre
joug

joug & d'affurer nôtre fervitude. Car le Roy ne fçauroit devenir plus puiffant, que nous ne devenions plus miferables. Mais outre cela je ne fçay quels bruits qui s'échapent à travers l'exacte garde que l'on fait fur nos frontieres pour éloigner la verité des évenements, me fait foupçonner qu'il y a quelque chofe de plus ou de moins que ce qu'on nous dit. Et de la maniere que j'envifage les chofes, bien loin de regarder les évenements prefents comme des préfages de nòtre grandeur future, ou de la confervation de nôtre grandeur préfente, je les regarde plûtôt comme des préfages de nôtre perte prochaine. Et voicy comme je raifonne. Il faut avouër que jamais nous n'avons fait des efforts femblables à ceux que nous faifons cette Campagne. Jamais nous n'avons tant dépenfé & en intelligences, & en amas de forces. On avoit jetté du côté de la Flandre les femences d'une révolution prefqu'entiere par les Traîtres qu'on avoit gagnez à l'Eclufe, à Bruges, à Gand, & prefque dans toutes les Villes du Pays-bas : on avoit avancé la Campagne & l'on avoit prévenu les ennemis : on s'étoit avancé vers Gand avec une puiffante Armée jufqu'à Deynfe qui n'eft qu'a deux lieuës de Gand pour obferver le moment que la mine joüeroit. Mais malheureufement elle a êté éventée, les Traîtres & les deffeins ont été découverts. Il a donc falu revenir avec nôtre courte honte. Il eft vray, nos Generaux ont fort bien pris leur mefure pour fe venger de l'affront qu'ils avoient receu. On a jetté deux grands Armées fur cette Frontiere : on les a jointes fort adroitement, fort à propos & fort fecretement. Le General de l'Armée Hollandoife ne s'en eft pas apperçû; il a offert la Bataille, on l'a acceptée, croyant n'avoir à combattre que contre 25. mille hommes, & il s'eft trouvé en avoir plus de quarante mille fur les bras. La furprife auroit déconcerté le General le plus intrépide, & l'Armée la plus ferme. Cependant cela n'eft pas arrivé, les Hollandois fe font bâtus comme des Lions durant huit ou dix heures. Il eft vray que nous fommes demeurez Maîtres du Champ de Bataille; les Ennemis fe font retirez fans déroute pourtant; leur départ n'a été à proprement parler ni déroute, ni retraite. Ce n'a pas été une déroute, car ils n'ont pas été pourfuivis, & le refte de leur Armée s'eft retirée affez tranquillement & avec ordre. Ce n'a pourtant pas été une retraite, car nous avons laiffé beaucoup de Prifonniers. Quoy qu'il en foit, l'honneur nous en eft demeuré, auffi-bien que le Champ de Bataille & quantité d'Etendards & quelque piéces de Canon. Les Ennemis ont fauvé leur bagage, ce qui eft le principal. C'eft une victoire dont on a fait grand bruit. Mais j'ay peur qu'elle ne nous coute plus qu'elle ne vaut. Car nous avons vû certaines rélations faites

D d 2

par

par nos propres gens où l'on nous fait perdre quatre Lieutenants Generaux, six Brigadiers, douze Colonnels, prés de cent Capitaines, sept ou huit cents Officiers de tous ordres, & dix à douze mille Soldats morts, bleffez & hors de combat. Il faut avoüer qu'une telle victoire reffemble à une bataille perduë. Mais fuppofons qu'il y ait de l'excés à tout cela, & que le rapport foit enflé ; il y a pourtant deux chofes qui m'incommodent : la premiere c'eft que nos ennemis avec cette bataille perduë font demeurez fur leurs pieds comme auparavant ; la feconde que nous fommes demeurez dans nôtre place nous promenant fort en liberté fur les bords de la Sambre, mais fans paffer plus outre. En verité fi c'eft-là tout ce qui nous revient de nôtre Victoire, je ne trouve pas que cela vaille nôtre Cavalerie prefque toute mife hors de combat, & nôtre meilleure Infanterie perduë, ni que cela recule fort nôtre derniere ruine. C'eft là tout ce que nous avons pû faire quand nous avons été deux contre un. Bien loin de tirer de là un bon préfage, j'en tire un fort mauvais : car je crains que nous ne foyons battus quand la partie fera égale, beaucoup plus quand nos ennemis fe trouveront plus fort que nous. Ce qui trés-affurement arrivera bien-tôt. Le fruit de nôtre victoire c'eft que depuis quelques femaines nôtre Armée s'eft retirée vers nos Places avec precipitation & avec des airs de confternation. Voilà une groffe Armée d'Allemands arrivée fous la conduite de l'Electeur de Brandebourg. Il y a encore deux mois de campagne, il ne faut que perdre une bataille toute femblable à celle que nous avons gagnée pour laiffer la France ouverte à l'ennemy. Dix mille hommes perdus dans une bataille gagnée & autant dans une bataille que nous pouvons perdre, éclairciront beaucoup nos Bataillons & nos Efcadrons. Car nous n'avons pas les mêmes reffources que nos ennemis. Il ne nous vient pas des troupes d'Efpagnols, d'Allemands & d'Anglois tout frais pour fermer les brèches qui auront été faites. Je ne trouve donc pas que nous ayons fait fi grande chofe fur terre. Et je ne fçay fi nous avons plus de lieu de nous glorifier de ce que nous avons fait fur la Mer.

Il faut avoüer que nos efforts par Mer ont été encore plus terribles & plus extraordinaires que fur Terre. Jamais nôtre Cour n'a eu tant de lieu de fe promettre de grands fuccés : Nos intelligences en Angleterre étoient grandes, bien concertées. Tous les Catholiques Anglois étoient prêts à prendre les armes auffi-tôt que le Prince d'Orange feroit en Irlande : Ils avoient dans leur party les propres Parents de la Reine & un grand nombre de Seigneurs. L'Ecoffe étoit encore plus difpofée à un

fou-

foulevement. Et prefque tout ce qu'il y a de grands Seigneurs avoient pris la Campagne attendant un débarquement de Troupes Françoifes. Jugez quel ménage tout cela devoit faire. On avoit de plus gagné le Comte de Torrington Amiral de la Flotte Angloife. Peut-être avoit-il concerté fon action avec plufieurs de fes Capitaines de Vaiffeaux. Et outre tout cela *Guillaume de Naffau*, ce certain Géant, qui avec fa mediocre taille nous porte ombre jufque dans Verfaille, étoit abfent & éloigné ; plufieurs terres & plufieurs Mers faifoient que nous ne le craignions pas. Sur des mefures fi bien prifes on auroit gagé & juré de l'évenement. Mais fur le point que toute la machine va joüer, en voilà une partie qui fe démonte. On découvre la confpiration, on arrête en Angleterre plus de 30. des principaux Confpirateurs. Le refte ne laiffe pas d'agir ; nous avançons fur les Côtes d'Angleterre à la veuë de l'Ile de Wight avec 130. voiles, dont 82. étoient Vaiffeaux de guerre, la plûpart du premier & du fecond rang, de cent, quatre-vint & quatre-vint dix pieces de Canon. *Torrington* joüê fon jeu, il refufe la Bataille, il reçoit ordre de la Cour d'Angleterre de la donner, non-obftant l'énorme difproportion de forces ; car il n'y avoit Hollandois & Anglois que 55. Vaiffeaux contre 82. beaucoup moindres que ceux du Roy. Cependant les Hollandois fe confiants dans l'experience qu'ils ont dans la Marine qui furpaffe celle des François confentent à donner bataille. L'Amiral d'intelligence avec nous donne l'avantgarde à vint-deux Vaiffeaux Hollandois, il les engage dans le Combat, il les y laiffe, il fe tient à quartier à un ou deux mille. Il tire quelques bordées de Canon par grimace & laiffe perir l'Efcadre Hollandoife ; qui fe défend une journée entiere contre toute nôtre Flotte : prodige des plus furprenants qui ait jamais été vû. Ils tuent fur nôtre Flotte infiniment plus de gens qu'on ne leur en tuë, & fe retirent enfin, mais comme on peut croire dans le dernier defordre ; Vaiffeaux percez, Mats fracaffez, & prefque tous defemparez. Pour nous il nous refte pour fruits de nôtre victoire quelques Vaiffeaux de nôtre Flotte coulez à fonds, le Squelette d'un de ceux des Ennemis qu'il falut laiffer enfoncer, parce qu'il ne pouvoit plus flotter, & un feul Capitaine prifonnier, avec trente Matelots. Voilà tout ce qui nous en revient. Sçavez-vous bien comment je raifonne la deffus ? Bien loin que je m'en face une affûrance pour l'avenir, je m'en fais un vray fujet de crainte. Car je dis ; nous avons mis en Mer le plus puiffant armement qui s'y foit veu depuis cent ans. 130. Voiles 82. Navires de guerre, toute l'Europe en a été étonnée. Et la France fans doute en a été épuifée. Nous avons attaqué une Flotte de 55. Vaiffeaux. Nous en avons rendu inutile les deux

tiers

tiers par nos intelligences avec ceux qui la commandoient.   Et avec des avantages si grands le tout se réduit à briser quinze ou vint mats & à faire perir sept ou huit Navires : C'est assurement un prodige pour l'Histoire, auquel on n'adjoûtera pas de foy; qu'une Flotte si nombreuse ait combattu contre le tiers d'une autre Flotte qui étoit le tiers moindre, & qu'elle n'ait pas abîmé toute la Flotte , pour en suitte demeurer Maîtresse de la Mer & faire décente par tout où elle eût voulu.   L'avantage n'a pas même été assez entier pour poursuivre les débris de cette pauvre Escadre Hollandoise.   Ce qu'il est peri de Vaisseaux, ce sont les Hollandois eux-mêmes qui les ont laissé couler à fonds aprés en avoir retiré les équipages & les munitions.   On ne sçauroit s'empêcher de conclurre de là, que Nous sommes à la fin de nos prosperitez.   Ce sont-là les derniers efforts d'une bonne fortune mourante : efforts qui languissent, qui secoüent le corps & qui ne produisent rien.   De là on conclut que quand nous trouverons des Ennemis à combartre , nous sommes perdus, puis que nous n'avons pû vaincre quand nous n'avons point eu d'Ennemis.   Le plus grand plaisir qui nous revient de tout cecy, c'est celuy d'avoir causé une perte assez considerable aux Hollandois que nous haïssons mortellement, car nous voudrions avoir mangé le cœur du dernier : parce qu'ils nous ont causé la plus grande des mortifications que nous ayons jamais receuë, en fournissant au Prince d'Orange les forces qui l'ont fait Roy d'Angleterre.   En effet il semble que nôtre Cour n'ait eu en veuë que le plaisir de cette petite vengeance que nous avions bien promise aux Hollandois.   Mais il faut avoüer que cette vengeance est bien imparfaite & le plaisir par consequent fort traversé. Car je ne trouve pas déja par rapport aux Hollandois que cette perte les ait mortifiez.   Ils ont une Armée de Terre qui vaut mieux que la premiere.   Et si on les en croit, ils sont fort en état de reprendre leur revenge; pour leur Flotte cet échec, qui leur a mis douze ou quinze Vaisseaux hors de combat, en produira bien quarante autres qui sortiront de leurs Ports & de ceux d'Angleterre.   Si nous ne sommes pas assez heureux pour trouver un second *Comte de Torrington*, malheur à nous avec tout nôtre prodigieux Armement Naval.   Ces pertes tant par Mer que par Terre, n'ont pas abbatu les Hollandois , mais elles leur ont relevé le courage.   Jamais victoires gagnées n'ont autant fait d'honneur que leur en ont fait ces Batailles perduës.   Ils sont fort consolez de voir nos Gazettes qui ne loüent que le Roy & ses Generaux , leur rendre témoignage d'avoir fait des merveilles & sur Mer & sur Terre.   D'ailleurs la perte les anime; ils pourront donc être encore plus vaillants à la seconde fois

qu'à

qu'à la premiére, & il eſt à craindre que nous nous en trouvions mal.
Pour ce qui eſt des Alliez, nous ne voyons pas que ces pertes les ayent
étonnez & ayent déconcerté leurs deſſeins. Ils different d'éclater, mais
il eſt à craindre que l'éclat ne s'en face bien-tôt à nôtre ruïne. Voilà
comment on raiſonne differemment ſur un même ſujet : nos victoires
promettent une continuation de durée à nôtre Monarchie, ſelon les uns ;
& ſelon d'autres ce ſont des préſages d'une prochaine tempeſte, & d'un
malheureux ſuccés. Je voudrois qu'on en eût prévenu les ſuites par
des conſeils ſages & par une conduite moderée ; mais je crains qu'il ne ſoit
déja trop tard.

Nos victoires ne nous promettent donc pas grande choſe. Mais
voilà d'autre part deux autres evenements qui nous font de terribles menaces, c'eſt la Déclaration du Duc de Savoye contre nous, & la perte
de l'Irlande. Ces deux grands évenements meritent bien qu'on y face
reflexion. L'affaire de Savoye eſt de ſi grande importance, que je ne
voy pas quels remedes on pourra oppoſer aux maux qui nous doivent venir de ce côté-là. Nous croyons avoir fort bien pourvû à nôtre ſeureté par la multitude de Places fortifiées qui ſont depuis Hunning
juſqu'à Dunquerque. Mais voicy un endroit à quoy l'on n'avoit point
penſé. La foibleſſe du Duc de Savoye nous paroiſſoit un rempart derriere lequel il n'y avoit rien à craindre. Et nous ne penſions pas avoir à nous
défendre contre un Prince qui a toûjours été de nôtre dépendance ; que
nous avions toûjours traitté comme un petit garçon, & que nous
avions mis ſous la tutelle de deux femmes, ſous la main deſquelles
nous ne croyons pas qu'il pût s'échaper. Nous ne ſoupçonions pas
qu'à ſon âge il eût la hardieſſe de ſecoüer le joug d'un auſſi grand
Roy qui auroit pû le dépoüiller en huit jours de ſes Etats. Mais
toutes nos conjectures ſe ſont trouvées fauſſes, & nos eſperances ſe ſont
évanoüies par un coup entierement imprevû. Préſentement nos ennemis ne manquent plus de porte pour nous venir voir. Voilà plus de cent
lieües de pays depuis la Mer Mediterranée juſqu'à Genéve, c'eſt à dire
toutes les frontieres qui ſéparent la Provence & le Dauphiné du Piémont, de la Savoye, entierement expoſées aux Alliez. Point de Villes
à prendre, point de paſſages à forcer, car tout eſt uni, & s'il y a quelques paſſages difficiles, les Savoyards & les Piémontois en ſont à peu prés
les Maîtres. Et ce qu'il y a de faſcheux : c'eſt que ce ſont des Provinces éloignées de la Cour : & dont on n'a aucun ſujet de ſe promettre
de la fidelité. La Provence eſt toute Catholique: Mais il n'y en a pourtant point qui porte ſon joug plus impatiemment. La Citadelle de Mar-

ſeille

seille ſuy eſt une épine qu'elle arrachera le plûtoſt qu'elle pourra ſans reſpecter celuy qui l'a plantée.   Pour ce qui eſt des Provinces de Dauphiné & de Languedoc, les ſeveritez qu'on y a exercées, plus de trente ou quarante maſſacres executez, tant de perſonnes penduës, entre leſquelles il y a pluſieurs Prédicants & Miniſtres, tant d'autres exilées & envoyées aux Galeres, tant d'autres qu'on a fait perir dans les priſons : Tout cela, dis je, fait aſſez comprendre ce que l'on a ſujet d'eſperer ou de craindre de ces Provinces.   Si le feu eſtoit une fois dans le Languedoc, il ſeroit bien prés du Bearn & de la Guyenne.   En un mot pour ſe munir contre toutes les craintes & prévenir tous les perils, la Cour aura beſoin de toute ſa prudence & de toute la force de l'Eſtat. Le Memoire que le Roy a fait publier ſur les raiſons qu'il a euës d'envoyer une Armée en Savoye, fait aſſez voir ce que l'on craint. Car il parle *d'un certain projet qui a été connu par les diſpoſitions de pluſieurs Miniſtres & Prédicants qui ont été pris en Languedoc. Et le projet, dit-on, etoit de faire ſoulever les nouveaux Convertis par le moyen des Miniſtres qu'on enverroit en France.*

Au reſte ce memoire nous donne une juſte occaſion de faire ici pluſieurs reflexions qui iront à nôtre but, qui nous feront voir que nous avons plus à craindre que l'on ne s'imagine, & que nous n'avons pas tant de raiſon que nous croyons. Voici comme on commence.

Il n'y a perſonne à preſent qui puiſſe douter des mauvais deſſeins que le Duc de Savoye a formez depuis quelque tems avec les ennemis de la France. iant pour exciter des troubles en Dauphiné, que pour oſter au Roy les moyens de ſecourir les Places que Sa Majeſté poſſede en Italie, & qui ſont ſeules capables d'empécher que la Maiſon d'Autriche ne s'empare de toute cette grande Partie de l'Europe qui a toujours fait le principal objet de ſon ambition. J'obſerve là-deſſus. I. Qu'on appelle *mauvais deſſeins* les meſures que le Duc de Savoye à priſes avec les Princes Alliez pour ſe mettre en liberté. A la verité ce ſont de mauvais deſſeins par rapport à nous, car dans les citconſtances preſentes, ſans doute il nous fera beaucoup de mal. Mais ne faut-il pas faire juſtice à tout le monde ? Comment avons nous traitté le Duc de Savoye ? Nous l'avons forcé l'épée à la main, à maſſacrer ſes Sujets Vaudois, à depeupler ſon Pays, & à ſe rendre odieux auprés de tous les Princes Proteſtants, par un manquement de parole inſigne & par une cruauté qui a peu d'exemples.   Nous l'avons traitté en enfant: Nous l'avons voulu marier en Portugal à deſſein de l'envoyer à deux ou trois cents lieuës de chez luy pour avoir lieu de nous rendre maître de ſes Eſtats; nous avons uſé de ſon bien, de ſes troupes, de ſes Places,

de

de ſes armes comme des nôtres, avec une hauteur qui auroit bleſſé le cœur le plus bas & le plus ſtupide. C'eſt une fort plaiſante choſe que l'on dit ici pour le Roi : qu'il a occupé des Places en Italie pour em-pêcher la *Maiſon d'Autriche de s'emparer de cette grande Partie de l'Euro-pe.* C'eſt préciſement pour la conſervation des Princes & de la liberté de l'Italie que le Roi s'eſt acquis Caſal & Pignerol, & qu'il les a forti-fiées & remplies de groſſes garniſons. En verité ces ſortes de cho-ſes font tort aux Miniſtres que le Roi employe pour le juſtifier & les ren-dent ridicules. On ſçait juſqu'où va nôtre ambition, on voit qu'elle n'a pas de bornes, & on croira que c'eſt par amitié pour les Princes d'Italie que nous allons prendre leurs Places, & établir des Citadeles au milieu de leur Pays. C'eſt par amitié auſſi pour le Duc de Savoye que nous vou-lions avoir Turin & Verruë. C'eſt bien prendre ſon temps pour don-ner de la jalouſie aux Princes d'Italie du voiſinage de la Maiſon d'Au-triche, & de ſon âmbition. De qui eſt-ce que l'on redoute l'ambition, ou de la France ou de la Maiſon d'Autriche ? Et qui eſt-ce qui a enle-vé à ſes voiſins cinq ou ſix Provinces, & un nombre infini de Places? Certainement, ſi les Alliez n'avoient donné un frein à nôtre ambition, les Princes d'Italie avoient tout à craindre pour leur liberté. Car on ſçait bien, que nous n'avons êté planter nos eſtendarts dans Caſal qu'afin d'être au milieu du Pays, pour prendre les occaſions de nous en emparer. Et veritablement l'on ne comprend rien à la conduite préſente des Prin-ces d'Italie, & dans les delais qu'ils apportent à ſe declarer pour le Duc de Savoye, qui s'eſt ſacrifié pour leur ſalut commun. Eſt-il poſ-ſible qu'ils perdroient cette occaſion de s'ôter du pied les eſpines de Ca-ſal & de Pignerol ? La Republique de Genes a-t'elle oublié l'embra-ſement de ſes Palais, & les entrepriſes de la France pour la ruiner & la réduire en cendres au milieu de la Paix & ſans déclaration de guerre? ne ſe ſouvient-elle plus des outrages & des injures qu'on lui a fait ſouf-frir, & comment elle fut obligée d'envoyer ſon Doge demander par-don à un Roi qui l'avoit cruellement traittée ? les Princes diront-ils qu'ils ſont trop foibles pour ſe declarer contre un ſi grand Roi ? Mais qu'ont-ils a craindre à l'abri d'une auſſi puiſſante Ligue ? ont-ils lieu de craindre qu'on les oublie dans un Traitté de Paix & qu'on néglige leurs interêts? Il faut donc avoüer que nous n'avons pas trop de raiſon de nous plaindre de ce que *le Duc de Savoye a voulu ôter au Roy les moyens de ſecourir les Places que Sa Majeſté poſſede en Italie.* Car en cela le Duc a agi ſelon ſes interêts & ſelon les interêts de tous les Princes ſes voi-ſins. On ne doit pas trouver étrange que nous parlions ici d'une ma-niere

E e

niere qui ne s'accorde point avec les intentions de la Cour. Or nous avons dessein de faire comprendre au Peuple François combien il est obligé de travailler promptement & efficacement à la reformation du Gouvernement, & d'amener le Roi à y consentir. Or jamais il n'y consentira qu'il ne s'y voie forcé par le nombre de ses ennemis. C'est pourquoi sans avoir des pensées opposées aux veritables interêts du Roiaume, on peut souhaiter beaucoup d'ennemis au Roi.

Le Memoire continuant dit: *Cependant comme il a paru quelques écrits même sous le nom du Duc de Savoye, qui tendent à faire croire qu'il n'a pris résolution d'embrasser le Parti des ennemis de la France que parce qu'il y a été forcé par l'entrée des troupes de Sa Majesté dans ses Etats, commandées par le Sr. de Catinat, il est bon de faire connoître le peu de solidité, &c. & le peu de sincerité, &c.* Comme on ne peut juger des sentimens des hommes que par ce qui se voit dans leur conduite : Je ne sçai pourquoi nous jugerions des intentions du Duc autrement que ses actions ne nous donnent lieu d'en juger. On l'a vû toûjours fort soûmis à la France. On croit facilement que sa soûmission n'étoit pas fort volontaire. Il étoit sans doute assez fasché d'être le Gouverneur du Roi de France, pour le Piémont & pour la Savoye. On croit aussi facilement que s'il avoit crû pouvoir prendre des mesures justes & sûres pour se mettre en liberté, il l'auroit fait. Mais on croit sçavoir aussi qu'il n'avoit intention que de se conserver, & de se ménager de telle sorte, que de quelque côté que se déclarât la victoire, ou pour nous, ou pour nos ennemis, il eût quelques raisons à leur dire pour n'estre pas mangé. Et cette conduite estoit entierement selon ses interests ; au lieu qu'une déclaration ouverte y estoit entierement opposée. Il ne l'auroit donc pas faite s'il n'y avoit esté forcé. Mais ce sont nos hauteurs ordinaires ; nous n'avons pû souffrir quelques mesures secretes que le Duc prenoit avec l'Empereur & le Roi d'Espagne, pour n'estre pas enveloppé dans la ruine de la France, en cas qu'elle vint à estre accablée par la Ligue. Il n'y avoit rien de plus innocent que ses intentions, il ne faloit pas prendre garde à ce que nous appellons *de fausses démarches.* Mais nôtre maxime c'est *tout ou rien*, il faut avoir toute sorte de seuretez pour le Piedmont : Et pour le faire, il s'en faut saisir. Et qui est le Prince qui n'aimeroit autant perdre tous ses Etats, que de se voir prisonnier & assiegé dans sa Capitale, & ses deux principales Places entre les mains d'un Prince puissant? Quel épouvantable orgueil est cela en l'état où nous sommes, d'aller demander à un Souverain ses Citadeles & ses troupes ? Il n'y avoit donc pas de milieu à prendre, il faloit que le Duc fit ce qu'il a fait.

C'est

C'eſt là nôtre train ; nous nous perdons par nôtre orgueil ; nous traittons tous les Princes nos voiſins comme des Vaſſaux. On verra ſi nous continuërons toûjours ſur ce ton-là. Avec tout cela nôtre fierté eſt mal entenduë, on ne peut pas voir une conduite moins ſage qu'a été la nôtre a l'égard de l'affaire de Savoye, il nous étoit important d'être aſſurez des paſſages qui ménent à Caſal. Il faloit avo-r en main les moiens de tenir en bride la République de Génes & les autres Princes. Il ne faloit donc pas faire l'affaire à demi. Il faloit envoier une Armée capable d'aſſiéger & de prendre Turin, & de s'emparer de tout le Piémont. C'étoit une affaire de moins de quinze jours & toute l'Italie auroit tremblé, le Milanois auroit ſubi le joug, & peut-être que les liens de la Ligue auroient été rompus par ce coup. Le Duc n'avoit rien de prêt, le Milanois ne pouvoit alors fournir de troupes. Il eſt vrai que cela auroit été contre l'honneur & contre la bonne foi. Mais nous avons bien accoûtumé de garder des meſures avec l'honneur & la bonne foi ; Et c'étoit bien là l'occaſion de ſe faire des ſcrupules que nous n'avions jamais eus. Aprés tout il eſt bien moins contre l'honneur & la bonne foy d'aller demander à un Prince ſes troupes & ſes deux principales Citadelles, que de s'emparer tout d'un coup de ſon Païs ! Se faire donner de cette maniére, ou prendre de vive force, c'eſt à peu prés la même choſe. Oui : mais cela auroit donné de la jalouſie aux Princes d'Italie. Et qu'eſt-ce que cela eût produit ? ils auroient eude la jalouſie & de la peur en même temps. Mais ils auroient eu les bras liez. Et de plus que le Piémont fût tombé par ceſſion du Duc entre nos mains, les Princes d'Italie en auroient-ils eu moins de jalouſie ? Il n'en faloit donc pas faire à deux fois. Mais au lieu de cela, nous nous ſommes allez faire voir au Duc avec une Armée de 13. ou 14. mille hommes, on a chicané avec luy ; on s'eſt laiſſé tromper par des feintes propoſitions de Traittez, par des Lettres que le Duc a écrites au Roy, & ainſi il a gagné un mois de temps : durant lequel il a diſpoſé ſes affaires & ſes Voiſins à une vigoureuſe reſiſtance. Voilà ce que nous appellons, *le peu de ſincerité qu'il y a eu dans toute la conduite qu'il a tenuë avec Sa Majeſté.* Voilà un grand ſujet de plainte ! Le Roy envoye une Armée en Piémont qui commence par demander au Duc ſes meilleures Troupes, c'eſt à dire par demander que le Duc ſe laiſſe couper bras & jambes ; on pouſſe en continuant, & on demande les Fortereſſes de Piémont, c'eſt à dire que le Duc ſe laiſſe couper la tête. Et l'on appelle *manque de ſincerité*, les meſures fines & ſecretes que le Duc prend pour éluder des propoſitions ſi étranges. Je ne ſçay comment on a ſi-tôt

E e 2

oublié

oublié la maxime *Dolus an virtus, &c.* dont nous nous sommes tant
servis.   Il n'y a rien de si plaisant que de nous voir coucher en jeu la sincerité, & faire des reproches aux autres là dessus : nous, dis-je, qu'on
accuse d'avoir violé tous les Traittez, d'avoir ménagé des Traitres &
des trahisons à Strasbourg pour nous emparer en pleine Paix d'un membre de l'Empire si considerable; d'avoir esté bombarder Génes par la plus
lasche surprise qui fut jamais , d'avoir réüni à la Couronne des Provinces entieres d'Allemagne & toute la Province de Luxembourg sous pretexte de chicanes , dont le plus fripon Procureur du Parlement de Paris n'auroit pas voulu se servir. Le Memoire dit , que *Monsieur le Duc
de Savoye avoit écrit au Roy une lettre du 20. de May, par la-uelle essayant
de justifier à Sa Majesté ses bonnes intentions, il promet positivement au Roi
de remettre la Citadele de Turin & de Verruë. Mais il supplie Sa Majesté
que ce soit par un Traitté.* Aprés une parole si formellement donnée a un
si grand Roi , M. le Duc de Savoye a la malhonnêteté de manquer à sa
parole, & bien pis il va jusqu'à se declarer pour les ennemis du Roy.
Voilà un defaut de sincerité qui n'est point pardonnable. Mais je prévois
que le Duc nous dira , que selon les bons Casuïtes, quand un voleur,
le pistolet à la gorge, vous a fait promettre de lui donner tout vôtre bien,
vous n'êtes pas obligé de le tenir. Je pense que M. de Catinat avec quatorze ou quinze mille hommes valoit bien un voleur avec sa Brigade. Ainsi
on ne devoit pas faire grand fonds sur des promesses faites par un Prince
aussi pressé. Et je suis trompé si le Duc trouve bien de la peine à obtenir
absolution de ses Confesseurs de cette tromperie. Il est vrai que le Roi
avoit fait des avances qui mettent tout à fait le Duc dans son tort. *C'est
que le Sieur Catinat demanda Verruë & la Citadele de Turin, dans lesquelles le Roy tiendroit Garnison Françoise, qui ne seroit point à la charge du Duc
de Savoye.* Le Roy vouloit decharger le Duc de la dépense que luy cause la garde de ces deux Citadeles : il vouloit y mettre Garnison Françoise , mais à condition que ces Garnisons ne seroient pas à la charge du Duc. Assûrement il faut estre de mauvaise humeur pour ne pas ac-
cepter une offre si obligeante.   En verité si les ennemis du Roi avoient
publié un Memoire par tout, exprés pour rendre sa Majesté ridicule , ils
ne l'auroient pas fait autrement. Je suis trop bon François & trop dans
les interês du Roi pour n'en être pas sensiblement touché. Le Memoire
dit aussi *qu'au commencement desdits Mois de Septembre & d'Octobre dernier
Sa Majesté fut avertie que le Prince d'Orange recevoit souvent des lettres du
Duc de Savoye, & qu'il se traittoit quelque chose entre ces Princes contre
les interests de la France.* Si cela est, j'avoüe qu'on avoit lieu de soupçon-
ner

ner le Duc de Savoye de n'être pas de nos amis. Car nous regardons le Prince d'Orange comme un Prince qui a de tres-méchantes intentions contre nous, & qui n'entretient des correspondances que pour nous nuire. Mais certes on peut assurer que les Lettres du Prince d'Orange au Duc, n'ont jamais fait marcher des Couriers, & que ce sont des visions ou des prétextes de nôtre Cour. Le Prince d'Orange êtoit trop peu content du Duc de Savoye sur la maniére dont il avoit traitté ses Sujets Protestants, pour entretenir avec luy des correspondances de bonne amitié. Je ne sçay si le Duc a fait là-dessus quelques excuses au Prince: Mais il faut qu'il n'en fut pas trop content puisque dés ces mois de Septembre & d'Octobre, dont on parle, il donna des ordres à son Envoyé en Suisse de lever un secours secretement en faveur des Vaudois contre le Duc de Savoye, quoy que la chose n'ait été executée que long-temps aprés, cependant on sçait qu'elle a été projettée longtemps devant. Aprés tout quand le Duc auroit voulu entretenir quelque intelligence avec les Alliez il ne faloit pas aller si loin que l'Angleterre; il avoit le Gouverneur de Milan & l'Empereur à sa porte. Mais nous avons tant d'horreur pour le Prince d'Orange, que selon nos préventions nous nous imaginons que c'est assez pour rendre une affaire odieuse, que de l'y faire entrer à tort ou à droit. Ce qui suit dans le memoire, merite encore plus qu'on y face attention.

On vit aussi en même temps des effets de cette bonne intelligence. Car Sa Majesté ayant fait marcher des Troupes à Pignerol pour faire attaquer les Séditieux qui s'étoient établis dans la Valée de S. Martin, les Officiers du Roy commencérent à s'appercevoir que ceux de Mr. de Savoye ménageoient les Rebelles vulgairement appellez BARBETS, *& trouvoient des difficultez à tout ce qu'on leur proposoit pour les attaquer.* Toute l'Europe a admiré le zéle de Sa Majesté pour la propagation de la Foy. Non contente d'avoir détruit les Calvinistes dans son Royaume, elle force le Duc de Savoye à en faire autant dans le sien; ces pauvres gens se veulent maintenir dans leurs Montagnes. Le Duc de Savoye n'agissant pas avec assez de vigueur, le Roy y envoye ses Troupes, & y fait faire les terribles exécutions que tout le monde sçait. Tout jaloux que je pourrois être de la gloire du Roy, je ne veux pourtant pas que le monde soit trompé. C'est pourquoy je veux bien l'avertir que nôtre zéle dans l'extirpation des Barbets, n'étoit pas si pur qu'il n'y entrât un peu d'intérêt. Et voicy ce que nous avons sçû de tres-bonne part depuis la rupture avec le Duc de Savoye. C'est que le Roy se prévalant de la jeunesse du Duc qui n'avoit alors que 18. ou 19. ans, l'avoit contraint par menaces, &

in-

induit par promeffes à faire un Traité , par lequel le Duc luy abandonnoit les perfonnes des Vaudois, pour les chaffer ou les maffacrer en
cas de refus de fortir ; & luy cédoit leur Pays pour le poffeder en proprieté & l'annexer à la France par les Vallées de Pragela. En récompenfe le Roy s'engageoit de rendre le Duc Maître de Genéve , & de luy
faire reftituer le Pays de Vaux par les Suiffes. Affurément c'étoient-là
deux Morceaux qui valoient bien deux ou trois Vallées & quelques
fommets de Montagnes à conter le terrain pied pour pied. Et cela étoit
fort capable de tenter une jeune Prince. Le profit du Roy étoit qu'en fe
rendant Maître des Vallées & des Montagnes de Piémont, il auroit été abfolument Maître des paffages pour aller de Pignerol à Cafal, & pour pénetrer dans le cœur d'Italie. Il n'auroit point craint la rupture avec le Duc.
Il auroit fait bâtir des Citadeles imprenables dans le cœur des Etats du
Duc. Les mefures affurement n'êtoient pas mal prifes ; & cela ne coûtoit gueres au Roy. Car il ne donnoit ou ne promettoit que du bien
d'autruy , lequel affurement il auroit gardé pour luy-même , fi une
fois il s'en étoit faifi. Car aprés l'avoir pris, on auroit bien trouvé des
excufes pour faire taire le jeune Duc de Savoye : & une Armée de 30.
mille hommes chez luy, l'auroit mis en état de demeurer fort content qu'on
ne luy ôtât pas tout fon bien. Quoy qu'il en foit, en conféquence de
ce Traité on commença à chercher des chicanes à la Ville de Genéve
au fujet des Dîmes : On laiffa répandre le bruit d'un fiége dont on menaçoit cette Ville, pour voir comment les Voifins prendroient cela.
Tout le monde fçait l'allarme que Genéve en eût, & les mouvements
que cela caufa dans les Cantons. On ne fçavoit alors d'où venoit cela,
nous le fçavons aujourd'huy. Enfin il fe trouva que nôtre Cour avoit
vendu la peau de l'Ours avant que de le tenir. Quand on vit les mouvements des Suiffes là deffus, on remit l'execution de l'affaire à une
autre fois ; & les Barbets furent chaffez , maffacrez & détruits à bon
conte. La France n'ofa pas demander l'execution du Traité pour fe mettre en poffeffion des Vallées , n'êtant pas en état de livrer ce qu'elle avoit
promis pour l'échange. On a eu connoiffance de ce Traité d'auffi bonne part qu'il fe peut. Et ce n'eft pas d'aujourd'huy que les Miniftres de
Savoye en ont laiffé aller quelque chofe dans les Cours étrangeres : mais
depuis la rupture, ils n'en ont pas fait grand myftere. Quand les Barbets
font rentrez dans leurs Vallées, la chofe a déplû à la Cour beaucoup
moins par zéle , que parce que fes premiers deffeins devenoient impoffibles à executer, fi une fois ces gens fe fortifioient dans ces Vallées. On
n'a pas de peine à croire ce que dit le Mémoire fait pour Sa Majefté. C'eft
que

que *les gens du Duc menageoient les séditieux & les rebelles vulgairement
appellez* BARBETS.   Car le Duc sentoit bien la faute que sa foiblesse &
sa jeunesse luy avoient laissé faire.   Il voyoit bien que les Vallées étant dé-
garnies d'habitans, les passages demeuroient ouverts pour le Roy de France, & que rien ne pouvoit empescher l'entrée en Italie.   Il sentoit bien
qu'il s'étoit privé de plusieurs bons Soldats & d'un trés bon rempart.   Et
franchement je croy qu'il étoit assez aise que ces pauvres gens fussent
rentrez sans luy en demander une permission qu'il n'auroit jamais osé
accorder.   Mais je m'étonne beaucoup du nom de *Séditieux & de Rebelles* que le Roy donne à ces Barbets, qui étoient d'intelligence avec leur
Prince Souverain comme on l'avoue.   Ils n'étoient donc ny séditieux ny
rebelles, puis qu'ils agissoient de concert avec le Duc de Savoye, & que
*le Marquis de Parelle faisoit passer aux Barbets des gens qui les venoient
trouver du côté du Lac de Genéve, & aprés qu'ils avoient parlé au Duc de
Savoye, on les faisoit retourner d'où ils étoient venus avec de grandes précau-
tions.*   Ne voilà-t-il pas une noire trahison & une infidelité au Duc ?   Il
favorise des rebelles & des séditieux contre la France.   Ce n'est pas qu'ils
fussent rebelles à l'égard du Duc, qui avoüoit leurs mouvemens. Mais c'est
que tout Peuple & Nation qui ne se laisse pas dompter, subjuger & massacrer aux ordres du Roy, est rebelle & séditieuse. Les réflexions sur ce Memoire si singulier nous méneroient beaucoup plus loin.   Mais c'est icy la
borne que nous avons accoûtumé de donner à nos Memoires. Ainsi il faut
remettre le reste de nos réflexions à une autre fois.   Aussi bien que la conqueste du Royaume d'Irlande que le Prince d'Orange a faite en huit jours,
& qui nous fournira beaucoup de nouvelles preuves, que nous ne sommes
pas si fort en seureté qu'on pourroit bien dire; & par consequent que rien ne
nous doit empescher d'écouter les avis qui nous sont donnez pour travailler
à nos affaires au dedans & à nôtre sureté, en diminuant les Mécontens &
les empéchant de penser à se joindre à l'ennemi s'il vient à paroître.

Fin du Quatorziéme Memoire.

A A M S T E R D A M,
le 1. de Septembre 1 6 9 0.

LES SOUPIRS

DE LA

FRANCE ESCLAVE

Qui aspire aprés la Liberté.

XV. MEMOIRE.

Du 1. Octobre 1690.

CONTINUATION DES RAISONS qui nous doivent porter à la Réformation du Gouvernement. Suite des Réfléxions sur le Mémoire du Roi au sujet des affaires de Savoye. Maux qui nous reviendront de la défaite du Roi JAQUES en Irlande.

EN continuant dans les veües que Nous avons eües dés le commencement, qui est de ramener les esprits de nos Compatriotes à l'amour de la Liberté, & de les faire revenir de cet aveuglement pour la conduite de la Cour, qui les retient dans l'Efclave, nous pourfuivrons, avant que de paffer outre nos reflexions. fur le Memoire du Roy touchant les affaires de Savoye. Le Roy aprés s'être plaint des intelligences que le Duc de Savoye entretenoit avec le Prince d'Orange, expofe un projet que l'on faifoit en Hollande & en Angleterre, qui étoit, *de faire vers le mois d'A ût prochain une diverfion confiderable du côté de la Breffe & du Dauphi c: que l'on contoit pour cela que les Troupes du Milanois, celles du Duc de Savoye, tout ce que l'on pourroit ramaffer de Barbets du côté de Wirtemberg, & de François fortis de France pour la Religion, entreroit en Dauphiné, & que l'on effayeroit de faire foulever les nouveaux Convertis, par le moyen des Miniftres qu'on enverroit en France.*

Premierement ce projet pourroit bien être une des vifions de nôtre Cour. On y fait grande dépenfe en Efpions, mais on n'eft pas toûjours bien fervi : Et fouvent pour des Loüis tres réels, on envoye à nos Miniftres des découvertes tres-peu réelles. Mais quand cela feroit, nôtre Cour auroit-elle fujet de s'en plaindre ? La Cour de Vienne n'eft-elle pas en droit de faire contre nous ce que nous avons fait contr'elle ? Nous nous fommes prévalus des defordres que la Religion trompée & malentenduë de l'Empereur avoit caufez en Hongrie. Il avoit maltraité fes Sujets Proteftants, ce mauvais traitement y a excité une Rebellion: Nous l'avons fomentée à tel point, que nous avons amené l'Empereur, l'Empire, & même toute la Chrêtienté à deux doigts de fa ruïne. Car ce furent nos intrigues & nôtre argent, qui foûtinrent le Comte de Tekeli, & firent venir le Turc en Allemagne, l'an 1683. quand Vienne fut affiegée & l'Empereur reduit à la derniere extremité. Aujourd'huy on fe plaint de ce que l'Empereur veut profiter de nos fautes, comme nous avons fçu profiter des fiennes. Nous n'avons pas raifon: Et quand les Alliez Catholiques mettroient à la tête de nos Calviniftes chaffez & perfecutez un Chef qui nous donneroit bien de la peine, nous aurions precifement ce que nous avons merité. On voit par cette plainte de la Cour que l'on commence à y fentir la faute qu'on a faite. Si on avoit tenu parole aux Calviniftes, & qu'on les eût laiffé vivre en paix fous le benefice des Edits, comme ils faifoient depuis cent ans, on n'auroit pas fujet de craindre à prefent que les François fortis de France pour la Religion n'entraffent dans le Dauphiné, pour s'y joindre aux nouveaux Convertis, & y caufer un foulevement. Quand on fe fait tant d'Ennemis au dehors, comme nous nous en fommes faits par nôtre ambition & par nôtre conduite fiere & infupportable aux Etrangers, il ne faut pas s'en faire au dedans. Mais on n'a rien menagé. C'eft pourquoy aujourd'huy on craint tout. On avoit tort en ce temps-

là :

là, on a raison en celuy cy: Et si nos Ennemis sçavent prendre leur avantage, ce projet qui peut n'avoir aucun fondement à present en pourra bien avoir quelque jour. Si ceux que nous avons si mal-traités, ont quelque jour le dessus, ils auront lieu de se souvenir de tant de cruautés qu'on a exercées contr'eux. Mais pourvû qu'ils se contentent d'abaisser les Tyrans qui les ont persecutés, on n'aura sujet de se plaindre d'eux. Et il y a apparence qu'ils en demeureront là, & ne ravageront pas leur propre Patrie; à laquelle aprés tout ils ont toûjours paru avoir autant d'attache que les autres François.

Le Memoire met une troisiéme cause du mécontentement du Roy. *C'est que Sa Majesté a eu des avis du Traité que le Duc de Savoye faisoit par le moyen de l'Abbé Grimani, avec l'Empereur, qui pour mettre en execution ce qu'il avoit projetté pour l'attaque du Dauphiné, luy promettoit en faveur de ses Ambassadeurs le même traitement, que ceux des Têtes Couronnées reçoivent à la Cour de l'Empereur, moyennant une somme considerable que Sa Maj. Imperiale devoit employer à fortifier des Troupes Allemandes celles qui devoient attaquer le Dauphiné, & toutes ensemble avec celles d'Espagne & de Savoye devoient aprés la conqueste de Dauphiné assurée, être employées à remettre Geneve sous l'obeissance du Duc de Savoye.* Voilà un petit Roman qui paroit assés bien imaginé à le regarder d'un côté, mais qui me paroît bien peu sensé de l'autre; on voit bien que nous avons dessein de jetter de la jalousie dans l'esprit des Alliés Protestants & sur tout des Suisses. Rien n'étoit plus propre à produire ces effets, que de leur persuader que le Duc de Savoye a receu promesse de l'Empereur qu'on le mettroit en possession de Geneve. Car si l'on pouvoit être assuré de cela, l'on ne pourroit regarder la conduite de l'Empereur à l'égard des Princes Protestants que comme une fort lâche trahison: pendant qu'il se serviroit de la jonction de leurs armes avec les siennes pour mortifier la France, il minuteroit de leur enlever Geneve, qu'ils regardent comme le Donjon de leur Religion. Particulierement les Suisses auroient bien lieu d'être mécontents. Eux qui se font une si grande affaire de conserver Geneve dans l'état où elle est, tant pour l'interét de leur Religion que pour celuy de leur Etat, dont Geneve est une des clefs. Et cela ne va pas mal jusques là, selon les veües de la France. Mais en verité c'est un piege bien grossier, & un panneau mal tendu. L'Empereur promet au Duc de Savoye de rompre avec les Protestants ses Alliés pour leur enlever Geneve. Et Comment dans la situation où sont les affaires se pourroit-il passer des Princes Protestants? que deviendroit la Ligue si ou en avoit détaché le Prince d'Orange à present Roy d'Angleterre, les Hollandois, l'Electeur de Brandebourg, celuy de Saxe

&

& les autres Princes Protestants d'Allemagne ? N'est ce pas avoir perdu
le sens que de dire que l'Empereur fait un projet selon lequel il renonce
tout à la fois à tous ces secours, pour soûtenir seul une guerre furieuse
contre le Turc & une autre contre la France ? La conduite du Duc
depuis la rupture ne marque rien moins que cela. Car bien loin d'en
vouloir à Geneve, on sçait de bonne part qu'en demandant aux Suisses
du secours & leur alliance, il leur a offert de renoncer pour jamais &
sans reserve à ses prétentions sur Geneve & sur le Pays de Vaux. Mais comme nôtre Cour n'avoit pas trouvé de leurre plus convenable pour retenir
le Duc de Savoye dans ses interêts, & le faire tomber dans ses desseins, que
de luy promettre Geneve , elle a crû que l'Empereur ne pourroit pas l'attirer par d'autres esperances. Le Traitté dont on a parlé dans le Memoire
précedent est donc beaucoup plus vray-semblable: Geneve y entroit & le
Duc de Savoye y devoit rentrer, mais c'étoit par le moyen de la France.
Ce qui est incomparablement mieux imaginé que de mettre le Duc en
possession de cette Ville par le moyen des Allemands, vû la conjoncture
présente.

Voilà les raisons qui ont obligé le Roy à envoyer Monsieur de
Catinat avec une Armée en Piémont, pour s'assurer de la fidelité du
Duc de Savoye. C'est assurement un moyen infaillibile de s'assurer de
la fidelité d'un Prince . que de luy ôter ses armées & ses places. *Mais
le Duc de Savoye a jugé à propos de manquer à sa parole , & de preferer
l'execution de ses premiers projets au repos que l'execution de sa parole auroit procuré à ses Estats :* Ce n'est pas là l'Idée que les Etrangers ont de
nôtre Domination. Ils ne croyent pas que de se soûmettre à nôtre joug ,
soit se procurer du repos. Et ils ont quelque raison de ne le croire pas,
voyant tant de Provinces miserables aprés s'être soûmises. Mais quoy
qu'il en soit , si on nous en croit , voilà Geneve prête à changer de Maître ;
car c'est pour l'execution de ses projets . c'est à dire, pour être Maître de
Geneve, que le Duc a pris le parti qu'il a pris. Je suis trompé si les Ge-
nevois ne sont pourtant dans un grand esprit de confiance de ce côté-là, s'il
leur en arrivoit quelque mal, ils seroient fort deçûs, & ils se croyent plus
en seureté du côté du Duc aujourd'huy , qu'ils étoient il y a quelques années
du côté du Roy.

Quelque offensé que le Roi se trouve par le procédé du Duc de Savoye , il est pourtant encore dans des dispositions d'accommodement, si le
Duc veut rentrer dans son devoir. *Pour faire voir qu'elle a toûjours desi-
ré, & qu'elle desire encore sincerement le maintien du repos de l'Italie,
Elle declare qu'elle fera revenir son Armée commandée par ledit Sr. de Catinat, soit que le Duc dé Savoye remette à Sa Majesté la garde de la Cita-*
delle

delle de Turin & de la place de Verrue, soit que ce Prince ayant trop de répu-
gnance à faire entrer des troupes Françoises dans la Citadelle de Turin, ai-
me mieux donner à Sa Majesté pour assurance Verrue, Carmagnole & Suze,
dans le Piémont, avec Montmelian dans la Savoye.

Voilà une proposition bien tentante. Je ne sçay si le Duc pourra resister à cela. C'est donner des conditions en Victorieux. Et nous n'avons pas encore oublié nos anciens airs. Il n'y a pas d'apparence que le Duc de Savoye ayt pris le parti qu'il a choisi pout s'estimer vaincu avant que d'avoir combattu. Il faloit donc donner ordre à Mr. Catinat de battre le Duc de Savoye, avant que de luy presenter ces graces si singulieres; on luy remet Turin, mais on luy demande tout ce qu'il y a de forteresses dans ses Etats. Le Duc aimera mieux sans doute que l'Armée de Mr. Catinat demeure où elle est, que d'en sortir à ce prix. Aussi bien la promesse que le Roy fait, *de faire revenir son Armée commandée par Mr. Catinat*, n'est peut-estre pas trop facile à tenir. Car pour peu que les passages se ferment plus qu'ils ne le font déja, on pourra bien épargner à Mr. de Catinat le peine de ramener son Armée. On ramenera plutost le vieu proverbe qui disoit, que l'Italie estoit le Tombeau des François. Il est vray que la victoire que Mr. de Catinat vient de remporter, semble mettre nos Armées un peu plus au large. Mais comme d'autre part le Marquis de Feuquieres a été battu & que nous avons esté absolument chassez des Vallées, il ne faudroit pas un grand revers, pour nous mettre en plus mauvais étar que nous n'étions.

Mais la Cour a bien fait d'avertir le Public que le Roy se contentera de quelque chose de moins. *Car Sa Majesté veut bien encore declarer que si le Duc de Savoye aime mieux confier à la Republique de Venise pendant le cours de cette guerre la Citadelle de Turin, & la Place de Verrue, Sa Majesté prend une si grande confiance aux bonnes intentions de la Republique, & à la sagesse & prudence avec laquelle elle s'est toujours employée, pour dtourner ce qui pourroit exciter quelques troubles en Italie, que si elle veut bien à la requisition du Duc de Savoye mettre dans lesdites Places des garnisons suffisantes, pour en pouvoir être bien assurée, elle retirera pareillement ses Troupes sous deux conditions.&c.* Voilà une proposition qui fortifie bien les conjectures que nous faisions, il n'y a pas long temps, sur les sentiments de la Republique de Venise dans l'affaire presente. Elle est bien aise de voir les autres se battre & sé tirer du sang; plus ses Voisins seront foibles, plus elle sera forte. Mais elle craint moins la France que la Maison d'Autriche, qui se fortifie du côté des Frontieres de Dalmatie; c'est pourquoy elle favorise secrettement les interests de nôtre
Cour.

Cour. Et nous serions bien aises, ne pouvant mieux, de la voir Maîtresse des Places de Turin, de Verruë, & de toute la Savoye. Parce que nous sçachant gré d'une si belle conquête qui luy auroit si peu coûté, elle seroit inseparable de nos interêts. Mais le Duc n'entendroit gueres les siens, s'il acceptoit un semblable parti. Je ne sçay lequel il doit le plus craindre, ou de la France ou de la Republique. Elle n'a pas encore perdu le goût pour le bien du prochain. Et cet Etat de Terre ferme qu'elle a enlevé à ses Voisins, donne lieu de croire qu'elle s'accommoderoit sans répugnance d'un aussi bon morceau qu'est le Piémont, qui la mettroit en possession du Montferrat. C'est une grande folie à un petit Prince de se laisser garotter par un puissant Voisin durant la guerre, sous pretexte de seureté, & avec promesse qu'on le déliera quand la Paix sera venuë, & qu'on ne craindra plus rien. Il arrive souvent que pour ne le craindre jamais, ni en paix, ni en guerre, on le laisse lié pour jamais. C'est un grand appas que de prendre, mais c'est un pas difficile à faire que celuy de rendre. Le Duc ne fera donc pas mal de se tenir comme il est.

Aprés tout, je pense qu'on pourroit donner assurance au Duc, que le Roy le quitteroit encore à meilleur marché que tout cela. S'il vouloit se rappaiser, on pourroit bien luy donner des troupes au lieu de luy en demander; on luy laisseroit Turin, Verruë, Carmagnole, Suze, & Montmelian durant la guerre, & on luy promettroit Pignerol à la paix, avec la demolition de Casal. C'est là tout ce que les Alliez dans le parti desquels il s'est jetté, luy peuvent faire esperer. Il gagneroit donc beaucoup à recevoir dés à present de nous ce que les Ennemis luy promettent. Cela est vray: si dés à present ou vouloit luy donner Pignerol & raser Casal. Mais on le luy promettroit seulement, & il est certain qu'on ne le tiendroit pas : car nous n'aurions pas interêt à le tenir. Or on sçait un peu que nous tenons nos promesses selon nos interêts. Mais si les Alliez peuvent demeurer les maîtres, le Duc peut être asseuré de Pignerol & de Casal. Car on ne manque pas d'executer les promesses qu'on a interêt de tenir : or il est clair que les interêts de nos Ennemis, c'est de nous ôter Pignerol & Casal. Il est donc certain que l'interêt du Duc est de demeurer dans le parti où il s'est jetté. Les foibles doivent toûjours être du côté des plus forts. Il est assez apparent que nous ne serons pas toûjours maîtres dans cette affaire. Ainsi la prudence veut qu'on se jette de bonne heure dans un parti qui selon toutes les apparences sera le Victorieux. Il ne seroit plus temps de se declarer pour les Alliez quand la victoire se sera declarée pour eux. Car l'ambition des Vainqueurs ordinairement n'a point de bornes : les foibles qui n'ont pas voulu se déclarer, demeurent la proye du plus

forts.

forts. Les Etats du Duc de Savoye accomoderoient extrêmement bien la Lombardie & le Duché de Milan. Si le Roy d'Espagne demandoit aux Alliés la permission de s'accomoder du Piémont, on ne seroit peut-être plus en état de le refuser. Et cette consideration doit obliger, non seulement le Duc de Savoye, mais aussi tous les Princes d'Italie, sans en excepter la Republique de Venise, à prendre dés à present le parti & les interêts des Alliés. Car s'ils se mettent de la partie, il est certain qu'ils n'ont rien à craindre. Au lieu que s'ils permettroient au Roy d'Espagne de se saisir du Piémont, l'Italie seroit fermée au secours : le Royaume de Naples par un bout, la Lombardie & le Piémont par l'autre bout, possedés par la Maison d'Autriche, laisseroient le reste de l'Italie comme dans une prison ; & mettroient la Republique de Genes, l'Etat de Terre-Ferme des Venitiens, les Etats du Duc de Toscane & les Terres de l'Eglise entierement à sa discretion. Tout cela me fait conclurre que le Duc de Savoye fera bien de se tenir où il est, puis qu'il a eu le courage de s'y mettre. Et j'en conclus aussi que nos affaires ne vont pas trop bien, que nos victoires n'assurent pas la Monarchie ; & par consequent qu'il est encore necessaire de chercher nôtre seureté dans la reformation de nôtre Gouvernement.

Je trouve la même conclusion dans les affaires d'Irlande, dont nous avons à parler presentement. Ce Royaume nous a extrêmement coûté à conserver. La dépense que nous y avons faite est grande : mais nous n'en avons pourtant pas assés fait. Car c'étoit un article capital entre les moyens de nôtre conservation. Pendant que le Prince d'Orange auroit été occupé là, il ne seroit pas venu à nous. Et il y a apparence que nous nous serions assés heureusement démêlés du reste. Si on avoit pû battre ce Prince en Irlande, il n'y a aucun lieu de douter que l'on auroit vû une revolution en Angleterre, aussi promte pour le Roy Jaques que fut celle de 1689. en faveur du Roy Guillaume. Le Royaume d'Angleterre ayant changé de parti & de face, les Hollandois abandonnés de leur unique appuy, nous seroient venus demander la paix à genoux, ou ils se seroient separés des autres Alliés, ou ils les auroient forcés à faire la Paix, comme ils firent à Nimegues. Les Alliés destitués du secours de la Hollande & de l'Angleterre, auroient indubitablement abandonné la partie. Les Rois du Nord se seroient declarez pour nous, & toute l'Allemagne auroit tremblé. Ce ne sont pas là de fausses conjectures, ce sont des verités sensibles. C'étoit donc nôtre grande affaire de battre le Prince d'Orange. On s'étoit assés bien pris du côté de la Mer pour faire reüssir un grand dessein. Nôtre Flotte etoit formidable : nous avions gagné l'Amiral de la Flotte ennemie. Nos intellitelligences avoient penetré dans toutes les parties des deux Royaumes d'Angleterre & d'Ecosse. Jamais mines ne promirent de plus grands effets. Et il est certain que si du côté d'Irlande on eut pris ses seuretez, toute l'Europe alloit souffrir revolution ; mais sans cela toute la machine ne pouvoit joüer heureusement comme il a paru. Il falloit faire de la conservation de l'Irlande & de la défaite du Prince d'Orange la grande affaire. C'est pourquoy il faloit se contenter de se tenir sur la défensive par tout ailleurs. Au lieu de se mettre en état de donner Bataille en Flandres, il faloit envoyer en Irlande les dix ou douze mille hommes que nous avons perdus en gagnant la Bataille de Fleuru. Il eut falu en tirer autant des Armées du Rhein, diminüer l'Armée de la Moselle de deux ou trois mille, & les autres à proportion. Le reste eut suffi pour chicaner le terrain, & pour éviter d'être forcez à une Bataille decisive : on auroit fait comme on fit l'année passée. Nos Armées de Flandres se feroient tenuës couvertes de Rivieres, de Bois, & se feroient mis sous le canon des Places. Au pis aller, on auroit veu emporter comme l'année passée deux ou trois places aprés de longs sieges, & avec grande perte de monde, ce qui n'auroit rien été. Et de cette maniere on auroit pù aisement transporter quarante mille hommes en Irlande. Il est vray que ce sont bien de gens, & qu'il eût falu bien des vaissaux ; mais aussi on a eu du temps autant qu'on en a voulu : en dix-huit mois, ou prés de deux ans, on pouvoit faire cinq ou six voyages. Il est vray aussi qu'il auroit falu beaucoup de vivres. Mais outre que la Mer ayant été libre tant de temps, on auroit pû facilement en transporter de Bretagne & de Normandie Province abondante en bleds : outre cela. dis-je, on auroit pû tirer d'Irlande pour la décharger, autant de gens qu'on y en auroit mené, quarante mille François ne mangent pas plus que quarante mille Irlandois. Aves ces quarante mille François la Cour y devoit envoyer deux de ses meilleurs Generaux. & tourner toutes ses veües de ce côté-là. Au lieu de prendre ces conseils si visiblement necessaires, on s'est contenté de jetter de petits secours en Irlande : on y a envoyé sept ou huit mille hommes de nos moindres Troupes. Et pour Chefs la Hoguette & le Comte de Lausun, qui a fait son apprentissage de guerre durant huit ou dix ans dans une chambrette de la Citadelle de Pignerol ; homme sans tête & sans experience ; & cela pour opposer aux deux premiers Capitaines de l'Europe & peut-être du monde, le Prince d'Orange, & le Marefchal de Schomberg. On se fie de la plus grande affaire que nous eûmes jamais, à une miserable canaille Irlandoise : brutaux qui ne sçavoient pas, il y a six mois, distinguer leur main droite de leur main gauche, qui

ne

ne valent rien en tout Pays, moins dans le leur qu’en aucun autre ; de la lâcheté desquels on a fait mille épreuves : que l’on connoissoit assez, quand ce n’eut été que par ce qu’ils firent il y a cinquante ans sous le regne de Charles I. Roy d’Angleterre. Pendant qu’ils furent seuls, ils furent les Maîtres, & massacrerent plus de cent mille personnes, Anglois & Ecossois avec cette cruauté qui est leur propre caractere. Mais une Armée de dix ou douze mille hommes les reduisit en tel état, que de Massacreurs ils devinrent les massacrez ; & ne se défendirent pas, quoy qu’ils fussent vingt contr’un. Avec de telles Troupes on hazarde la plus grande affaire qu’on puisse s’imaginer, contre l’Elite de toutes les troupes de l’Europe ; la fleur des troupes Danoises, l’Elite de l’Armée Hollandoise, & plusieurs Regiments de François Refugiez, qui outre leur bravoure naturelle, sont animez par l’esprit de vengeance contre leurs Persecuteurs. Et tout cela sans conter les Anglois, gens qui sçavent se battre, aussi bien que Nation du monde, quand ils veulent bien s’y resoudre. Et toutes ces troupes étoient conduites par les deux plus grands Capitaines qui soient aujourd’huy. Aussi a-t-on vû ce qui en est arrivé : le Prince d’Orange n’a pas plûtost paru qu’il a vaincu. Le Roy Jâques, ame timide, & qui prend de loin ses seuretez contre la mort, n’a pû soûtenir la veüe de son Ennemy, & s’est sauvé en poste pour gagner deux vaisseaux qu’il avoit fait preparer sur le bord de la Mer, deux jours devant que de donner la Bataille. Les Comtes de Lausun & Tirconnel ont sauvé les restes de leur Armée dans Limerick. Et en huit jours on a vû toute l’Irlande soûmise, à l’exception de quelques Places qui ne sçauroient tenir longtemps. C’est-là une si grande faute, qu’elle me persuade que le Ciel travaille pour la grandeur du Prince d’Orange, & détourne par des voyes impénetrables tous les orages qui le dévoient accabler. C’est une faute toute semblable à celle qui fut commise par nôtre Cour, quand elle prit la resolution d’aller assieger Philisbourg. Elle sçavoit les desseins du Prince d’Orange. Elle en avertit toute l’Europe dans son Manifeste contre le Pape Innocent XI. Elle voyoit-qu’il vouloit s’emparer de l’Angleterre. Elle sçavoit bien que quand il en seroit Maître, la Hollande se déclareroit contre la France. Elle envisageoit toutes ces suites ; & au lieu de venir à Mastricht avec une Armée, elle l’envoye à Philisbourg, & declare la guerre à l’Empire & à l’Empereur, laissant toute liberté au Prince d’Orange d’executer ses desseins. Cette faute a été assez remarquée. Mais en voicy une autre qui n’est pas moindre. Nôtre but devoit être d’opprimer le Prince d’Orange ; car c’est le grand ressort de la machine contre nous ; luy à bas, tout tomboit, & l’Angleterre & la Hollande, & tout le reste en consequence, je l’ay dit, & cela est clair. Il faloit donc le sui-

G g

vre

vre par tout & le suivre avec des forces suffisantes pour l'acabler. Il passe en Irlande avec une Armée puissante, nous le laissons paisiblement passer, quoy que nous eussions plus de soixante vaisseaux prêts à mettre en Mer. Et dans l'Irlande nous ne luy opposons que de miserables troupes. On voit déjà ce qui en arrive. Voyons ce qui en arrivera.

Déjà nous devons être assurez que toutes nos ressources du côté de l'Angleterre sont entierement perduës. Nous avons esperé de brouiller ce Royaume, d'y jetter la division, d'y exciter une guerre civile, & d'y voir deux partis, l'un pour Jâques, l'autre pour Guillaume. Et bien plus, nous esperions, & avions tout lieu d'esperer une entiere révolution à cause du grand nombre de Partisants, que le Roy Jaques à dans le Royaume. Le Primat, plusieurs Evêques, & une grande partie du Clergé le souhaite & le demande. Les Grands sont partagez. Et le Roy Jaques en a beaucoup dans ses interêts : les Episcopaux qui n'ont pas tout ce qu'ils demandent, ne sont pas satisfaits; les Presbyteriens qui ne sont qu'à demi delivrez de l'oppression, & qui n'ont point obtenu ce qu'ils esperoient, ont perdu toute leur ardeur. Les Peuples suivent les impressions des grands mécontens. Les Catholiques avoient pris de bonnes mesures, pour faire un soulevement aussi-tôt qu'on verroit un secours paroître. Tout cela menaçoit d'une seconde révolution en Angleterre, qui nous eût été plus favorable que la premiere ne nous a été funeste. Mais quand même cette révolution ne seroit pas arrivée, une Guerre civile, qui ne pouvoit manquer en Angleterre, nous auroit été tres-utile; elle nous auroit ôté ce Royaume de dessus les bras, elle auroit lié les bras des Hollandois, elle auroit déconcerté toute la Ligue. Mais à présent nous n'avons rien de semblable à esperer. La conqueite d'Irlande & la prompte victoire du Prince d'Orange, l'a rendu l'amour & les délices de ses amis, & la terreur des mécontens. Torrington sera, selon toutes les apparences, la victime immolée à la fureur du Peuple. Les Grands qui pouvoient remuer sont prisonniers. Ceux qui sont en liberté se viennent rendre, & demeureront fideles, parce qu'ils ne voyent plus de jour à rien gagner en ne l'étant pas. En Ecosse tous les Mécontents, sont ou chassez dans leurs rochers, ou déchus de toute authorité. Les amis du Roy Jaques ont perdu courage, & chacun va penser à sa seureté. De plus, on peut assurer que tout le zele pour luy est mort par le mépris qu'il s'est attiré dans cette derniere action. Il est à la tête de 3 5. ou 40. mille hommes, il a en son pouvoir la Capitale d'Irlande & toutes les Forteresses; il est couvert d'une bonne riviere, & il fuit & pense à fuir devant le combat, quelques jours avant la bataille, il prepare des vaisseaux pour se sauver. Aprés une demie heure de combat il se sauve, s'en

vient

vient à Dublin, prend congé, s'enfuit en poste, & fort de fés Eftats une troifiéme fois pour aller mandier du pain par toute l'Europe. Une grande ame auroit pris le parti de mourir plûroft que de fe couvrir d'une telle honte. Il n'y avoit point d'autre parti à prendre pour luy ; *vaincre ou mourir.* Mais il s'eft fouvenu qu'a un homme mort il n'y a pas de reffource Dans toute fa conduite on y voit auffi peu de tête que de cœur. Pourquoy hazarder toute fa fortune en un jour ? Ne devoit-il pas chicaner le térrain, gagner du temps. & confumer par fes délays les forces de fes ennemis. S'il ne fe trouvoit pas capable d'empêcher le paffage de la riviere à fon ennemy : que ne reculoit t'il pour garder un autre paffage : on dit que l'Irlande eft toute pleine de défilés. Pourquoy ne s'enfermoit-il pas dans fa Capitale avec la meilleure partie de fon Armée pour s'y en-fevelir ? Pourquoy ne pas jetter le refte de fes troupes dans fes meilleures places, d'où l'on auroit fait des courfes pour ruiner la Campagne? ce qui auroit fait mourir de faim les ennemis, & les auroit reduits à fe retirer? pourquoi enfin ne pas demeurer pour recueillir les débris dé fon naufrage? Dans la journée du paffage de la riviere de Boïne, il n'avoit pas perdu qua-tre mille hommes en morts & en prifonniers. Il en pouvoit ramaffer plus de 25000. & fe mettant à leur tête, il auroit pû leur relever le courage, puis qu'ils fe font defendus depuis deux mois qu'il les a abandonnés. que n'auroit-il pas fait fi par fa prefence il les avoit foûtenus? Au lieu de cela, à la premiere difgrace il quitte tout & s'enfuit. Il ne faut pas s'ima-giner que le zele pour un tel Prince fe puiffe foûtenir. Les Mécontents Anglois, Irlandois & Ecoffois aimeront mieux vivre fous un Prince brave, intrépide & d'une fageffe achevée, quoy qu'il y eût de l'irregulari-té dans fon élevation, que fous un Prince timide & à qui la tête tourne au premier mouvement, & qui par confequent eft incapable de les pro-teger. Il ne faut donc pas efperer deformais aucune reffource du côté des rebellions d'Angleterre; perfonne ne branlera. Et par confequent le Prince d'Orange demeurant paifible Roy d'Angleterre, aura toute la li-berté d'agir contre nous.

Qu'arrivera-t'il en fuite ? Ce Prince inquiet, ambitieux, coura-geux, & qui aime la gloire plus qu'on ne fçauroit dire, ne fe tiendra pas les bras croifez, & ne joüira pas comme fes Predeceffeurs du repos, de la feureté & des delices de fon Ile. On le verra bien-tôt au deçà de la Mer : Et alors que n'aurons-nous point à craindre ? Il fait marcher devant luy une reputation qui porte la terreur jufque dans nos Provin-ces les plus éloignées. On ne fçait ce que c'eft dans ce fiecle que de voir un Roy conquerant & Belliqueux à la tête de fes Armées, effuyer

les

les coups de Canon & tout le feu d'une Mousquetterie. Un objet si
nouveau épouvante les plus hardis, car un Roy qui ne craint point la
mort, la fait craindre à tout le monde. J'avoüe qu'il est fort à craindre.
Mais pourtant nous le craignons trop, ou du moins nous faisons trop
paroistre nostre crainte. Que signifient toutes ces extravagances qui ont
esté faites à Paris, à Roüen, à Caën, à Montpellier, & dans toutes
les Villes du Royaume, sur la fausse nouvelle de sa mort ? Le Roy
Jaques chassé d'Irlande & revenant en France, s'apperçût bien qu'il
portoit la terreur & la consternation par tout où il mettoit le Pied. Pour
empescher ce mauvais effet, il jugea à propos de faire marcher devant
luy cette fausse nouvelle, qui fit un soulevement de réjoüissances uni-
verselles & exorbitantes. Ces sortes de Stratagemes ne sont pas aussi
bons que l'on pourroit s'imagîner. Cela fait du bien sur le moment :
Mais aussi-tost que la fraude est découverte, les esprits retournent dans
leur première situation de crainte & d'effroy ; mais ils y retournent en
remportant des sentimens d'indignation & de honte, & avec de
nouveaux degrez de frayeur. Un peuple a de l'indignation contre ceux
qui le joüent si cruellement. Il a de la honte de ses excés passez qui
n'avoient aucun fondement : & le dépit qu'ils en ont, réjaillit sur
ceux qui en sont la cause, Ainsi il se trouvera que le Roy Jaques souffri-
ra par contrecoup de cette affaire plus que le Prince d'Orange, qui se
portoit fort bien en Irlande, pendant qu'on le brûloit, qu'on le pen-
doit, qu'on l'écorchoit, qu'on le coupoit en quartiers, & qu'on
le faisoit porter en Enfer par des Diables en France. Enfin cela augmente
l'effroy & la consternation des Peuples. Car un Peuple, qui s'est porté à
des excés si horribles contre un Ennemy qu'on a cru mort, tremble en le
revoyant vivant, & pense bien que ce sont de nouveaux outrages dont
l'ennemy, s'il devient une fois Vainqueur, se vangera avec usure. Car
pour cent & cent Effigies du Prince d'Orange & de la Princesse sa Femme, à qui on a fait mille opprobres, il pourroit bien casser mille & mille tê-
tés qu'il auroit épargnées autrement. Mais n'importe. On a eu durant
quelques jours & quelques nuits le plaisir de voir l'Effigie du Prince & de
la Princesse penduë, écartelée, brûlée, écorchée par les Bouchers, traî-
née dans les ruës, menée sur des Asnes avec des inscriptions outragean-
tes, déchirée par les Ecoliers des Jesuites travestis en Demons. On
voit encore les Galeries du Cimitiere Saint Innocent pleines d'Estam-
pes de ces deux Personnes, en toute sorte de figures scandaleuses. On
a bû largement à bon conte à la confusion du Défunt ; on a fait des
décharges de toute l'Artillerie des Places dans les Frontieres ; on a
poussé des cris à fendre les airs contre l'Usurpateur & pour se réjouir

de

de sa mort. En un mot qu'on rassemble en un toutes les marques de
joye & de detestation en mesme temps qu'on peut avoir vûës autrefois
dans un Peuple fou & furieux, & l'on ne verra rien d'approchant de
ce qui s'est fait icy. La Cour ne se justifiera pas de cette affaire, pour
en réjetter la faute sur le Peuple. Les Juges de Police & les Commissaires des Quartiers ne marchent pas la nuit pour éveiller les Bourgeois
d'une Ville Capitale comme Paris, sans en avoir ordre de la Cour.
On ne tire pas le Canon de la Bastille sans ordre de la Cour. On a
vû des Couriers porter cette nouvelle dans tous les lieux éloignez où
ces folies se sont faites. On ne fait pas marcher des Couriers sans ordre.
On a dépêché des Couriers jusqu'à Rome pour porter cette sotte nouvelle! Or cette conduite marque une grande bassesse dans nôtre Cour:
Belle vangeance. Est-ce ainsi qu'on en use à l'égard d'un Ennemy brave,
& qui a autant de reputation dans le Monde qu'en a le prince d'Orange.
On se réjouit de sa mort, mais on rend justice à sa vertu, parce qu'on
ne la craint plus. La grandeur du merite fait des impressions de
respect mesme dans les ames les plus ennemies. Est-ce ainsi qu'on traite les Rois? Qu'importe qu'il ne soit pour nous que le *Prince d'Orange*?
Pour tout le reste de l'Europe il est Roy d'Angleterre, & en a reçû
les complimens de tout ce qu'il y a d'Etats à portée de connoistre seulement son nom. Il faloit donc respecter la pluralité des voix. Mais
nôtre Cour n'a que cela de bon, c'est qu'elle ne se dément point à l'égard
de ce Prince, sa conduite contre luy est uniforme. Il n'y a espece d'indignitez qu'on ne luy ait faites, quand il n'étoit encore que Prince d'O-
range. On continue; & on ne pense pas qu'il peut avoir son tour: il
est assez en train de cela. Mais outre tout cela, y a-t-il rien plus
propre à faire voire la consternation où nous sommes? Faloit-il découvrir nos foibles d'une maniere si éclatante & si honteuse? Ces grandes
réjouissances & ces énormes cris de joye sur les faux bruits de la mort
du Prince d'Orange, font voir que nous le craignons au delà de tout ce
qu'on a jamais craint un homme. Et il me semble voir une infinité de
petits Chiens qui aboyent & qui se réjouissent autour du Cadavre d'un
grand Lion mort, dont ils s'attendoient fort bien d'estre la pasture, s'il
fut demeuré vivant. Malheur à ces Chiens, si le Lion ressuscite; car leur
cris n'auront servi qu'à augmenter sa rage. Voila donc le second mal
qui nous reviendra de noftre mauvaise conduite en Irlande, & de ce que
nous avons laissé perdre ce Royaume. C'est que nos Peuples & nos
Armées seront pleines de terreur & de consternation, & par consequent
beaucoup moins en état de se défendre.

Le troisiéme mal, c'est que cette Victoire rallie & réunit tout nos

 En-

Ennemis. Si le Prince d'Orange eût été accablé en Irlande, toute la Confideration se seroit rompuë. Mais la voilà reliée plus fortement que jamais. Les Hollandois êtoient de tous les Confederez ceux qui supportoient plus impatiemment les incommodités de la Guerre, à cause de l'interruption de leur Commerce & des prodigieux Impôts qui les épuisent. Il y a entr'eux beaucoup de Mécontens qui n'aiment pas les prosperités du Prince. Et s'il eût été vaincu, c'êtoit une affaire faite, son credit & son authorité s'évanoüissoient. Mais luy revenu avec le titre de Roy & couvert des Lauriers d'une si glorieuse Victoire, tiendra dans le silence & dans la soûmission tous les esprits inquiets & impatiens. Outre cela, toute la Nation se fait un honneur d'avoir un tel Chef à la tête de leur Republique, & de voir un Roy Hollandois de naiffance, & de Nation, être la terreur de la France & l'admiration de toute l'Europe. Ce plaisir les soûtiendra encore longtemps, & les fera soûtenir le fardeau des Impôts.

Quand à l'Espagne & à la Maison d'Autriche, elle n'aura garde d'abandonner la partie, parce qu'elle croit qu'enfin l'heure est venuë de se vanger de la France, & de recouvrer tout ce qu'elle a perdu. L'Irlande qui occupoit le Prince d'Orange, les mortifioit un peu, & leur faisoit craindre de ne pouvoir mortifier la France. Mais presentement que ce Prince est libre, ils esperent tout, & soûtiennent leur courage par cette esperance.

Les Princes d'Allemagne ne se détâcheront pas de l'Empereur. Outre que plusieurs d'entr'eux ont une liaison d'affinité & d'inclination pour le Prince d'Orange, comme l'Electeur de Brandebourg & le Duc de Zell, les autres verront qu'il n'y a que de la gloire & de l'honneur à acquerir pour eux, à demeurer attachés à un tel Roy.

La Victoire d'Irlande portera ses influences jusques dans le Nort, en faveur de ceux qui l'ont gagnée. Et il n'y a aucun lieu de douter, que les Rois de Dannemark & de Suede ne soient portés par là à renoncer à la Neutralité dans laquelle ils ont été jusqu'à present. Car ce qui les a retenus, c'est la crainte que la France ne devint superieure, & qu'ils ne s'en trouvassent mal. Cette crainte étant dissipée, ils ne balanceront plus. L'interêt de leur Commerce les faisoit observer aussi la Neutralité. Mais la Victoire d'Irlande réünissant toutes les forces de Mer d'Angleterre & de Hollande, empêchera que les Royaumes du Nort ne puissent continuer leur commerce avec la France. Car on se saisira de tous les Vaisseaux, comme on a déja fait. Et qui sçait enfin, si les Cantons Suisses ne seront point ébranlés par la perte de l'Irlande? Les Cantons Protestants aiment certainement le Prince d'Orange, a cause de la Religion

dont

/

dont il eſt : Les Cantons Catholiques haïſſent la Religion ; mais ils renonceront fort aiſement à leurs liaiſons avec la France pour entrer dans ſes intereſts, s'ils peuvent toucher de ſon argent. Or il y a apparence que le Prince Guillaume déchargé des grandes dépenſes que luy cauſoit la guerre d'Irlande, ſera en état de faire des liberalitez aux petits Cantons Suiſſes, l'unique reſſort qui les fait mouvoir.

Enfin que nous revient-il de tous les grands mouvements de cette Campagne ? Rien que la honte d'avoir ſceu mal profiter de nos avantages. Peut-eſtre que l'Hiſtoire ne nous fournit pas encore deux exemples de ce que nous avons vû dans noſtre Armée Navale. Elle eſtoit ſuperieure à la Flotte Ennemie avant que de combattre. Aprés la victoire elle eſt demeurée Maîtreſſe de la Mer, pendant plus de deux mois. Et durant un ſi long temps qu'a-t-elle fait ? Elle a brulé un Bourg de quarante ou cinquante maiſons ſur les côtes d'Angleterre : qui l'empeſchoit de porter la terreur par tout, & meſme la deſolation ? S'il n'y avoit pas lieu de faire des conquêtes à conſerver, au moins rien ne la pouvoit empeſcher de bombarder, & de brûler toutes les Places maritimes d'Angleterre. Pourquoy n'eſt-elle pas allée vers l'Ecoſſe pour favoriſer les Rebelles qui l'attendoient ? Pourquoy n'a-t-elle pas eſté fermer le Canal qui ſepare l'Angleterre & l'Irlande, ce qui auroit donné du courage aux Irlandois aprés leur premiere défaite ? Pourquoy enfin n'a-t-elle point parû ſur les côtes d'Hollande, dans un temps auquel il n'y avoit pas un ſeul Vaiſſeau qu'on luy pût oppoſer ? Nous ſçavons que la terreur fut grande en ce Pays là aprés la perte de la Bataille : on s'attendoit de voir brûler toutes les côtes : trois ou quatre mille hommes mis à terre auroient pu brûler La Haye qui eſt ſans défenſe & porter la terreur par tout le Pais. Cependant on n'a jamais vû plus de tranquillité que celle où ont vécu ces gens allarmez : ils en ont été quittes pour la peur. Et enfin noſtre Flotte & nos Galeres ſont venus ſe deſarmer, & ont laiſſé les Anglois & les Hollandois Maîſtres de la Mer ſans combattre. La Poſterité ne devinera jamais la cauſe d'une telle conduitte Cette jonction des Galeres ſi peu connuës ſur l'Ocean avec les Navires de Guerre, donnoit lieu de croire qu'il y avoit quelque deſſein fort extraordinaire à executer. Les uns vouloient que ces Galeres fuſſent deſtinées à percer les digues de Hollande, les autres à approcher des terres pour y faire décente. Mais tous ces deſſeins ſe ſont évanouis ſans qu'on ſçache comment, puiſque rien n'a parû faire obſtacle à leur execution. Tout ce qu'on peut dire, c'eſt que nous avons eu deſſein de faire beaucoup de peur, peu de mal, & de nous conſerver ſans beaucoup riſquer.

Noſtre gain reviendra donc aprés tout, à la perte que les Ennemis ont

faite

faite du Maréchal de Schomberg.   Ce grand Géneral ne pouvoit mieux finir une si belle course. Un coup malheureux pour les Alliez ; heureux pour nous, l'a enlevé. Mais c'est une perte de quelques années de vie, la nature & le cours ordinaire de la nature, ne luy en promettoient pas beaucoup.   Cette mort & celle du Duc de Lorraine ont fait croire que le Ciel travailloit pour nous : puis qu'il nous délivroit de deux Ennemis redoutables.   La suitte nous apprendra si nos affaires en iront beaucoup mieux.   Mais la maniere & l'occasion où est mort le Maréchal de Schomberg, nous feront plus de tort dans l'Histoire qu'à sa memoire.   On s'est fort récrié contre son ingratitude, prétendant qu'il ne devoit jamais tirer l'épée contre un Roy qu'il avoit servi tant d'années, & de qui il avoit receu tant de bienfaits.   Les gens équitables ne raisonneront pas ainsi ; & croiront que ce grand Capitaine avoit plus rendu de services à l'Etat qu'il n'avoit receu de graces de la Cour, & qu'on ne devoit pas chasser du Royaume par une bigotterie mal placée, le seul Géneral de réputation qui fût en France.   Je conclus que dans tous les évenemens presents il n'y a encore rien qui nous doive rassurer contre la révolution, & qui nous doive empêcher de travailler à nôtre seureté par d'autres voyes que celle des armes.

Ce qui vient d'arriver en Savoye est encore peu certain. & dans le fonds si peu considerable, qu'il ne merite pas qu'on y face beaucoup d'attention : peut-être quelque jour sçaura-t-on ce que cela produira.

Fin du Quinziéme Memoire.

A AMSTERDAM,

le 1. d'Octobre 1690.